DISCURSOS E PRÁTICAS DE GESTÃO DE PESSOAS E EQUIPES

Preencha a **ficha de cadastro** no final deste livro
e receba gratuitamente informações
sobre os lançamentos e as promoções da Elsevier.

Consulte também nosso catálogo
completo, últimos lançamentos
e serviços exclusivos no site
www.elsevier.com.br

DISCURSOS E PRÁTICAS DE GESTÃO DE PESSOAS E EQUIPES

As revelações obtidas das pesquisas de clima organizacional em empresas brasileiras

Gustavo G. Boog
e Marcelo Boog

© 2012, Elsevier Editora Ltda.

Todos os direitos reservados e protegidos pela Lei nº 9.610, de 19/02/1998.

Nenhuma parte deste livro, sem autorização prévia por escrito da editora, poderá ser reproduzida ou transmitida sejam quais forem os meios empregados: eletrônicos, mecânicos, fotográficos, gravação ou quaisquer outros.

Copidesque: Shirley Lima da Silva Braz
Revisão: Edna Cavalcanti e Roberta Borges
Editoração Eletrônica: Estúdio Castellani

Elsevier Editora Ltda.
Conhecimento sem Fronteiras
Rua Sete de Setembro, 111 – 16º andar
20050-006 – Centro – Rio de Janeiro – RJ – Brasil

Rua Quintana, 753 – 8º andar
04569-011 – Brooklin – São Paulo – SP – Brasil

Serviço de Atendimento ao Cliente
0800-0265340
sac@elsevier.com.br

ISBN 978-85-352-5350-4

Nota: Muito zelo e técnica foram empregados na edição desta obra. No entanto, podem ocorrer erros de digitação, impressão ou dúvida conceitual. Em qualquer das hipóteses, solicitamos a comunicação ao nosso Serviço de Atendimento ao Cliente, para que possamos esclarecer ou encaminhar a questão.

Nem a editora nem o autor assumem qualquer responsabilidade por eventuais danos ou perdas a pessoas ou bens, originados do uso desta publicação.

CIP-Brasil. Catalogação-na-fonte
Sindicato Nacional dos Editores de Livros, RJ

B716d
    Boog, Marcelo
        Discursos e práticas de gestão de pessoas e equipes : as revelações obtidas das pesquisas de clima organizacional em empresas brasileiras / Marcelo e Gustavo Boog. - Rio de Janeiro : Elsevier, 2012.

        ISBN 978-85-352-5350-4

        1. Liderança. 2. Administração de pessoal. 3. Cultura organizacional. 4. Desenvolvimento organizacional. I. Boog, Gustavo. II. Título.

11-6907.
                              CDD: 658.4092
                              CDU: 65:316.46

Dedicamos este livro a todas as pessoas focadas nos assuntos de liderança, no mundo do trabalho e no mundo pessoal, e que buscam o desenvolvimento dessa fundamental competência.

AGRADECIMENTOS

A Deus, pela inspiração e a capacitação para que pudéssemos realizar este projeto;

A nossas famílias, pela compreensão e a paciência em relação ao tempo ausente;

A nossos clientes e seus colaboradores, que, com coração aberto, se dispuseram a revelar com total confiança o que sentiam em seus ambientes de trabalho, através das Pesquisas de Clima Organizacional realizadas, que embasam este livro;

Aos editores da Campus/Elsevier, em especial a Marco Antonio Pace e Caroline Marchal Rothmuller, que sempre incentivaram que esta obra se tornasse realidade;

À equipe do Sistema Boog de Consultoria, em especial a Magdalena Boog, pela coautoria de alguns textos e revisões, e a Roberto Torres, pelo apoio dedicado nos dados das pesquisas;

Ao Grupo dos Consultores, em especial a Olga Balian, pelas inspirações e contribuições para o tema das gerações;

Ao Professor Doutor Sigmar Malvezzi, pelo incentivo aos estudos e pesquisas no programa de doutorado do Instituto de Psicologia da USP;

A todos os profissionais do mundo organizacional e acadêmico, que, com seus escritos e experiências, nos forneceram referências importantes para a realização deste livro.

OS AUTORES

Gustavo G. Boog é fundador e diretor do Sistema Boog de Consultoria. É *coach* executivo sistêmico, conduz projetos de transformação organizacional, palestras e *workshops* de temas gerenciais e comportamentais. Foi executivo de diversas organizações, lecionou em escolas de renome como FEA/USP, EAESP/FGV, PUC, entre outras, e é autor de duas dezenas de livros sobre gerência e gestão de pessoas e equipes.

Marcelo Boog é sócio e diretor do Sistema Boog de Consultoria e diretor de Pesquisas de Clima do Instituto MVC. Conduz projetos de diagnóstico e gestão do Clima Organizacional, Mapeamento 360°, palestras e *workshops* de temas gerenciais e comportamentais. É um dos autores do *Manual de Treinamento e Desenvolvimento*, bem como articulista em diversas publicações.

Contatos com os autores
Site www.boog.com.br
E-mails: gustavo@boog.com.br e marcelo@boog.com.br
Fones + 55 11 5183-5187 ou + 55 11 5183-5096

APRESENTAÇÃO

Não oprimirás o teu próximo.
BÍBLIA SAGRADA, LEVÍTICO 19, 13

Discursos e práticas de gestão de pessoas e equipes nasceu de nosso relacionamento de décadas com as organizações e seus profissionais, numa longa gestação. Foi uma construção de muitos anos, feita a quatro mãos, em que depoimentos de participantes de nossos projetos de desenvolvimento, principalmente das Pesquisas de Clima Organizacional e dos Mapeamentos 360°, se integraram com nossas reflexões e propostas das diversas dimensões da gestão, dos aspectos humanos no trabalho e da sustentabilidade, revelando os lados sombrios e luminosos das organizações. Todo o conteúdo deste livro é intercalado com roteiros práticos de ação, para reforçar e colocar em prática a atuação dos líderes sustentáveis.

Precisamos de líderes, urgentemente, para lidar bem com os desafios dos novos tempos, das novas demandas e das novas gerações. Não é mais possível que padrões superados prevaleçam nas organizações, resultando em lucratividade rebaixada, clientes mal atendidos, potenciais das pessoas subutilizados, pouca motivação e prejuízos para a saúde física e emocional das pessoas, além da degradação ambiental do planeta.

Ser líder é assumir as rédeas da própria vida, é deixar de ser vítima, é assumir seu poder pessoal, é assumir integralmente as consequências de suas decisões e de seus atos, é, enfim, ser uma pessoa e um profissional que faça a diferença neste mundo. Isso quer dizer *sustentabilidade de ações e decisões*.

Ser líder não exige um cargo específico na estrutura da organização. Assim, assumir integralmente a liderança altera o *status quo* e as estruturas tradicionais. Gestores conscientes e muitos da Geração Y já praticam isto: a subserviência e a obediência cega deixam de ter lugar e se transformam em aceitação de estar a serviço de uma causa maior; a passividade dá lugar à iniciativa de fazer o que precisa ser feito, e não apenas fazer o que alguém mandou; o sentimento de vítima desaparece e, em seu lugar, surgem pessoas inteiras e íntegras. O foco no curto prazo dá lugar a uma visão que considera o impacto das decisões de hoje nos anos vindouros, o imediatismo integra as urgências que precisam ser resolvidas hoje com uma visão mais abrangente de médio e longo prazos; a degradação e a exploração dos recursos naturais dão lugar a uma visão sustentável de convivência com a natureza, não num saudosismo e retorno a séculos atrás, mas num elevado padrão de vida. Os objetivos mesquinhos dão lugar a colocar-se a serviço do bem comum. Os investimentos em destruição acabam e a paz prevalece. Este é o mundo com que sonhamos e temos a firme convicção de que, quanto mais líderes verdadeiros tivermos nas organizações, mais rapidamente acontece esse processo de transformação.

Líder sustentável é o que cada um de nós pode e deve ser. Não é um conceito vago de liderança, mas um conjunto integrado de conceitos e práticas que fazem a diferença. Quando falamos de líder, estamos falando de VOCÊ! O livro aprofunda esses conceitos essenciais, com referenciais e práticas que se entrelaçam, formando um todo integrado. Mais do que isso: sugere ações eficazes e diretas para a busca da excelência, alinhadas com os novos desafios, conduzindo a novas formas de pensar, de sentir e de agir.

Cremos que é no ambiente das organizações que o nosso futuro será definido: passamos a maior parte da vida, do nascimento até a morte, interagindo com organizações, fornecendo e usufruindo produtos, serviços, tecnologia, informações. Se cada organização, por meio de seus líderes, fizer sua parte de forma adequada, teremos sustentabilidade. Estes são os desafios que temos pela frente. Para ajudar a superá-los, colocamos luz nos pontos sombrios das organizações e apresentamos alternativas de solução.

Temos, neste livro, muitas contribuições que formam agora um todo harmônico e integrado, com reflexões e planos de ação de como integrar resultados de negócios com a dimensão humana, em aspectos como liderança, trabalho em equipe, comunicações, inovações e busca de significados no trabalho, entre outras.

Este é um livro que atende às necessidades de quem está no mundo do trabalho: serve aos líderes de todas as áreas e níveis, do profissional que quer contribuir de forma mais sustentável aos jovens que estão entrando no mundo do trabalho, consultores, profissionais de "RH" *(que deveria chamar "gestão de pessoas")*, professores e alunos de administração e de gerência. É um livro para quem quer sobreviver e ter sucesso sustentável nas organizações.

Desejamos uma boa leitura e, principalmente, que o livro o motive a agir em benefício do todo!

Uma excelente leitura!

Gustavo G. Boog e Marcelo Boog
Primavera de 2011

ESTRUTURA E ROTEIRO DE LEITURA

O livro está estruturado em capítulos que se complementam, trazendo informações e reflexões para que os líderes sobrevivam e exerçam integralmente seu papel nas organizações, e contribuam assim para o sucesso do todo.

COMO UTILIZAR MELHOR ESTE LIVRO

Neste livro você encontrará:

- **Os discursos:** A situação proposta e desejada, a visão de futuro, o referencial das possibilidades.

- **As práticas:** A situação atual, o "raio X" de como é hoje nas organizações.

- **O plano de ações:** As sugestões para percorrer o caminho do atual ao desejado, com roteiros de reflexão e de ação, para projetos individuais e coletivos. Sempre que adequado, foram colocadas as "respostas" que mais contribuem para a sustentabilidade.

- **Boxes:** No início dos capítulos, ao longo do livro, você encontrará depoimentos reais de pessoas que trabalham em organizações brasileiras. Os depoimentos foram extraídos de Pesquisas de Clima Organizacional conduzidas pelo Sistema Boog de Consultoria, que somam mais de 30 mil participações. Em alguns casos, a redação foi ajustada para assegurar o entendimento e a confidencialidade, sem prejudicar o conteúdo.

SUMÁRIO

Agradecimentos vii

Os Autores ix

Apresentação xi

Estrutura e roteiro de leitura xiii
    Como utilizar melhor este livro xiii

CAPÍTULO 1
Como ser um líder sustentável? 1
  a) Sustentabilidade e liderança, discursos e práticas 1
    O papel do líder sustentável 3
    Luz e sombra nas organizações 5
    Fazer a diferença 6
    Poder e autoridade 7
  b) Roteiro 1: O que você faz é sustentável? 7

CAPÍTULO 2
As transformações nas organizações 10
  a) Os novos paradigmas no mundo do trabalho 10
    Um pouco de história 11
    O paradigma mecanicista 11
    O paradigma orgânico 13
    Integrando os paradigmas 14
    Os desafios da globalização 16
    Mais da visão holística 17
    A velocidade de transformação 18
    Os caminhos do desenvolvimento 19
    Como superar os desafios da sustentabilidade 19
  b) Roteiro 2: Qual é o paradigma de nossa organização? 20

CAPÍTULO 3
Um retrato sem retoques de organizações brasileiras 23
a) Pesquisa de clima organizacional 23
O sucesso organizacional 24
As melhores empresas para se trabalhar 25
O que é a Pesquisa? 26
O que a organização ganha com uma Pesquisa de Clima? 26
Pesquisa de Clima Organizacional – Metodologia 27
Aprofundando o Diagnóstico 28
    Evolução percebida 28
    Equilíbrio entre o DAR e o RECEBER 29
    Estudo das correlações 32
    Índice de Satisfação *versus* Evolução Percebida 33
Pesquisa de Clima Organizacional – Referência BOOG 35
    Amostragem e principais resultados 35
    Avaliação qualitativa 38
    Cultura organizacional brasileira 40
Vencendo as resistências para a implantação de planos de ações no pós-pesquisa 41
b) Roteiro 3: Como está minha organização? Aonde ela pode chegar? 42

CAPÍTULO 4
Cultura nas organizações 45
a) Cultura e valores nas organizações 45
Clima e cultura nas organizações 46
Valores e níveis de consciência 47
b) Os valores da Geração *Baby Boomers*, da Geração X e da Geração Y 48
Os valores das gerações 49
Baby Boomers 51
Geração X 51
Geração Y 52
Geração Z 52
As contribuições de cada geração 54
Pesquisa de Clima e as gerações 55
As áreas de dificuldade da Geração Y 56
c) Roteiro 4: Meus valores e os valores da organização 58

CAPÍTULO 5
O papel do gestor: resultados sustentáveis 61
a) O papel do gestor sustentável 61
As três dimensões do papel do gestor 62

Dimensões e objetivos organizacionais	64
Como as pessoas são promovidas a posições de gestão?	64
O iceberg organizacional: o invisível tornado visível	65
b) Roteiro 5: A organização de sucesso	66
c) O gestor na organização equilibrada	70
Equilíbrio	70
O Yang e o Yin nas organizações	71
Os exageros e o equilíbrio energético	72
Como sair do desequilíbrio?	73
d) Como crescer com sustentabilidade	73
Competências para crescer	74
A abertura para o novo	75
Provérbios reveladores	75
O papel dos líderes	76
e) Roteiro 6: Caminhos para crescer com sustentabilidade	76
f) Competências para o sucesso do líder sustentável nas organizações	79
O ciclo virtuoso da gestão	80
As competências que fazem a diferença: liderança, equipe e comunicações	81
Antigos e novos comportamentos dos gestores	83
g) Roteiro 7: Perfil do gestor sustentável	84

CAPÍTULO 6
Foco no cliente — 87

a) Encantando clientes	87
O que é encantamento?	87
Competência e encantamento	88
Uma metáfora de encantamento	89
b) Foco no foco do cliente	90
As mudanças de foco	90
Pontos vitais para o encantamento	91
c) Como transformar o ambiente de trabalho e melhorar os resultados	92
Ambientes desequilibrados	92
Excelência no acolhimento ambiental	93
d) Roteiro 8: Encantamos nossos clientes?	94

CAPÍTULO 7
As múltiplas dimensões da liderança sustentável — 97

a) A hora de sonhar, de realizar, de organizar e de celebrar	97
Diversidade humana e etapas de projetos	98
Lidando com relacionamentos difíceis	99
Os tipos de atuação	100

b) A miopia da liderança — 101
Miopia gerencial — 101
Mais miopia — 102
Os custos ocultos pela miopia — 102
O que fazer? — 103

c) O Yang e o Yin da liderança — 104
Liderança, Yang e Yin — 104
Ação ou não ação? — 105
Exageros no Yang e no Yin: os tiranos e os capachos — 106
Competência e poder pessoal — 107

d) Roteiro 9: Que tipo de líder eu sou? — 107

e) Os segredos da liderança — 109

f) Liderar nas crises — 110
Crises, estabilidade e instabilidade — 111
Indignação — 112
Assunção de responsabilidades — 112
Esperança — 112

g) Socorro, não sei delegar! — 113
Delegação nas organizações — 113
Centralizar ou descentralizar? — 114
Barreiras emocionais — 114
Como delegar bem? — 115

h) Três relatos de liderança — 116
Velejar é preciso, viver não é preciso: uma metáfora — 116
Como ser mais líder e menos chefe — 118
As direções da liderança — 118

i) Roteiro 10: Você é um líder que faz a diferença? — 120

CAPÍTULO 8
Trabalho em equipe — 122

a) Como Con-viver em Equipe — 122
Requisitos para se trabalhar em equipe — 123
Musculação emocional para con-viver em equipe — 124
Indicadores de equipe — 124
Conflitos e divergências — 126
Reverência pela diversidade — 126

b) Como construir equipes de alto desempenho — 127
Os alicerces da construção — 128
E quando vêm as crises... — 129

c) Monstros que destroem as equipes — 130

    d) Os desafios das equipes virtuais — 134
    e) Roteiro 11: Indicadores do trabalho em equipe — 136

CAPÍTULO 9
Comunicações, fofocas e reuniões — 138
    a) O toque humano nas comunicações — 138
        As carências nas comunicações — 138
        As causas das dificuldades — 139
        Ações que melhoram as comunicações — 140
    b) As fofocas e o líder sustentável — 141
        O que são fofocas e boatos? — 142
        Fofocas e clima organizacional — 142
        Fofocas, rádio peão, rádio corredor, corredor *press* — 143
        O lado positivo das fofocas — 144
        Fofocas masculinas e femininas — 145
        Como ter mais comunicações positivas e menos fofocas? — 145
    c) Comunicando melhor com o "Bom-dia, equipe!" — 147
    d) Lidere reuniões que funcionam! — 149
        Reuniões na vida real — 149
    e) Roteiro 12: Checklist das boas reuniões — 150

CAPÍTULO 10
Motivação — 154
    a) Motivação: isso faz a diferença! — 154
        A busca da motivação — 155
        O processo motivacional — 155
        A hierarquia das necessidades de Maslow — 156
        Motivação e desempenho humano — 157
        A cultura do medo — 158
        A motivação é um caminho — 159
        O papel do líder na motivação — 160
        Sugestões para o líder estimular a motivação — 161
    b) Os olhos do dono engordam o boi — 162
    c) Os inimigos da motivação — 163
        Quais são os inimigos da motivação? — 164
        As queixas ligadas à motivação — 164
        Os quatro inimigos — 165
        O inimigo da falta de significado — 167
        O inimigo da falta de ordem — 167
        O inimigo do desequilíbrio no dar e receber — 168

O inimigo da não inclusão 168
O que significa estar motivado e fazer a diferença 169
d) Roteiro 13: Como lidar com os inimigos da motivação 169

CAPÍTULO 11
Inovação e flexibilidade: os desafios das mudanças 171
a) Aceitação e mudança 171
b) Aceitar, sonhar e perseverar: três verbos que garantem as mudanças 173
Visão ocidental, visão oriental 174
O que fazer para as mudanças darem certo? 175
c) Roteiro 14: Os três verbos 176
d) A integração do pensar, sentir e agir nas mudanças 176
e) Roteiro 15: Integrando pensar, sentir e querer 178
f) Problemas ou projetos? 179
g) Crises e mudanças 181
h) Ganhos e perdas: como superar as crises e abrir-se a novas oportunidades 183
Uma agenda mínima para superar as crises 185
i) Como garantir o sucesso das mudanças 186

CAPÍTULO 12
Gestão de pessoas: integrando as múltiplas dimensões 189
a) O resgate da dimensão humana 189
Sustentabilidade 190
O papel do "RH" 190
b) Como as pessoas e as organizações podem relacionar-se melhor 191
c) Como gerenciar resultados e avaliar desempenho 193
d) Justiça no ambiente de trabalho 195
e) Roteiro 16: Minha organização é um bom lugar para se trabalhar? 197
f) Os cinco desafios do Treinamento e Desenvolvimento nas organizações 198
Desafio 1: Conciliar tempo de aprender com tempo de produzir 198
Desafio 2: Resgatar a dimensão humana do T&D 199
Desafio 3: Focar resultados e mudanças concretas 200
Desafio 4: Usar cada vez mais a Tecnologia da Informação (TI) 200
Desafio 5: Preparar-se para que a aprendizagem corporativa não seja mais monopólio do T&D 201
g) Treinamento: conexão com resultados 202

h) Só vou investir naquilo diretamente ligado à Produção	204
i) Indo além do treinamento	205
j) Estratégias e ferramentas de treinamento e desenvolvimento	208
As grandes mudanças	209
Impacto no trabalho e nas estratégias de treinamento e desenvolvimento (T&D)	209
Conclusões	211

CAPÍTULO 13
O trabalho no século XXI   212

a) Conceitos de trabalho	212
b) Evolução do trabalho no Brasil	213
c) O contexto das relações de trabalho no início do século XXI	215
Contexto	217
d) Impactos no trabalho e na atuação dos líderes sustentáveis	218
e) As macrotendências	226
Todo gestor deve ser também um gestor de pessoas	227
A liderança desempenha papel relevante num ambiente de riscos, inovação e mudanças	227
O impacto da TI na relação de trabalho é um dos novos focos da liderança	227
Demandas por ações emancipatórias num ambiente de legislação trabalhista defasada e obsoleta	228
O foco da liderança dá prioridade à dimensão humana nas organizações	228
f) Roteiro 17: Como lidar com as macrotendências	229

CAPÍTULO 14
E para terminar...   230

Apêndice   235

Livros recomendados   239

CAPÍTULO 1

COMO SER UM LÍDER SUSTENTÁVEL?

Este capítulo apresenta o que vem a ser um líder sustentável, abrindo caminho para as diversas dimensões desse tema nas organizações.

A) SUSTENTABILIDADE E LIDERANÇA, DISCURSOS E PRÁTICAS

Importa, sim, como você constrói seu resultado. Você vai agregar valor, mas precisa levar em consideração o impacto que causa em tudo com o que interage.

FÁBIO BARBOSA

A educação se divide em duas partes: educação das habilidades e educação das sensibilidades. Sem a educação das sensibilidades, todas as habilidades são tolas e sem sentido.

RUBEM ALVES

Não há progresso sem mudança. E quem não consegue mudar a si mesmo acaba não mudando coisa alguma.

BERNARD SHAW

A área operacional não recebe treinamento algum, tanto técnico quanto motivacional. É uma área importante, uma base que sustenta a área de vendas e faz acontecer (...) é importante que trabalhemos em conjunto

O discurso revela algo e a prática é totalmente contrária

Nosso "time" de líderes precisa aprender com suas equipes o espírito colaborativo e alinhar de verdade o discurso e as ações

Acho que a organização deveria preocupar-se mais com a questão da sustentabilidade: a quantidade de papel que poderia ser reciclado e aproveitado é muito grande

Existem favorecimentos, com pessoas sendo promovidas sem a menor capacitação técnica ou conhecimento do negócio. A empresa está crescendo sem a menor sustentabilidade

Se queremos que nosso planeta, nossa comunidade e nossa organização sejam sustentáveis, então nós, líderes, precisamos ser sustentáveis em todas as nossas atuações. Essa é a essência deste livro: avaliar a polaridade entre o desejado (discursos) e o real (práticas), e sugerir caminhos para chegarmos lá.

> ...nós, líderes, precisamos ser sustentáveis em todas as nossas atuações.

Neste livro destacamos a essencial, suprema e crítica importância da correta atuação dos líderes nas organizações. Quando isso não ocorre, as sombras prevalecem, os discursos não se alinham com as práticas, a credibilidade desaparece, a desmotivação e a falta de significado assumem inconveniente lugar de destaque, com consequências graves.

O conceito de sustentabilidade está cada vez mais presente entre nós, e está ligado à nossa existência no planeta. E entendemos que a atuação de cada um e de todos, numa postura de liderança sustentável, é essencial, agora e sempre. Os líderes, como executivos das organizações, coordenadores de projetos, governantes, educadores, legisladores e formadores de opinião, têm a responsabilidade de conduzir esse projeto.

O termo *sustentabilidade* representa a qualidade de quem pode sustentar. No dicionário temos diversas interpretações para a palavra "sustentar", entre elas

- segurar por baixo, apoiar
- afirmar categoricamente
- fazer face a, resistir a
- conservar, manter
- prover de víveres
- impedir a ruína ou a queda de, amparar
- dar ânimo, animar
- proteger, favorecer, auxiliar
- estimular, incitar, instigar
- pelejar a favor de
- equilibrar-se

Se compararmos essa lista com as atribuições de um líder, vamos encontrar enorme semelhança.

Muitos dirão, de forma irônica, que essa busca "é para organizações de outro planeta". Concordamos com eles, pois as organizações que quiserem ingressar nesse novo paradigma em suas operações, neste "novo planeta", têm nesses conceitos um bom referencial para agir. Este é o novo planeta e as novas organizações que queremos. Quem sair na frente se sairá melhor!

O papel do líder sustentável

Uma das boas formas de integrar a sustentabilidade à atuação do líder é examinarmos o que se espera dele. No esquema a seguir, temos as referências para sua atuação:

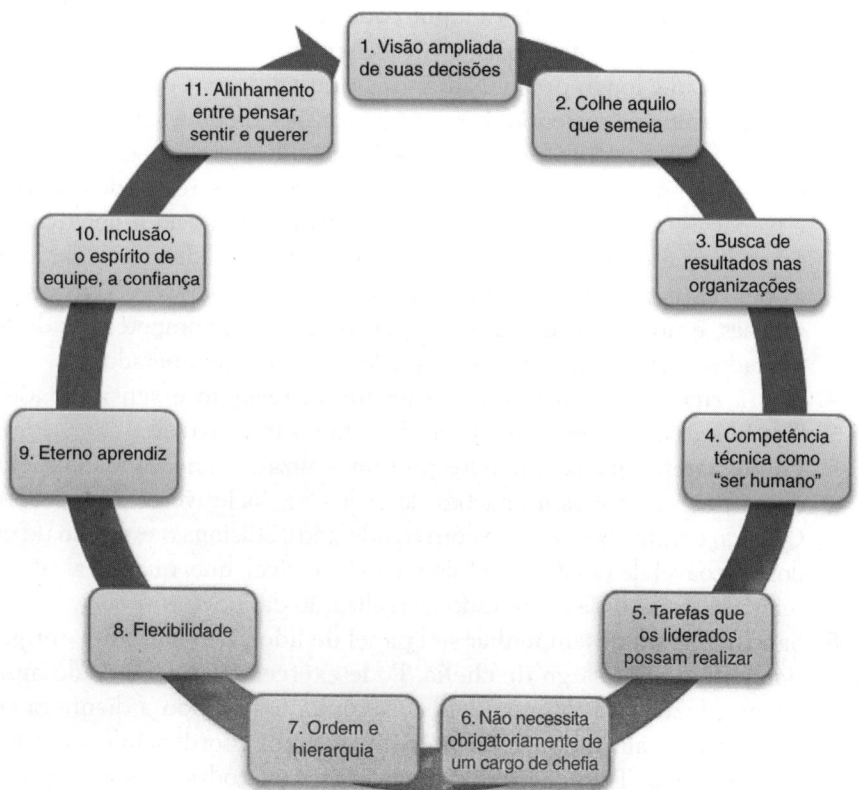

1. **Visão ampliada de suas decisões.** Coloca-as num contexto mais amplo e pondera as consequências de seus atos. Pensa globalmente, além das fronteiras, no benefício do todo, e aí age localmente. Tem serenidade, sai do imediatismo e coloca suas decisões num escopo de tempo mais amplo. Para que as decisões possam ser consideradas sustentáveis, devem atender ao critério de *tripple bottom line*:
    - *Ambientalmente corretas*: as decisões e sua concretização devem ter o menor impacto possível no meio ambiente. Se o impacto ocorreu, deve-se buscar alguma forma de correção e reparação, bem como a implantação de ações preventivas.
    - *Economicamente viáveis*: todos temos necessidades materiais, inerentes à vida, tanto individual como coletivamente. Os investimentos e a atuação humana devem ter viabilidade econômica, num conceito ampliado de tempo. O retorno do investimento das organizações

precisa ser assegurado, assim como a remuneração pelo trabalho e pelos serviços prestados pelas pessoas precisa existir.
- o *Socialmente justo*: é o conceito do ganha-ganha, em que todos possam ganhar proporcionalmente às suas contribuições. Quando alguns ganham à custa de outros perderem, a sustentabilidade deixa de existir.
2. **Consciência de que colherá aquilo que semear.** Toma iniciativas e promove equilíbrio entre o dar e o receber, entre razão e emoção, entre curto prazo e longo prazo. Não busca tirar vantagens indevidas.
3. **Busca resultados sustentáveis nas organizações**, de uma forma equilibrada com as dimensões pessoas e inovação. Sabe que é preciso ser prático e ter os pés firmes no chão. As organizações precisam de resultados concretos e palpáveis; assim, aproveita as oportunidades e estabelece objetivos, age sabendo que os resultados são decorrentes da boa liderança, que inspira as pessoas e abre espaço para a inovação e a flexibilidade. Tem diversas missões, e uma delas é criar condições para que as competências de seus liderados sejam desenvolvidas e o medo do novo seja superado.
4. **Alia à sua competência técnica profundo respeito e sensibilidade ao "ser humano"** e, com isso, obtém resultados inigualáveis.
5. **Propõe tarefas que os liderados possam realizar**, conhecendo e respeitando os potenciais e as limitações de cada um, inclusive os seus próprios. Quando comunica e negocia com os liderados, adiciona o estímulo de uma dose razoável de desafio, um "algo mais" atingível, que, quando alcançado, reforça a autoestima e o sentido de realização das pessoas.
6. Sabe que, **para desempenhar seu papel de líder, não necessita obrigatoriamente de um cargo de chefia**. Pode exercer sua liderança de muitas formas, fazendo a diferença, por exemplo, assumindo a dianteira com iniciativas, realizando o que precisa ser feito, coordenando as atividades de outros. Tem consciência e age para que todas as pessoas possam também ser líderes que queiram fazer a diferença. Identifica e apoia as pessoas a corrigirem uma eventual falta de motivação, a fim de que possam fazer diferença.
7. **Respeita a ordem e a hierarquia**, com o reconhecimento de que vive num sistema de relações de interdependência: compromissos assumidos devem ser cumpridos, a atuação dos diversos papéis tem importâncias diferentes e as prioridades podem variar. Sabe que o respeito e a reverência às contribuições do passado criam as condições para que o futuro seja melhor.
8. **Tem flexibilidade em suas formas de atuação**, sabendo que cada situação demanda um estilo específico. É seguro e convincente em sua atuação.
9. **Conhece suas formas de atuação, seus pontos fortes e os pontos que precisam ser desenvolvidos.** Tem uma postura de eterno aprendiz, aberto às lições que deve aprender. Investe continuadamente no autodesenvolvimento e estimula os outros a fazerem o mesmo.

10. **Promove a inclusão, o espírito de equipe, a confiança e a comunicação transparente.** Sabe que pertencer a um grupo significa ter direitos e obrigações.
11. **Alinha o pensar, o sentir e o querer.** Seu discurso bate com sua prática, gerando exemplos com sua conduta ética.

Luz e sombra nas organizações

De forma geral, podemos dizer que a luz corresponde ao discurso, em geral "politicamente correto", e a sombra, às práticas organizacionais, nem sempre muito virtuosas.

Jung definiu a sombra como aquela parte de nós que não aceitamos, que negamos, que é reprimida e remetida ao nosso inconsciente. Mas, por mais negada que seja, a sombra age e está presente. A sombra é um arquétipo e, portanto, é universal e estará presente na cultura de cada organização. A "cara" não é universal; é peculiar a cada organização. O que é sombrio para uma organização pode não ser sombrio para outra.

O Professor Doutor Alberto Lima apresentou um pequeno exercício, ligado à sombra, que adaptamos para a realidade organizacional:

- O que ofende a sua organização? Quais críticas recebidas por ela seriam consideradas ofensivas e até inaceitáveis?
- O que é muito feio quando aparece em outra organização?
- De tempos em tempos, sua organização recebe críticas que causam estranheza. Que *feedbacks* a organização recebeu e que pareceram não pertencer a ela?
- O que deixa sua organização profundamente magoada?
- Pense num personagem que sua organização definitivamente abomina.

Ao refletir e responder, você delineou o campo da sombra de sua organização.

É comum que certos indivíduos se prestem a ser depositários da sombra coletiva. Nas organizações, pessoas que são demitidas muitas vezes se transformam em "bodes expiatórios", encarnando a sombra coletiva. Prender o bandido e achar que resolveu a sombra não é verdade. Isso acontece na sociedade e nas organizações. Os "bodes expiatórios" desempenham o papel da sombra da organização.

Quando, de alguma forma, a organização entra em contato com sua sombra, com os referenciais limitadores ao desenvolvimento de si mesma e das pessoas que a compõem, uma enorme quantidade de energia é liberada. Descobrir esse lado sombrio dentro das organizações revela aspectos a serem desenvolvidos.

Fazer a diferença

Outro aspecto fundamental no líder sustentável é "fazer a diferença", expressão que tem muitos significados, porém o mais importante é o de **superar as expectativas das pessoas** com as quais nos relacionamos, quer sejam nossos líderes, liderados, clientes, fornecedores ou colegas. Identificar alguém que faz a diferença é fácil, direto e instantâneo: nossos sensores se ligam e se conectam imediatamente a quem quer fazer a diferença.

Quanto tempo leva para se perceber se um vendedor, um atendente de *call center* ou um supervisor quer fazer a diferença? Em geral, esse reconhecimento é quase instantâneo.

Cada um de nós pode fazer a diferença. Esta é uma opção pessoal, sempre disponível; quer se aceite ou não esta opção, arca-se com as consequências da decisão.

Fazer uma tarefa com amor é o segredo de fazer a diferença. O amor é muito mais que um sentimento, que é a associação imediata que fazemos: amor é comportamento e se liga diretamente a fazer a diferença, ou seja, superar expectativas, criar encantamento, ser proativo, colocar-se no lugar do interlocutor e perceber suas necessidades, agir para atender a isso e, se possível, superar.

O líder que faz a diferença não fica esperando: ele age! E qualquer pessoa pode ser esse líder, independentemente de educação, cargo ou posição social. Não é preciso que tenhamos doutorado em alguma universidade de renome ou que ocupemos um cargo elevado na estrutura. A pessoa que faz a diferença tem como características:

- Importa-se com você
- Foca soluções, e não problemas
- Dá um "empurrão", faz o outro ver as coisas, fala, mostra novas possibilidades
- Está de bem com a vida, entusiasmado, não descarrega frustrações no outro, tem cortesia e alegria
- Conhece as suas necessidades
- Tem competência/ajuda a alcançar seus objetivos
- Tem um sentido de finalização
- Não se exime das responsabilidades
- Assume a liderança, os riscos. É assertiva

> **O líder que faz a diferença atinge resultados com pessoas e com inovação.**

O líder que faz a diferença atinge **resultados com pessoas e com inovação**. Resultados são fundamentais para a existência e o desenvolvimento de qualquer organização. Aliás, os clientes esperam sempre por resultados (e não por promessas). Clientes não querem explicações; querem resultados. Se estes não vierem, buscam alternativas. Os resultados vêm da atuação das pessoas, que são orientadas pelos líderes. E a inovação é fundamental, pois as necessidades dos clientes são mutáveis, e é preciso não só acompanhar, mas, se possível, também antecipar-se.

Poder e autoridade

O líder sustentável pode usar seu **poder** ou sua **autoridade** para exercer seu papel. James Hunter, autor de O *monge e o executivo*, define **poder** como "a faculdade de forçar ou coagir alguém a fazer sua vontade, por causa de sua posição ou força, mesmo que a pessoa preferisse não fazer"; **autoridade** é definida como "a habilidade de levar as pessoas a fazerem de boa vontade o que você quer por causa de sua influência pessoal". Como se vê, para atingir resultados com pessoas e com inovação, e principalmente com sustentabilidade, os líderes são chamados primordialmente a exercer sua autoridade, o que implica ajustar o estilo de liderar às demandas de cada situação, em especial às necessidades de cada pessoa de sua equipe.

B) ROTEIRO 1: O QUE VOCÊ FAZ É SUSTENTÁVEL?

Considere sua atuação como líder ao tomar uma de suas últimas decisões. Coloque seu foco em apenas uma dessas decisões, talvez uma que tenha sido mais importante, e a avalie com os seguintes critérios:

- Antes de tomar a decisão, você a avaliou para ver se ela contribui para o todo, considerando o *Tripple Bottom Line*? De que forma?
  _____
  _____
  _____

- Quais são as consequências de sua decisão de imediato? Médio prazo? Longo prazo?
  _____
  _____
  _____

- Quais são os principais benefícios da decisão? Quem é beneficiado? E os principais custos? Quem pagará por esses custos? Há equilíbrio entre benefícios *versus* custos?
  _____
  _____
  _____

- A decisão contribui para os resultados organizacionais, para a dimensão humana no trabalho, para a inovação e flexibilidade?

- As pessoas que irão implantar a decisão estão capacitadas? Motivadas? Dispõem dos recursos, materiais e dos equipamentos adequados?

- A decisão irá contribuir para o desenvolvimento das pessoas de sua equipe? De que forma?

- A decisão respeita a ordem e a hierarquia?

- Você está sendo inovador nessa decisão ou apenas utiliza suas formas usuais de agir?

- A decisão está dentro de sua área de competência? Seu pensar, sentir e agir estão bem alinhados nessa decisão?

- Ao tomar essa decisão, você usou seu poder ou sua autoridade? Ou um pouco de cada?

- Essa decisão fará a diferença? Para quem? De que forma?
  _____
  _____
  _____

- Essa decisão específica que você tomou é semelhante ou diferente de outras decisões que usualmente toma? Há um padrão em suas decisões?
  _____
  _____
  _____

- Quais conclusões você pode ter dessas respostas, quanto à sua atuação de sustentabilidade?
  _____
  _____
  _____

CAPÍTULO 2

AS TRANSFORMAÇÕES NAS ORGANIZAÇÕES

Este capítulo trata das transformações e dos novos referenciais nas organizações, que modelam e influenciam o comportamento dos líderes, independentemente de suas áreas de atuação, posição dentro da estrutura e tipo de organização em que trabalham.

A) OS NOVOS PARADIGMAS NO MUNDO DO TRABALHO

Há os que se queixam do vento. Os que esperam que ele mude.
E os que procuram ajustar as velas.
WILLIAM G. WARD

Na economia moderna, não é o grande que devora o pequeno.
É o veloz que supera o lento.
PETER DRUCKER

Na natureza não existem prêmios, nem sequer punições.
Existem consequências.
JAMES WHISTLER

Gostaria de ter alguma autonomia e receptividade para falar o que precisa ser melhorado sem que o outro ache que está sendo vigiado ou ameaçado

Vivemos num ambiente de trabalho que é praticamente a antítese de tudo o que se prega nos Manuais de Gestão de Pessoas. Valorização por mérito, empenho e boas ideias é algo que não existe na nossa realidade. Trabalhamos num sistema quase amador, em que práticas mais eficientes e modernas são ignoradas, quando não boicotadas

Será que temos nos cargos-chave pessoas realmente capacitadas para dirigir a empresa neste momento de crise mundial?

Como o mundo está se transformando, as empresas e os líderes devem também transformar-se. Para assegurar o sucesso da atuação dos líderes, é fundamental entender o que está se passando, as tendências e os macromovimentos. Isso vale tanto para os líderes que dirigem suas organizações, como para os jovens que estão ingressando no mercado de trabalho.

As pessoas se perguntam: *o que está se passando na minha organização, no meu ambiente de trabalho? Se vivemos numa democracia, por que tenho de suportar diariamente um chefe autoritário?* As formas tradicionais de trabalhar e de liderar pessoas e equipes nas organizações estão morrendo, ou melhor, já morreram e esqueceram de enterrar! Há um novo modelo, que já está entre nós, e que chegou de forma rápida, num movimento inegável e inexorável. Quanto mais rapidamente as organizações e nós, líderes, nos alinharmos com essa nova forma de trabalhar as exigências, mais sucesso teremos.

Um pouco de história

Até a Idade Média, havia uma integração entre o ser humano e a natureza; a economia e a religião eram interligadas e prevaleciam os dogmas, muitas vezes obscuros e não discutíveis, como, por exemplo, de que a Terra era plana e era o centro do Universo. As gerações se sucediam, num ritmo quase sem mudanças. Mas alguns fatos abalaram essas certezas estabelecidas. Estudos e constatações de pioneiros deixaram claro na época que a Terra não era o centro do Universo, que este Universo era regido por leis matemáticas, com uma cisão entre corpo e mente. Esse "espírito científico", que podemos denominar de paradigma mecanicista, resultou em um formidável desenvolvimento da humanidade, cujos frutos saboreamos até hoje. Se tecnologia, medicina, engenharia e tantas outras áreas evoluíram, devemos isso ao paradigma mecanicista. Se escrevemos estas linhas na tela de um Notebook, isso é fruto desse paradigma. Se podemos, instantaneamente, conectar-nos com uma pessoa em qualquer lugar deste planeta, é graças a esse paradigma. Se podemos curar-nos de uma infecção graças a medicamentos, devemos agradecer a esse paradigma.

> ... havia uma integração entre o ser humano e a natureza, a economia e a religião eram interligadas...

O paradigma mecanicista

Esse paradigma, com predominância da energia masculina, se caracteriza por:

- **Visão fragmentada:** assim como a dissecação de um sapo nos ajuda a entender os diversos sistemas que o compõem, uma fábrica, por exemplo, é vista como um conjunto de departamentos e áreas. Os especialistas

são um exemplo disso: na ortopedia temos especialistas em coluna, em joelho, em mãos etc.
- **Razão/lógica:** ênfase nos aspectos racionais e lógicos. Qualquer referência a aspectos emocionais ou espirituais é vista com desconfiança, desprezo ou zombaria, como "não provado cientificamente".
- **Material/quantitativo:** os aspectos materiais, mensuráveis, quantitativos são os que valem. Os demais são desprezíveis. Quem trabalha com gestão de pessoas sabe, por exemplo, das dificuldades de se avaliar economicamente o retorno de investimentos na melhora do clima organizacional.
- **Individualismo/competição:** quase como uma decorrência dos anteriores, o individualismo prevalece. Ganham os melhores. Os perdedores, os *loosers* são rejeitados.
- **Ganha/perde:** se alguém ganha, é à custa de alguém perder.
- **Controlar:** para que a "máquina" funcione bem, com eficiência, o controle deve ser rígido. Baseia-se no princípio da desconfiança. O patrão, para ganhar, deve controlar a mão de obra, para que ela não o engane.
- **Reforço negativo:** não elogiar e não reconhecer resultados atingidos e esforços feitos, mesmo que tenham sido feitos esforços heroicos para atingi-los. Prevalece "você é pago para isto".
- **Direção:** os estilos de direção devem ser autoritários, baseados numa hierarquia rígida.
- **Segredo:** a confidencialidade prevalece.
- **Conformidade:** na organização, a pessoa deve seguir as normas estabelecidas, numa atitude de conformidade. Sugestões de melhoria são vistas com desconfiança, por estarem próximas da indisciplina.
- **Conquistar natureza:** o sucesso é medido na proporção em que a natureza é conquistada (leia-se devastada).

Mas cada paradigma tem dentro de si o germe da própria destruição. O conhecimento científico evoluiu de tal forma nas últimas décadas que algumas de suas bases começaram a ficar abaladas. A velocidade das mudanças é de tal ordem que fica quase impossível predizer o que acontecerá com a Tecnologia da Informação nos próximos 20 ou 30 anos. Hoje em dia, em pouco tempo, a humanidade dobra o conhecimento científico. Tudo muda e de forma extremamente rápida.

A opção por esse paradigma teve seu custo, principalmente no mundo ocidental, e pagamos um alto preço por isso até os dias de hoje: defrontamo-nos com a exaustão do meio ambiente, a poluição que afeta os grandes centros urbanos e todo o planeta, a alienação no ambiente de trabalho, o estresse e a rigidez de comportamentos, e a própria falta de significado no trabalho.

O paradigma orgânico

O que deixamos de lado, o paradigma orgânico, é o que sentimos falta nos dias de hoje. Este paradigma, com predominância da energia feminina, tem como características:

- **Visão integradora:** ver o todo, ter uma visão sistêmica, ver como os organismos vivos se comportam, entender a interdependência das partes. Quando somos confrontados com projetos de despoluição de um rio, com formas de se lidar com a violência urbana ou com a desmotivação de uma equipe, vemos o quão limitadora é a visão fragmentada do paradigma mecanicista.
- **Emoção/intuição:** somos seres que têm diversas dimensões, muito além da razão e da lógica. Somos muito bem-educados no uso da razão, mas, em geral, é difícil lidar com o mundo emocional. É a situação típica de um profissional da área de Ciências Exatas que é promovido a uma posição de liderança e não sabe lidar com os aspectos comportamentais de sua equipe.
- **Intangível/qualitativo:** o mundo é muito mais que seus aspectos materiais e quantitativos. Há outras dimensões que interferem diretamente em nosso comportamento, há causas desconhecidas e que nem por isso são menos importantes. Para quem está imerso no mecanicismo, essa é uma dimensão misteriosa, da qual a pessoa quer distância. Mas os tão buscados elementos de motivação e desempenho vêm exatamente desses aspectos intangíveis e qualitativos.
- **Equipe/parceria/cooperação:** quando se busca o espírito de equipe, na realidade buscamos equilíbrio entre a dimensão individual e a coletiva. "O que é o melhor para o todo" se contrapõe a "o que é melhor para mim". A necessidade de negociar e de cooperar é vital ao sucesso de uma equipe. E todos nós, quando estamos centrados na visão fragmentada e individualista, clamamos pelo trabalho em equipe. Isso vai desde a falta de coordenação e integração que existe, por exemplo, entre as grandes áreas de governo até o desencontro entre um garçom, um cozinheiro e a pessoa do caixa. Vemos que o "eu fiz a minha parte" não é suficiente para gerar soluções que encantem os cidadãos e os clientes.
- **Ganha/ganha:** é a busca de decisões em que todos possam ganhar. A eventual perda de alguns no curto prazo é compensada pela sustentabilidade dos ganhos de todos ao longo do tempo.
- **Prover:** ao contrário do controlar, o prover significa criar condições para que todos possam ter um bom desempenho. O líder sustentável deve estar atento para atender às necessidades de seus liderados (necessidades, e não vontades!)
- **Reforço positivo:** significa o elogio, o reconhecimento pelas contribuições feitas. Quanto mais se usa o reforço positivo, mais a qualidade do desempenho aumenta.

- **Participação:** as pessoas têm melhor desempenho quando participam das decisões que as envolvem. Isto não significa que todos devam participar de todas as decisões, mas sim que o comprometimento é atingido quando nos sentimos ouvidos e respeitados.
- **Abertura:** há um clima de transparência, em que as pessoas se sentem informadas do que acontece, das decisões que as afetam.
- **Criatividade:** as pessoas são estimuladas a colocar em prática seus potenciais, cada qual com seus talentos.
- **Conviver com a natureza:** é a visão de sustentabilidade, de os humanos conviverem harmonicamente com todos os outros elementos da natureza.

Integrando os paradigmas

Se vivemos esses dois paradigmas, qual é, então, a saída?

Deixar o mecanicismo e ser 100% orgânico? Isso não nos parece viável nem adequado; seria um passo atrás em nosso desenvolvimento. Temos necessidade dos dois paradigmas: não é sair do mecanicista e ir para o orgânico, e sim integrar essas duas polaridades em nossas percepções e comportamentos, e, assim, vivenciar o novo paradigma holístico, como pode ser visto no quadro a seguir.

Em muitas organizações, o discurso é holístico, mas as práticas são mecanicistas. Essa incoerência tem consequências danosas, na medida em que o discurso perde credibilidade. Acrescentem-se a isso as demandas da geração que está ingressando nas organizações, a Geração Y, que tem baixa tolerância para esse tipo de ambiguidade e busca maior equilíbrio entre sua vida profissional e pessoal, o que as gerações anteriores não conseguiram atingir de forma sequer satisfatória. Este é apenas um exemplo do embate de paradigmas.

O paradigma mecanicista nos dá estrutura e previsibilidade, o que é bom. No exagero, a estrutura se torna rígida e inflexível, e torna-se uma burocracia engessada. Por outro lado, o paradigma orgânico nos oferece flexibilidade e criatividade, o que também é bom. No exagero, esse paradigma leva a um caos incontrolável. A busca do "caminho do meio" nos parece a saída, a solução que integra essas duas polaridades. É um falso dilema dizermos: mecanicista *ou* orgânico. A saída é: mecanicista *e* orgânico. A esse paradigma, fruto dessa fusão, chamamos paradigma holístico.

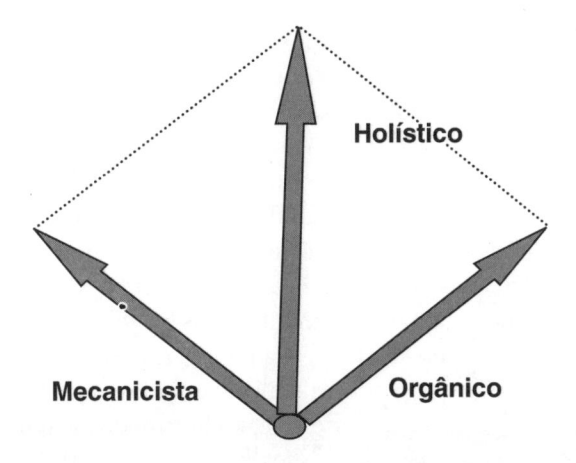

Há alguns indicadores no clima organizacional que mostram que a abordagem holística está prevalecendo quando:

- há menos competição e mais cooperação
- os sentimentos de equipe são maiores que as necessidades individuais
- há um sentido equilibrado de trabalhar com paixão, diversão e aprendizado
- ocorre mais criatividade e incentivos à diversidade e experimentação
- há grande respeito pela participação

Os grandes desafios a superar na implantação da abordagem holística são:

- Como equilibrar, num ambiente globalmente competitivo, a busca por resultados de negócios com um clima interno de alto desempenho e abertura à inovação?
- Como transformar o conhecimento num recurso central?
- Como equilibrar o tamanho (economia de escala) com a agilidade necessária nos mercados mutáveis?

- Como integrar o respeito à ordem, num ambiente com menos hierarquia e mais espírito de equipe?
- Como equilibrar a busca de eficiência e produtividade com as necessidades de flexibilidade e inovação?
- Como transformar gestores em verdadeiros líderes sustentáveis de pessoas e equipes?
- Como ampliar o espaço de atuação dos liderados?

Não há respostas prontas para superarmos esses desafios. As peculiaridades de cada organização, dos mercados em que atua e do perfil das pessoas definirão as melhores abordagens e as prioridades de solução. Mas um fato é incontestável: esses desafios terão de ser enfrentados por todas as organizações e por todos os líderes, se quisermos que a sustentabilidade prevaleça.

Os desafios da globalização

A globalização veio para ficar. Ela é vista por alguns como enorme potencial e plena de benefícios; por outros, é percebida como uma brutal ameaça. A globalização geralmente está associada à atuação de organizações que, operando em muitos países, buscam em suas atividades produzir em cada uma de suas operações produtos e serviços que gerem um custo total mais baixo, aproveitando, assim, ao máximo a vocação e características de cada região. Assim, por exemplo, hoje são produzidos automóveis, computadores e medicamentos cujos componentes vêm de diversos lugares do planeta. A globalização se espalhou rapidamente, com eficientes redes que integram tecnologia da informação, telecomunicações e logística, gerando operações instantâneas, sem grandes considerações de distância. Com a criação de grandes blocos econômicos, o foco inicialmente restrito aos negócios se amplia nas esferas políticas, culturais, educacionais e sociais, levando a novas perspectivas e discussões sobre o que deve ser global e o que deve ser local.

> A globalização veio para ficar. Para alguns, tem enorme potencial; para outros, representa uma brutal ameaça.

Vivemos num mundo globalizado, o que quer dizer muitas coisas: por exemplo, a qualquer momento podemos ter nossos mercados invadidos por produtos similares, a preços menores, desafiando a atuação de nossa organização do mercado. A inserção de cada país e região no processo de globalização, se conduzida de forma inadequada, gera consequências terríveis, pelo menos num primeiro momento: se olharmos o exemplo do que ocorreu com a indústria têxtil no interior do estado de São Paulo, dizimada pela concorrência, que encontrou um parque industrial obsoleto, vemos na prática essa manifestação. O mesmo se aplica à indústria relojoeira suíça, aos fabricantes de carros americanos, só para citar alguns exemplos.

Nós podemos "ver" a globalização em nossas mesas de café da manhã, tipicamente numa família de classe média: o café é brasileiro, o leite, argentino, o queijo, americano, e a geleia, da Dinamarca. Com as redes sociais, posso comunicar-me instantaneamente com pessoas em qualquer lugar do planeta. Amigos e famílias descobrem novas formas de se comunicar. Com um cartão de crédito, as pessoas podem pagar suas contas onde estiverem. Qualquer um pode manifestar-se sobre qualquer questão que seja de interesse, divulgando suas ideias para o mundo.

Mais da visão holística

O que a globalização tem a ver com visão holística?

Em sua origem, "holos" significa o todo. Visão holística é aquela que considera o todo. Como já podemos perceber, a visão holística tem tudo a ver com sustentabilidade.

A visão mecanicista, historicamente, antecede a visão holística, e se manifesta, por exemplo, na medicina: estou com um problema digestivo, vou a um especialista que indicará exames e um tratamento para o estômago. Não está, entre suas prioridades, saber o tipo de atividade profissional que exerço, meu estado emocional, meus desafios familiares etc. É a abordagem de "uma pílula para cada doença" (*a pill for every ill*).

Sempre que procuramos resolver integralmente problemas simples ou complexos, precisamos recorrer a uma visão holística, do todo. Como resolver de forma perene o problema da paz mundial se não dermos espaço a que todas as partes se manifestem e tenham suas necessidades minimamente consideradas? Problemas usuais como estresse, insônia, falta de tempo para a família, desmotivação pessoal, falta de espírito de equipe, mau atendimento aos clientes, degradação do meio ambiente, trânsito caótico, insegurança nos grandes centros urbanos etc. não encontram na abordagem mecanicista uma solução que perdure, pois a tendência é tratar dos sintomas, e não das causas.

Algumas características da visão holística são:

- **Abordagem integradora**, considerando a maximização do todo, e não apenas de algumas das partes. É o enfoque ganha/ganha se contrapondo ao tradicional "eu ganho, você perde".
- **Busca de unidade**, com respeito pela diversidade. O diferente não quer dizer errado; quer dizer que é apenas diferente. Isso é muito visível quando comparamos culturas regionais diferentes. A busca de unidade não se confunde com assegurar uniformidade.
- **Equilíbrio dos aspectos tangíveis** (materiais) **com os intangíveis** (emocionais, intuitivos, espirituais).
- **Equilíbrio entre as necessidades individuais e as do grupo**, a essência do trabalho em equipe. O mesmo se aplica ao atendimento das necessidades locais com regionais e globais.

- **Equilíbrio entre estruturação e criatividade**, renovando estruturas através de um "caos programado".
- **Interdependência entre as partes**, e não imposição de uma sobre as outras.
- **Busca de parcerias estáveis**, em vez de competição predatória. Concorrentes não precisam ser inimigos; podem conviver em redes de conexões.
- **Conviver na Natureza**: por ora, temos apenas este planeta para residir. Vamos cuidar bem dele, em contraposição à postura de conquistar a Natureza custe o que custar.

Como vimos, a abordagem holística não é uma substituição do mecanicismo (com o qual estamos tão acostumados), e sim uma ampliação das formas de pensar, sentir e agir. A abordagem holística acaba com a separação entre o eu e o outro. O todo está nas partes; nas partes está o todo. Assim como em cima, embaixo. A abordagem holística considera de forma integrada os aspectos físicos, os processos metabólicos, a dimensão emocional e a espiritual, quer no indivíduo, quer na organização ou na sociedade. Tudo, de alguma forma, está ligado a tudo. Nos negócios, palavras-chave passam a ser sustentabilidade, conexão, criatividade, compaixão e intuição.

A velocidade de transformação

A rapidez da velocidade de transformação, num ritmo cada vez mais intenso, nos dá a sensação de que fatos ocorridos há três ou quatro meses parecem estar há anos de distância no passado, pois tudo muda de fato com muita rapidez. Recebemos um verdadeiro dilúvio de informações, com que, muitas vezes, não sabemos o que fazer. Nas organizações, as pessoas reclamam que recebem dezenas ou centenas de e-mails todos os dias, o que toma algumas horas para serem lidos, encaminhados, solucionados ou deletados.

Numa organização, manter uma mala direta de clientes atualizada é tarefa que exige atenção constante. Para manter contato com nossos amigos e colegas profissionais, é preciso sempre saber que alguém trocou de emprego, que alguém foi mandado embora, que alguém criou um negócio próprio. Nossos alicerces se perdem: se dou a um cliente potencial a referência de um grande projeto que conduzimos na organização A, o que dizer agora se essa organização já não existe mais? E da organização que mudou de controle acionário e, com isso, mudou sua diretoria (os contatos e as referências evaporaram).

Abrir mão dessas certezas e patrimônios não é um processo fácil. Podemos perder dinheiro na Bolsa de Valores em função de uma mudança cambial em outro país, ou de um escândalo financeiro num pequeno país cujo nome nem sabíamos pronunciar. Toda a segurança que tínhamos nos bens materiais, no patrimônio, pode pulverizar-se de um momento para outro. É como se houvesse um "destronamento da matéria" e sua substituição por fatores menos visíveis e tangíveis. Querer apegar-se ao material só leva ao desespero. Novas fronteiras têm de ser consideradas.

Os caminhos do desenvolvimento

A visão holística e a sustentabilidade implicam um alargamento de consciência. Tudo está relacionado a tudo e não podemos ignorar nada do que acontece. Mas como acompanhar este fluxo enorme de informações sobre nós? Como selecionar o essencial do importante e do supérfluo? Quando nos perguntamos, pesquisamos e agimos para saber para onde vai o lixo que é gerado em nossas casas, praticamos sustentabilidade.

A nova fronteira de desenvolvimento está no interior do ser humano. As milenares tradições dos povos antigos, que diziam que uma decisão deve ser considerada em suas consequências para as próximas sete gerações, podem nos dar indicações de como fazer essa viagem interior.

Executivos começam a ter a coragem de admitir que utilizam métodos não convencionais em seus processos decisórios. O tema da espiritualidade no trabalho ingressa rapidamente nas organizações. Organizações multinacionais contratam terapeutas "alternativos" para apoiar seus líderes e liderados. Consultores e professores de instituições universitárias de prestígio falam abertamente de amor e de "abordagens do coração". O que quer dizer tudo isso? No nosso entender, essa visão holística já está atuando e transformando os caminhos tradicionais e trazendo perspectivas novas.

> **A visão holística implica um alargamento de consciência.**

Como superar os desafios da sustentabilidade

Vimos anteriormente que há muitos e difíceis desafios a serem superados para que essa visão se torne uma integral realidade. Quando os dirigentes da organização tomam a decisão de ser sustentáveis, um grande e decisivo passo foi dado, o que facilita e cria as condições para que isso se torne uma realidade.

Mas mesmo quando ainda não existe esse estado de consciência, cada um de nós pode assumir o papel de líder sustentável. A seguir, apresentamos um roteiro de alguns passos, num caminho que vai da pessoa para o todo. É no interior de cada um que começa a prática da sustentabilidade.

- **Agir na panela de pressão:** muitas organizações são verdadeiras "máquinas de moer gente". Mas mesmo nesse ambiente hostil, vamos encontrar pessoas com abordagens holísticas em sua vida pessoal e profissional.

Programas de treinamento e desenvolvimento, incentivo ao autodesenvolvimento, reforço positivo, plano de carreira, estímulos a atividades voluntárias são alguns exemplos de "sementes" que podem germinar. É como se fossem "sementes boas" colocadas num solo não muito adequado. A germinação das sementes vai modificando e preparando o próprio solo.

- **Ambiente interno mais cooperativo:** a partir de iniciativas pioneiras, que, inicialmente, não são bem compreendidas, o ambiente organizacional se modifica. Ações junto a lideranças que passam a agir com estilos mais abertos, ações de trabalho em equipe, reforço na visão do todo e das comunicações com transparência, vão fortalecendo o processo. Aqui *workshops* gerenciais, *coaching*, revisão de estratégias organizacionais, nova atuação da área de Gestão de Pessoas são algumas das possibilidades. As melhores organizações para trabalharmos dão uma indicação desse caminho holístico: políticas que equilibram resultados, pessoas e inovação.
- **Ampliação para o meio externo:** a postura mais aberta vai levando a organização agora cooperativa a uma relação de mais parceria com fornecedores, terceirizados e clientes, ampliando, gradativamente, a visão do todo. Essa gestão é mais complexa, porém os resultados são mais estáveis e duradouros. Esferas maiores se abrem para ações comunitárias, educacionais e sociais. O alcance planetário é o limite. Historicamente, há muitos séculos, a referência das pessoas eram os feudos, que foram se transformando, gradativamente, em países e depois em uniões regionais, que estão se agrupando em blocos, inicialmente econômicos. A globalização é o passo que estamos vivendo.

Estes passos invertem o círculo vicioso da competição/mecanicismo num círculo virtuoso. Em resumo, a visão holística da sustentabilidade, estimulada pela globalização, deixa de ser uma preocupação conceitual para se instalar firmemente na estratégia e nas práticas das organizações e de seus líderes.

Ninguém pode mais se dar ao luxo de desconhecer e praticar essa abordagem. Ninguém pode se colocar no papel de vítima do sistema, pois todos nós podemos agir em nossas áreas de atuação.

B) ROTEIRO 2: QUAL É O PARADIGMA DE NOSSA ORGANIZAÇÃO?

Coloque um "x" na posição que melhor descreve a situação atual de sua organização. Como alternativa, você pode fazer também o mapeamento de seu departamento ou unidade de trabalho (que poderá estar ou não alinhado com o geral da organização).

Mecanicista	Totalmente mecanicista	Bastante mecanicista	Um pouco mecanicista, um pouco orgânico	Bastante orgânico	Totalmente orgânico	Orgânico
Visão fragmentada						Visão integradora
Razão/lógica						Emoção/ intuição
Material/quantitativo						Intangível/qualitativo
Individualismo/ competição						Equipe/ parceria/ cooperação
Ganha/perde						Ganha/ganha
Controlar						Prover
Reforço negativo						Reforço positivo
Direção						Participação
Segredo						Abertura
Conformidade						Criatividade
Conquistar a natureza						Conviver com a natureza

- Quais conclusões posso tirar desse mapeamento? Ele está alinhado com o que outros pensam?

- Qual o movimento em direção ao paradigma holístico? A intensidade e a velocidade são suficientes?

- Qual pode ser a minha contribuição pessoal para este processo?

Respostas ideais

Obviamente, cada organização é única e não há respostas certas universais. Mas se buscarmos uma atuação sustentável dos líderes, algumas respostas são desejadas dentro de nossa cultura nacional. A seguir, estão aqueles que consideramos genericamente os posicionamentos mais adequados:

Mecanicista	Totalmente mecanicista	Bastante mecanicista	Um pouco mecanicista, um pouco orgânico	Bastante orgânico	Totalmente orgânico	Orgânico
Visão fragmentada				X		Visão integradora
Razão/lógica			X			Emoção/ intuição
Material/quantitativo			X			Intangível/qualitativo
Individualismo/ competição				X		Equipe/ parceria/ cooperação
Ganha/perde				X		Ganha/ganha
Controlar				X		Prover
Reforço negativo					X	Reforço positivo
Direção				X		Participação
Segredo				X		Abertura
Conformidade				X		Criatividade
Conquistar a natureza				X		Conviver com a natureza

CAPÍTULO 3

UM RETRATO SEM RETOQUES DE ORGANIZAÇÕES BRASILEIRAS

Este capítulo conceitua o que é a pesquisa de clima, suas possibilidades e aplicação, explora algumas características da metodologia utilizada em nossas pesquisas e apresenta uma síntese dos principais resultados que encontramos nas organizações brasileiras.

A) PESQUISA DE CLIMA ORGANIZACIONAL

Você não pode ser bem-sucedido por muito tempo se chutar as pessoas à sua volta. Você precisa saber falar com elas, simples e francamente.
LEE IACOCCA

O que olhamos não é o que vemos.
WENDELL JOHNSON

> A empresa não tem padrão para se trabalhar, e tudo é feito com base no "achismo".

> Não sei se vou ver as mudanças na empresa, porque estou deixando-a logo, logo, por não me sentir motivada a trabalhar com um chefe como o meu, que nunca valorizou meu trabalho e vive fazendo panelinhas no setor, colocando os funcionários uns contra os outros, e o que é pior: fazendo fofocas e humilhando os mais fracos. Na verdade, ele não tem capacidade de ser chefe, ou não sabe valorizar sua função

> Deparei com colegas de trabalho mal-educados, prepotentes e que se julgam donos da situação. Acho que tratam muito mal os profissionais, exceto alguns "coleguinhas". Chamam os profissionais de burros! São funcionários ultrapassados que não acompanharam a globalização e desconhecem totalmente a batalha de gigantes (pessoas inteligentes e estudiosas) que existe no mercado de trabalho

O sucesso organizacional

Todas as organizações querem ser bem-sucedidas. Ninguém as estrutura para o fracasso, seja no âmbito público ou no privado. O sucesso organizacional sustentável e duradouro é concretizado quando ocorre uma série de fatores: os clientes e usuários têm suas necessidades atendidas quando recebem os produtos e serviços esperados, os acionistas têm a adequada remuneração de seus investimentos, os fornecedores têm a contrapartida justa do que ofereceram, os funcionários trabalham motivados e com perspectivas de desenvolvimento, a organização cumpre suas obrigações legais junto ao governo e a comunidade percebe a organização como uma boa cidadã.

> **Todas as organizações querem ser-bem sucedidas. Ninguém as estrutura para o fracasso.**

O grande desafio do sucesso é atender a essas demandas de forma continuada e simultânea. Atender a uma ou outra, em detrimento das demais, ou ter sucesso por um prazo limitado é relativamente fácil. O importante é garantir a sustentabilidade do sucesso. Isso exige uma visão ampliada que vai muito além do faturamento e da lucratividade.

Muitos são os fatores que determinam o sucesso, mas há uma figura central: os gestores, os líderes da organização. Eles promovem a integração dos diversos segmentos, assegurando os melhores resultados para o todo. Os gestores têm diversas áreas de atuação, níveis de poder e de delegação, mas, com certeza, os gestores não são meros cumpridores das ordens que emanam do topo. Equilibrar as demandas dos acionistas e dos funcionários geralmente é o foco principal da atenção dos lideres, representando a maior parte do tempo e da energia investidos.

Quando os gestores não atuam adequadamente, por exemplo, sendo mais técnicos especializados que líderes de pessoas e equipes, ocorrem muitas distorções, que podem gerar consequências fatais para as organizações. Se os níveis mais elevados da liderança "perdem o pulso" do que ocorre na organização, surgem ineficiências nos processos, perdas e trabalho refeitos, não cumprimento de prazos, mau atendimento aos clientes. O comportamento das pessoas não contribui e até prejudica o alcance das metas. O individualismo prevalece sobre o sentido de equipe, as comunicações são deficientes, a liderança se torna centralizadora e autoritária, o clima interno é de desmotivação, prevalece o sentimento de não reconhecimento e de injustiça. Com isso, os resultados de negócio despencam e os clientes se afastam. A boa atuação dos líderes deve evitar que esse estado de coisas aconteça, mas, se isso não for possível, ações enérgicas devem ser tomadas.

As melhores empresas para se trabalhar

Preservar a saúde é mais fácil que curar a doença.

MADAME DE STAËL

As melhores organizações para se trabalhar são mais rentáveis que as maiores organizações. Investir em pessoas é uma ótima sabedoria gerencial.

Temos observado a atuação e os discursos das áreas de Gestão de Pessoas de diversas empresas, incluindo alguns clientes, no que diz respeito às Melhores Empresas para se Trabalhar. O desejo de estar lá é praticamente unânime. Vemos isso em empresas que ainda estão "engatinhando" em termos de desenvolvimento, em empresas que potencialmente já têm condições de estar lá e também em empresas que já estão e querem melhorar ainda mais, para atingir o topo da lista das melhores empresas.

Mas, afinal, o que em comum têm essas empresas que as tornam bons lugares para se trabalhar?

Os discursos procuram fazer com que as organizações invistam constantemente em pessoas. Trata-se de um movimento voltado e focado na valorização dos talentos, no desenvolvimento do capital humano, em treinamentos gerenciais e comportamentais, no desenvolvimento das lideranças, em despertar e desenvolver competências etc. Em resumo, procuram criar condições favoráveis aos colaboradores, para que produzam cada vez mais e melhor, gerando resultados crescentes.

As listas publicadas anualmente, tanto pelo Instituto Great Place to Work (revista *Época*) como pela FIA/USP (revista *Exame/Você SA*), muitas vezes trazem indicadores de rentabilidade das empresas constantes nas listas, comparando-as com outros referenciais.

Como resultado, os estudos mostram que as melhores empresas para se trabalhar, ou seja, aquelas em que há efetiva preocupação e valorização das pessoas, são as mais rentáveis. Ademais, quanto mais desenvolvimento humano, maior a rentabilidade. E a diferença não é pequena! Isso vem endossar que o discurso e a prática dessas organizações estão alinhados e são estratégicos: investir em pessoas não só é bom para os colaboradores, como também gera resultados para a organização e os acionistas!

Os números a seguir, divulgados na revista *Época* – 100 Melhores – *Great Place to Work*, comparam a valorização de uma carteira de ações das melhores empresas com outra que acompanha a variação do Ibovespa, principal índice da Bolsa de São Paulo, no período de setembro/2000 a setembro/2006:

- Retorno acumulado das melhores empresas para trabalhar = 485,9%
- Retorno acumulado do Ibovespa = 110%

De forma análoga, o *Guia Exame 2010 – As 150 Melhores* mostra que felicidade, produtividade e rentabilidade andam juntas, comparando a rentabilidade sobre o patrimônio líquido das 500 Melhores e Maiores com as 150 Melhores, e destacando as 10 Melhores.

Rentabilidade sobre o patrimônio líquido das:

- 500 Maiores e Melhores = 11,3%
- 150 Melhores = 15,3%
- 10 Melhores = 18,4%

O que é a Pesquisa?

A Pesquisa de Clima Organizacional é uma ferramenta de diagnóstico utilizada pelas consultorias e pelas áreas de Gestão de Pessoas para mensurar a satisfação dos colaboradores com diversos aspectos de suas relações e seus trabalhos, resultando numa sólida base de informações que norteará os planos de desenvolvimento organizacional.

Para se ter uma exata ideia do que está ocorrendo na organização, a Pesquisa de Clima Organizacional desempenha papel relevante ao trazer indicadores numéricos que desvendam e tornam visível o que antes estava oculto e desconhecido.

A Pesquisa de Clima, assim como outros instrumentos, requer a disposição do topo de enfrentar os resultados que serão revelados e a disposição de implantar ações que melhorem o clima, em especial na atuação dos líderes e dos gestores.

O que a organização ganha com uma Pesquisa de Clima?

> *O escondido debaixo do tapete é um tumor mais mortal porque oculto.*
> **LYA LUFT, PERDAS & GANHOS**

Vamos usar uma metáfora aplicada à nossa vida pessoal: Por que fazer e o que ganhamos com um check-up de nossa saúde? Algumas respostas:

- Meu médico disse que devo fazer estes exames anualmente.
- Minha mulher (meu marido) implorou para que eu fizesse os exames.
- Estou me sentindo bem, para que isto?
- Já sei o que está se passando comigo.
- Estou me sentindo meio mal ultimamente, parece que perdi o "pique". Talvez seja bom ver o que está acontecendo.
- Sou uma pessoa sistemática: se meu médico me recomendou exames anuais, vou fazer

E assim por diante. Mas o que ganhamos?

Saúde ampliada! A saúde é nosso bem mais precioso e assegura que todos os nossos projetos, metas, ambições possam ser realizados. O Doutor Ricardo de Marchi diz que, quando estamos saudáveis, temos muitos projetos, mas, quando estamos doentes, só temos um: recuperar a saúde. O conceito de saúde é muito maior que a ausência de doenças: é a presença da energia, da motivação, da alegria, da vida. É isso que todos queremos.

Isso quer dizer que, mesmo que estejamos bem de saúde, ao fazermos uma série de exames, estamos em contato com as bases de nosso bem-estar e, principalmente, assegurando ações, um modo de vida que assegure a continuidade e até a melhoria da saúde. Mas digamos que algo seja detectado nos exames: aí é a hora de ações corretivas, e todos sabemos que, quando um problema está em fase inicial, é muito mais fácil de ser eliminado ou controlado.

As organizações são como grandes seres vivos e, com as devidas adaptações, tudo o que vale para nossa saúde individual vale também para a saúde organizacional. Assim, quando a organização está saudável, reúne as condições de realizar com muito maior eficácia seu papel na sociedade: gerar resultados de negócios, criar condições para que as pessoas possam desenvolver-se, cuidar adequadamente do meio ambiente. Aí está o *triple bottom line*: dimensão econômica, dimensão humana, dimensão ambiental. Se buscamos tanto a sustentabilidade nos dias de hoje, um projeto mandatório para o futuro de nosso planeta, devemos estar atentos a como estamos hoje, como é o clima, a saúde de nossa organização, para que possamos assegurar ações de continuidade daquilo que está bem e outras que corrijam o que pode e deve ser corrigido.

Uma "dica" que detectamos nas diversas Pesquisas de Clima: um dos principais determinantes da saúde de uma organização é a forma, o estilo, a maneira como os gestores atuam com seu pessoal, desde os níveis mais altos até os mais próximos às operações.

Pesquisa de Clima Organizacional – Metodologia

A Pesquisa de Clima Organizacional é aplicada observando-se as seguintes etapas:

ESTRUTURAÇÃO: É a definição do que será pesquisado, quais os fatores (conjunto de assuntos), o que se pretende saber com a Pesquisa. Nesta etapa, definem-se aspectos como o formulário a ser utilizado, como será sua aplicação, divulgação, logística, cronograma etc. O formulário da pesquisa deverá trazer declarações positivas e níveis de respostas (desde o "discordo totalmente" até o "concordo totalmente"). Nessa fase ainda, são definidas quais as segmentações a serem estudadas (por exemplo, por áreas de trabalho, localidade, níveis hierárquicos, sexo, escolaridade etc.)

DIVULGAÇÃO INTERNA: Fase crítica para o sucesso da pesquisa, uma vez que orienta cada colaborador para o correto entendimento do que ela é, seus objetivos, além de assegurar confidencialidade. Quanto melhor for a divulgação, maiores serão a adesão e a confiabilidade dos dados da pesquisa.

COLETA DE DADOS: Seja feita pela internet, ou nos tradicionais formulários em papel, a coleta de dados deve ser imparcial, garantindo a confidencialidade das respostas. Nenhum colaborador deve sentir-se obrigado a responder. Se isso acontecer, provavelmente não será 100% verdadeiro em suas respostas (responderá o que seu chefe gostaria de ouvir, e não o que de fato pensa, com receio de ser identificado).

TABULAÇÃO/PREPARO DE RELATÓRIOS: Os formulários devem ser digitados, compilados juntamente com dados coletados via internet, organizados e, a partir da base de dados, apuram-se as informações, com apoio na estatística gerada. Além de médias gerais consolidadas, devem ser apurados os resultados de cada segmento estudado. Um cuidado a ser observado é não aplicar mais de um filtro na base de dados simultaneamente, para evitar possíveis identificações. Esse é um dos principais motivos de se contar com o apoio de uma consultoria. A base de dados fica externa à organização, aumentando a confiabilidade dos resultados. O relatório não deve ser apenas quantitativo, com base nas estatísticas, mas também trazer informações qualitativas, ou seja, o que os números estão dizendo/sugerindo e o que significam na prática da organização.

PLANOS DE AÇÃO DE DESENVOLVIMENTO: A pesquisa gera grande expectativa nos colaboradores. Na medida do possível, essas expectativas não devem ser frustradas. Usualmente, o "RH" capitania o processo da criação de planos de ação de desenvolvimento, alinhados com o plano estratégico e a visão de futuro da organização.

Aprofundando o Diagnóstico

*A melhor maneira de predizer
o futuro é criá-lo.*
PETER DRUCKER

Existem algumas técnicas que podem ser aplicadas à pesquisa e aprofundam o diagnóstico realizado.

Evolução percebida

Há alguns anos temos inserido nas pesquisas que realizamos indicadores de evolução percebida. Trata-se de um complemento opcional, em que são inseridas colunas para que cada colaborador registre sua percepção da evolução de um item, apontando se determinado item "piorou", "ficou igual" ou "melhorou" em um dado intervalo de tempo, como, por exemplo, 12 meses, ou desde a última pesquisa realizada. Assim, além do índice de satisfação atribuído a cada item pesquisado, existirá um segundo índice, baseado na evolução percebida. Esse segundo índice é útil porque permite projetar tendências. Por exemplo: *"Recebo treinamento suficiente para o exercício de minhas tarefas".*

Índice de Satisfação = 40%

Índice de Evolução Percebida = –30%

Neste caso, não só o nível de satisfação está baixo; também está sendo percebido como *piorando* nos últimos 12 meses, o que nos permite projetar uma tendência de piora. Ora, nesse caso, uma revisão das políticas e práticas de treinamento se faz necessária no curto prazo, para que esse item seja percebido de forma mais positiva.

Equilíbrio entre o DAR e o RECEBER

Não existe relação profissional que se sustente por muito tempo se a relação entre o DAR e o RECEBER não for justa e equilibrada. Em qualquer relação, existe uma troca, seja ela explícita ou não. Damos e recebemos o tempo todo. É assim que nos entendemos e convivemos em sociedade. Clientes trocam com os fornecedores suas mercadorias e serviços por dinheiro. Cidadãos pagam seus impostos em troca de receber do Estado serviços como educação, segurança, saúde e previdência. Sem demérito da importância do equilíbrio entre o DAR e o RECEBER das relações pessoais, queremos nos aprofundar na troca existente entre as organizações e seus colaboradores, pois essas percepções influenciam (e muito) o modo como percebemos o clima de trabalho.

As pessoas trabalham oferecendo sua colaboração, suas experiências, competências, seus serviços, seu tempo, esforços, motivação, empenho, engajamento etc. Em troca, recebem um pacote de recompensas monetárias (salário, benefícios, bônus, participações) e não monetárias (prestígio, reconhecimento, promoções, carreira, status, oportunidades, treinamentos, desafios etc.).

Assim, existe essa troca entre o que as pessoas dão (nas pesquisas indicadas como **o que eu dou**) e o que recebem (**o que eu recebo**). Destacamos que o diagnóstico é realizado com base na percepção dos colaboradores.

As percepções e os sentimentos dos colaboradores podem ser representados em quatro conceitos distintos, esquematizados nos extremos dos quadrantes a seguir:

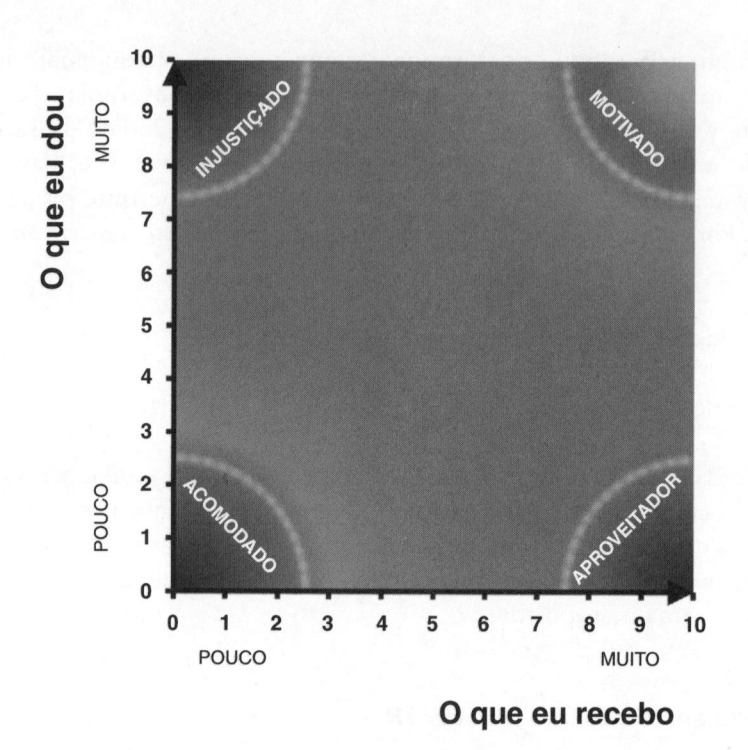

"Dou" muito e "Recebo" pouco: INJUSTIÇADO. É o sentimento dos colaboradores que percebem que sua grande colaboração não é devidamente recompensada. Usualmente, as pessoas que se encontram nessa situação querem ser reconhecidas e querem receber maior recompensa por seu desempenho e por sua colaboração. Se a organização não aumenta a recompensa, equilibrando a relação, duas situações são prováveis: 1) a pessoa pede demissão – a organização perde um precioso talento; ou 2) se a pessoa permanece por longo tempo nessa situação, certamente se sentirá desmotivada e diminuirá sua colaboração, indo para o próximo quadrante.

"Dou" pouco e "Recebo" pouco: ACOMODADO. É o sentimento dos colaboradores que sabem que têm baixo desempenho e baixa colaboração, e recebem baixa recompensa. Neste quadrante agrega-se pouco valor para a organização – baixa produtividade, baixa iniciativa etc.

"Dou" pouco e "Recebo" muito: APROVEITADOR. Pessoas com baixo desempenho e baixa colaboração, que recebem grande recompensa. Este talvez possa ser o "sonho de consumo" de alguns trabalhadores – trabalhar pouco e receber muito. Mas esse tipo de relação não se sustenta por muito tempo. Altas recompensas exigem alta colaboração. Pessoas neste quadrante serão cobradas para aumentar sua colaboração. Caso isso não ocorra, é provável que, em pouco tempo, seja desligada da organização.

"Dou" muito e "Recebo" muito: MOTIVADO. É o sentimento das pessoas que desempenham e colaboram muito e são recompensadas à altura. Este é o quadrante em que há efetivamente geração de valor. É o quadrante ideal, no qual efetivamente há maior produção.

Percebe-se aí um potencial conflito de interesses: a organização pode querer receber muito e dar pouco, ao passo que o trabalhador pode querer dar pouco e receber muito. Os dados gerados em cada pesquisa mostram as percepções das pessoas de uma dada organização e podem ser muito úteis para as decisões organizacionais.

O que temos encontrado em nossas pesquisas de clima reflete bem esse conflito de interesses. Existe o que denominamos faixa de equilíbrio entre o dar e o receber. O que observamos é que a maioria esmagadora das pessoas, conscientes ou não, se posiciona nessa faixa.

Como já vimos, relações desequilibradas não se sustentam. Vimos também que o quadrante ideal e que harmoniza todos os interesses, agregando valor para as pessoas e para a organização, é o de grandes desempenhos e colaborações e grandes recompensas.

Ora, sendo assim tão simples, por que as organizações simplesmente não aumentam a dose de recompensa, fazendo com que as pessoas "recebam" mais, como, por exemplo, maiores salários, mais benefícios, mais bônus etc.? A resposta é simples: as pessoas devem, em primeiro lugar, DAR, para depois RECEBER. Acrescente-se a isso a tendência mundial de redução de custos, o que inclui a remuneração das pessoas. Num mercado globalizado, remunerações elevadas podem levar a organização a perder competitividade.

O que muitas empresas têm feito é insistir no Quadrante 1, com pessoas se sentindo injustiçadas (que é um dos problemas de clima). A empresa exige altas doses de colaboração, porém oferece baixas recompensas (monetárias e não monetárias). Isso justifica os elevados *turnovers* e a dificuldade de reter talentos.

Em nossas pesquisas, encontramos uma parte significativa de pessoas próximas das áreas da INJUSTIÇA e ACOMODAÇÃO. Aí nasce um desafio: como fazer para os colaboradores saírem desses quadrantes e se deslocarem para áreas mais próximas da MOTIVAÇÃO?

Uma solução paliativa, apenas no curto prazo, é a revisão salarial/parte monetária. Isso não é sustentável, pois a nova renda rapidamente será incorporada no orçamento doméstico dos colaboradores e, se as condições permanecerem as mesmas, rapidamente, em dois a três meses, voltarão a se sentir injustiçados e/ou acomodados.

A solução sustentável é incrementar a parte não monetária, que tem outro nome: clima organizacional.

Estudo das correlações

> Não é triste mudar de ideia.
> Triste é não ter ideias para mudar.
> BARÃO DE ITARARÉ

Quase a totalidade dos projetos que realizamos, temos inserido análise das correlações estatísticas entre os itens pesquisados, dois a dois. Assim, se uma pesquisa tem 60 itens, testamos todas as 3.540 correlações existentes (item 1 com item 2, item 1 com item 3, item 1 com item 4, até item 59 com item 60). Buscamos, com isso, estabelecer relações de causa e efeito, com base na percepção dos colaboradores da própria empresa. Assim, como base neste estudo, ações de desenvolvimento em um item "causa" trará maior probabilidade de acerto e efetivação do "efeito" desejado.

Exemplos:

1. *Eu me orgulho de trabalhar nesta organização:*

Geralmente tem altas correlações com:

- *Considero esta organização um bom local para se trabalhar*
- *Sinto-me feliz por trabalhar aqui*
- *Meu trabalho promove senso de realização pessoal*
- *Considero que tenho uma boa qualidade de vida profissional*
- *Pretendo trabalhar aqui por muitos anos*

2. *Eu me sinto engajado, motivado e comprometido com meu trabalho:*

Geralmente tem alta correlação com:

- *Aqui trabalhamos em um ambiente de confiança, em que um confia no outro*
- *Meu chefe conversa comigo sobre meu desempenho de forma construtiva*
- *Meu chefe é um bom líder, sabe administrar pessoas e equipes*
- *Disponho de boas ferramentas para realizar meu trabalho*
- *Percebo que a direção da organização está comprometida*

O estudo das correlações é de mão dupla: ora um item pode ser entendido como "causa", ora o mesmo item pode ser entendido como "efeito". Na prática, esse estudo leva a conclusões como: se desejo atingir determinado resultado, como ter orgulho de trabalhar na organização ou me sentir motivado/ engajado, é preciso traçar planos e agir nas causas. Assim, se queremos pessoas engajadas, motivadas e comprometidas, temos de agir nas causas: promover confiança, reforçar *feedbacks*, melhorar as competências de gestão do chefe direto etc. O desafio é que a correlação também funciona para efeitos negativos: se tenho um chefe que não dá *feedback*, a pessoa não estará motivada/engajada/comprometida.

Na observação de dezenas de milhares de correlações já examinadas em nossos projetos, concluímos que os principais efeitos desejados dependem diretamente do modelo de gestão da organização. Assim, quanto mais desenvolvidas forem as lideranças da organização (em todos os níveis hierárquicos, desde diretores até encarregados de turno), melhores serão as chances de um bom clima organizacional. Afirmamos isso com segurança, alicerçados não apenas nas correlações, mas também na observação prática e direta do comportamento dos líderes.

Fizemos, em algumas ocasiões, pesquisas de clima em empresas que pagavam acima da média de mercado. Um pensamento dominante é que, se a organização paga bem a seus colaboradores, ali haverá um bom clima organizacional. Mas isso, por si só, não garante esse clima favorável. O que observamos é que, apesar do alto nível de salário, o clima organizacional era ruim. Em nosso entendimento, a organização tinha tantos problemas de clima interno/gestão que a única forma de reter os talentos era através de altíssimos salários. Neste caso não era "salário", mas "indenização".

Índice de Satisfação versus *Evolução Percebida*

Uma das formas como ampliamos o diagnóstico com o clima organizacional é o estudo das evoluções percebidas dos resultados, ou seja, como cada colaborador percebe a evolução de cada item em um dado período, por exemplo desde a última Pesquisa de Clima Organizacional realizada. Isso é extremamente útil para se determinarem a evolução e a tendência de cada item, ou seja, quantificar se cada item está "melhorando" ou "piorando" na percepção dos respondentes.

Isso abre novas perspectivas para o diagnóstico, pois dá movimento à fotografia. E, como há dinamicidade, diferentes possibilidades são formadas:

- Itens com altos índices de satisfação com percepção de melhora
- Itens com altos índices de satisfação com percepção de piora
- Itens com baixos índices de satisfação com percepção de melhora
- Itens com baixos índices de satisfação com percepção de piora

Esquematicamente:

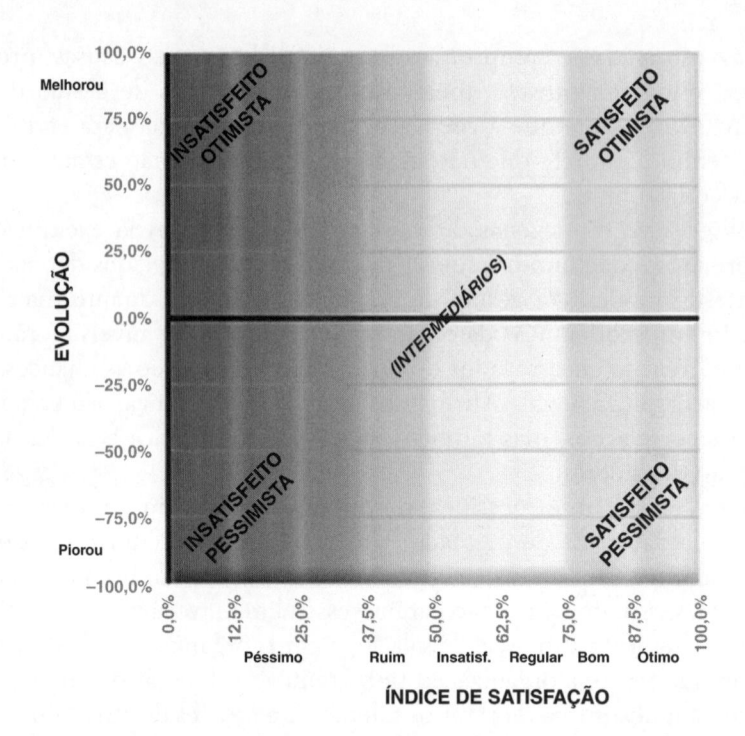

[Gráfico: Eixo Y "EVOLUÇÃO" de -100,0% (Piorou) a 100,0% (Melhorou); Eixo X "ÍNDICE DE SATISFAÇÃO" de 0,0% (Péssimo) a 100,0% (Ótimo), passando por Ruim (25,0%), Insatisf. (37,5%), Regular (50,0%), Bom (75,0%), Ótimo (87,5%). Quadrantes: INSATISFEITO OTIMISTA, SATISFEITO OTIMISTA, INSATISFEITO PESSIMISTA, SATISFEITO PESSIMISTA, com (INTERMEDIÁRIOS) na faixa central.]

Assim, além de identificar quais são os pontos fortes e as oportunidades de melhorias (com base nos índices de satisfação), com seus respectivos vieses de melhora/piora, podemos, respeitando a confidencialidade, quantificar quantas pessoas se sentem:

- Satisfeitas e Otimistas
- Satisfeitas e Pessimistas
- Insatisfeitas e Otimistas
- Insatisfeitas e Pessimistas

Claro que, ao fazer esse tipo de análise, encontraremos uma série de resultados intermediários. Aliás, na prática, encontramos a maioria dos resultados como intermediários, mas pontuamos aqueles mais próximos de cada um dos quadrantes. Na prática, ainda, percebemos que poucos são os itens e as pessoas que se encaixam perfeitamente nos extremos dos quadrantes, principalmente nos "Insatisfeitos e Otimistas" e "Satisfeitos e Pessimistas". Isso faz muito sentido, uma vez que, se estou totalmente insatisfeito com o clima, dificilmente perceberei "melhora" em todos os itens; ou se estou totalmente satisfeito com o clima, dificilmente perceberei "piora" em todos os itens.

O que fazer com essa informação?

Ter informações sobre o clima é primordial para saber onde devo colocar meu foco de desenvolvimento. Usando a metáfora da saúde, a Pesquisa de Clima para uma organização é como um exame de sangue para um indivíduo. O exame de sangue irá apontar um diagnóstico. Se o médico dispuser de "exames anteriores" (evolução), melhorará seu diagnóstico, o que possibilitará prescrever ao paciente uma série de cuidados, como alimentação, exercícios físicos, ajuste de peso, doses de remédios etc. Quanto melhor for a qualidade do diagnóstico, incluindo as evoluções/tendências, maiores serão as chances de cura.

Assim, a Pesquisa de Clima Organizacional, aprofundada por esses indicadores, apontará mais precisamente quais áreas específicas demandarão maior atenção à construção de planos de ação/desenvolvimento, bem como monitorará o acerto das ações corretivas e preventivas já adotadas pela organização.

Pesquisa de Clima Organizacional – Referência BOOG

Visão, sem ação, não passa de um sonho.
Ação, sem visão, é só um passatempo.
Visão, com ação, pode mudar o mundo.

JOEL BAKER

Para cada pesquisa, utilizamos um conjunto diferente de itens e fatores, sempre propondo um formulário focado nas necessidades de cada cliente, estruturando, assim, soluções sob medida. No entanto, muitos itens são recorrentes e/ou absolutamente comparáveis. Dessa forma, estabelecemos procedimentos que permitem comparações claras e objetivas dos resultados encontrados em cada pesquisa, permitindo também estabelecer médias de todas em organizações para cada item pesquisado. Realizamos também a análise quali-quantitativa desses resultados. Os dados que trazemos a seguir se baseiam nos últimos 50 projetos de diagnóstico de clima organizacional que realizamos. Denominamos esse estudo de **REFERÊNCIA BOOG**.

Não temos a pretensão de extrapolar a REFERÊNCIA BOOG para todas as organizações do Brasil, e afirmar que se trata de um resultado representativo brasileiro, mas, ao analisar esses dados, algumas conclusões sobre a forma de gestão de muitas organizações podem ser observadas.

Amostragem e principais resultados

Quantidade de pesquisas participantes desse estudo: 50
Total de participantes: 31.975
Adesão média à pesquisa: 66,5%
Margem média de erro amostral: 1,7% (ponderada em função do número de participantes)
Número médio de funcionários: 639

Distribuição das Organizações por quantidade de colaboradores

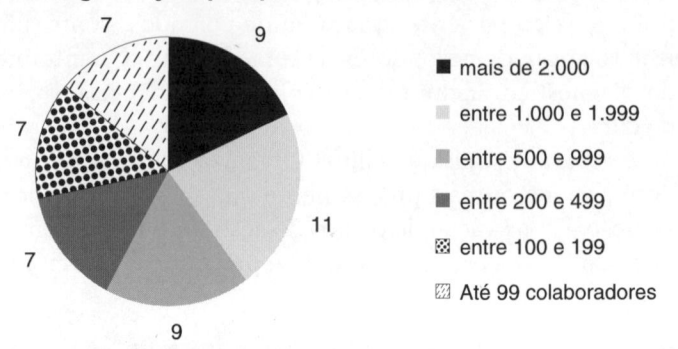

- mais de 2.000: 9
- entre 1.000 e 1.999: 11
- entre 500 e 999: 9
- entre 200 e 499: 7
- entre 100 e 199: 7
- Até 99 colaboradores: 7

Origem do capital das organizações

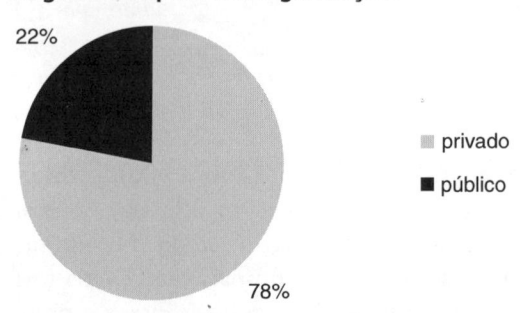

- privado: 78%
- público: 22%

Ramo de atividade das organizações participantes

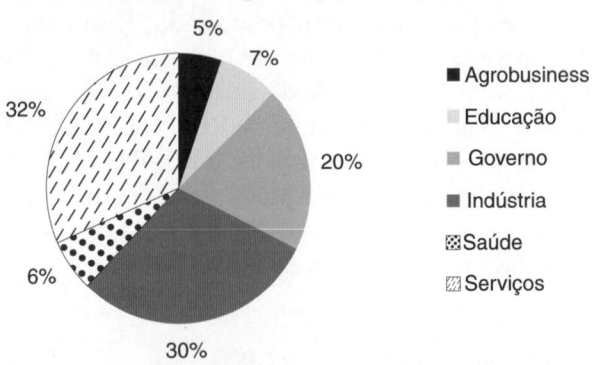

- Agrobusiness: 5%
- Educação: 7%
- Governo: 20%
- Indústria: 30%
- Saúde: 6%
- Serviços: 32%

Localidade das organizações (em alguns casos, local da sede)

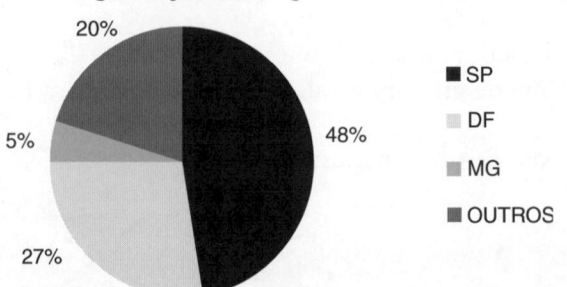

- SP: 48%
- DF: 27%
- MG: 5%
- OUTROS: 20%

Principais Resultados – pontos fortes (maiores índices de satisfação)

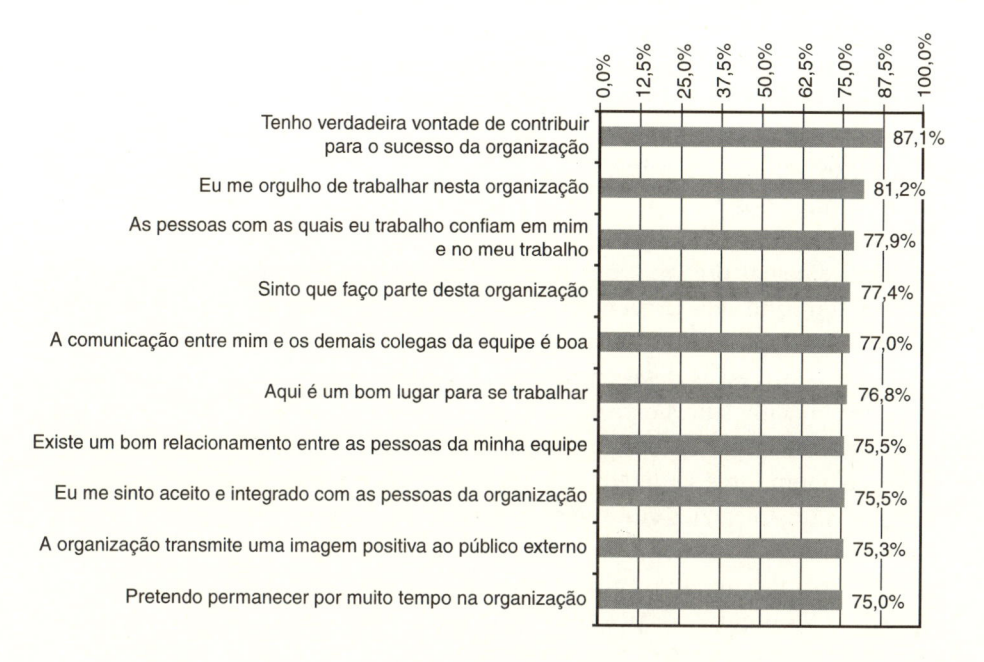

Item	%
Tenho verdadeira vontade de contribuir para o sucesso da organização	87,1%
Eu me orgulho de trabalhar nesta organização	81,2%
As pessoas com as quais eu trabalho confiam em mim e no meu trabalho	77,9%
Sinto que faço parte desta organização	77,4%
A comunicação entre mim e os demais colegas da equipe é boa	77,0%
Aqui é um bom lugar para se trabalhar	76,8%
Existe um bom relacionamento entre as pessoas da minha equipe	75,5%
Eu me sinto aceito e integrado com as pessoas da organização	75,5%
A organização transmite uma imagem positiva ao público externo	75,3%
Pretendo permanecer por muito tempo na organização	75,0%

Principais Resultados – pontos fracos (menores índices de satisfação)

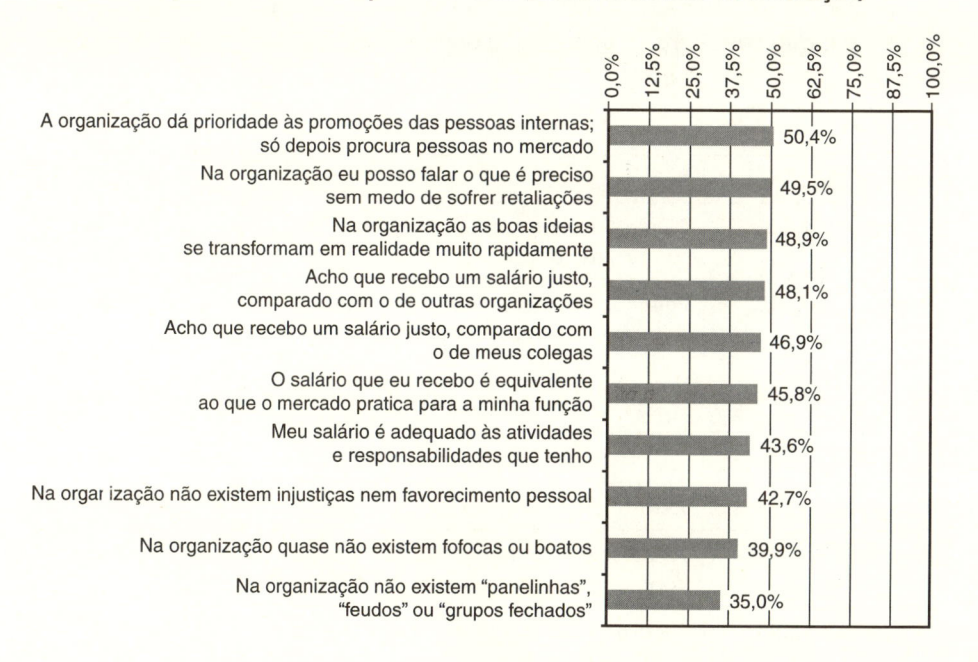

Item	%
A organização dá prioridade às promoções das pessoas internas; só depois procura pessoas no mercado	50,4%
Na organização eu posso falar o que é preciso sem medo de sofrer retaliações	49,5%
Na organização as boas ideias se transformam em realidade muito rapidamente	48,9%
Acho que recebo um salário justo, comparado com o de outras organizações	48,1%
Acho que recebo um salário justo, comparado com o de meus colegas	46,9%
O salário que eu recebo é equivalente ao que o mercado pratica para a minha função	45,8%
Meu salário é adequado às atividades e responsabilidades que tenho	43,6%
Na organização não existem injustiças nem favorecimento pessoal	42,7%
Na organização quase não existem fofocas ou boatos	39,9%
Na organização não existem "panelinhas", "feudos" ou "grupos fechados"	35,0%

Avaliação qualitativa

No Apêndice, encontram-se os resultados gerais da REFERÊNCIA BOOG.

As pessoas acreditam que a organização na qual se encontram é um bom lugar para se trabalhar, orgulham-se de trabalhar nela, conhecem os objetivos gerais e acham que suas tarefas e responsabilidades estão bem definidas. No entanto, os valores e a missão da organização em que atuam não são amplamente conhecidos e/ou praticados, e nem todos trabalham em função de um objetivo comum.

Percebem suas organizações com um bom nível de atendimento aos clientes e sentem que suas organizações transmitem uma imagem positiva ao público externo.

Segundo as médias dessas pesquisas, há uma clara percepção nos colaboradores de baixa eficiência e produtividade nas organizações em que atuam, com clara existência de desperdícios.

Os colaboradores se dizem razoavelmente comprometidos com os resultados que as organizações em que atuam esperam alcançar.

De modo geral, a maior parte das pessoas sente fazer parte da organização em que atuam, o que lhes proporciona um sentido de inclusão e de realização pessoal. O destaque mais positivo é que as pessoas têm verdadeira vontade de contribuir para o sucesso organizacional.

Uma característica comum que observamos em praticamente todas as pesquisas que embasaram este estudo é que, quando a redação do item está na 1ª pessoa do singular, há uma clara tendência de respostas mais favoráveis, principalmente em comparação com itens análogos redigidos na 3ª pessoa do singular.

Exemplo

Conjugação na	Item	Média
1ª pessoa singular	Eu me sinto motivado, engajado e comprometido.	70,4%
3ª pessoa singular	Pelo que percebo, meus colegas se sentem motivados e comprometidos.	55,0%

Outro exemplo

Conjugação na	Item	Média
1ª pessoa singular	As pessoas com quem trabalho diretamente confiam em mim e em meu trabalho.	77,9%
3ª pessoa singular	Na organização, existe um ambiente de confiança, em que um confia no outro.	52,7%

É natural no comportamento humano ser "bastante camarada consigo mesmo", ou achar que o problema está sempre no outro. Nos exemplos citados, notamos que "existe problema de motivação", mas nos outros... Da mesma forma, "existe um sério problema de confiança", mas "em mim pode confiar". O responsabilizar-se é uma tarefa a ser explorada.

De maneira geral, o espírito de equipe é bom com as pessoas próximas ao trabalho (mesmas áreas), mas a interação entre as diversas áreas da organização é ruim. A ajuda mútua e a cooperação são apenas razoáveis. Um item crítico nas organizações: as pessoas sentem que não podem confiar umas nas outras.

Os líderes nem sempre praticam aquilo que falam: conhecem bem tecnicamente seu trabalho, mas a habilidade de liderar pessoas e equipes não é tão desenvolvida. Segundo os resultados médios da pesquisa, os líderes deixam a desejar nos aspectos de tratamento com justiça, na motivação da equipe, na flexibilidade, no ouvir o que as pessoas têm a dizer, no estímulo ao desenvolvimento profissional, no reconhecimento por trabalhos benfeitos e no estímulo à criatividade/inovação.

A comunicação entre as pessoas e seus colegas de equipe é boa, principalmente quando depende "de mim". Já a comunicação entre as pessoas e seus chefes é razoável. As fofocas e os boatos são um dos piores itens da REFERÊNCIA BOOG, representando um desafio para as organizações. Além disso, as pessoas hesitam em dizer o que pensam, com medo de sofrer retaliações. As reuniões de trabalho são vistas como pouco produtivas.

Observamos também que, quando o assunto é inovação/criatividade, existe um baixo nível de estímulo e aproveitamento de boas ideias novas. Há principalmente uma grande morosidade para se colocar em prática inovações, caracterizando conservadorismo com pouca inovação. Não nos referimos aos produtos e serviços ofertados pelas organizações, mas aos processos internos.

Os participantes, em sua maioria, percebem que suas organizações investem razoavelmente em T&D, mas percebem que recebem volume insuficiente de T&D para o exercício de suas atividades. Consideram ruim o conhecimento das oportunidades de crescimento na carreira/ascensão profissional. O tema da meritocracia teve resultado baixo, mostrando que existem favorecimentos pessoais nas organizações. As pessoas percebem que há muito favorecimento e injustiças pessoais. Isso é percebido com forte correlação com temas salariais e temas ligados à carreiras.

O salário é percebido como injusto quando comparado com outras organizações e com os colegas, sendo também considerado inadequado em face das atividades e responsabilidades que as pessoas têm. Os benefícios são percebidos como razoáveis em face das práticas de mercado.

Apesar de diversos problemas apontados na pesquisa, a maior parte dos participantes manifesta que pretende permanecer muito tempo em suas organizações.

Existe um nível razoável nas condições de trabalho, embora haja um grande desvio-padrão nesse ponto (tema bastante polêmico, que varia de uma organização para outra).

O tema da qualidade de vida no trabalho é percebido em um nível razoável: as pessoas participantes, de certa maneira, conseguem equilibrar seu tempo entre trabalho e família.

Ao encerrar nossas pesquisas, adicionamos um item específico, como o último item do formulário, em que a afirmação é "acredito que esta pesquisa de clima trará resultados positivos para a organização". O I.S. médio deste item é 73,1%, o que mostra que os participantes têm um grande nível de expectativa de que algo positivo ocorra.

Cultura organizacional brasileira

Toda generalização é perigosa, principalmente na grande diversidade de negócios e culturas regionais que encontramos em nosso país. Mas ousaremos ingressar neste terreno, com base nos dados da REFERÊNCIA BOOG e em nossa experiência e convívio nas últimas duas décadas, com mais de 400 organizações para as quais prestamos serviços. Correndo o risco da generalização, vemos que muitas organizações brasileiras têm como traços culturais:

- Ênfase central na busca de resultados, muitas vezes em detrimento da dimensão humana, que, por serem mais qualitativos e menos mensuráveis, tendem a ser relegados como "assuntos de menor prioridade". Operações, produção e vendas são sempre altas prioridades; a área de "RH", só quando sobra dinheiro.
- A dimensão humana e a área de "RH" nos discursos são extremamente valorizadas, mas, na prática, ainda têm pouca influência nas decisões importantes da vida organizacional. A área tem seu destaque em momentos críticos de ameaça à vida da organização: divergências com sindicatos, movimentos reivindicatórios, fiscalizações trabalhistas ou acidentes de trabalho.
- Foco em resultados no curto prazo. Investimentos em processos de desenvolvimento de pessoas, que tendem a ter maturação mais longa e não são realizados de forma sistemática, pois são considerados de menor prioridade, ficando para o "fim da fila".
- Centralização decisória e baixo nível de delegação, prevalecendo estilos mais diretivos, com distanciamento hierárquico. Os liderados têm receio dos chefes, tendem a "filtrar" informações e encontrar o "melhor dia e hora" para contar algo desagradável ao chefe.
- Estilo de gestão personalista por parte dos executivos principais da organização, principalmente se forem fundadores ou parentes próximos aos fundadores.

- Promoção de profissionais para posições de gestão em função do desempenho técnico, da lealdade à organização e ao chefe, e do tempo de casa. Isso implica atuações muito mais de *chefe* do que *líder*, pois as competências de gestão de pessoas e equipes tendem a não ser consideradas e desenvolvidas.
- Conflitos e divergências tendem a ser abafados, em vez de serem tratados de forma aberta, clara e transparente.
- O controle e a burocracia tendem a ser exagerados para pequenos gastos e investimentos, e, muitas vezes, tênues para assuntos de grande importância. São feitos controles intensos sobre cópias reprográficas e a burocracia é enorme para se comprar um novo aparelho telefônico ou um notebook.
- As comunicações tendem a ser prejudicadas, e as fofocas, os rumores e boatos são intensos. As comunicações formais tendem a ser vistas como irrelevantes. Muitas chefias estimulam os canais informais de comunicação.
- Ainda prevalece uma postura ganha-perde. A competição e o individualismo tendem a ser estimulados, e não se observa uma postura mais cooperativa e de equipe. O espírito de equipe muitas vezes é bastante bom, mas há grande dificuldade na relação entre equipes.
- Prevalece o paradigma mecanicista, em vez do holístico.

Há diferenças significativas, dependendo do setor da economia que estamos estudando. Parece haver relação direta entre a tecnologia mais ou menos avançada do setor com as práticas mais ou menos evoluídas no trato com as pessoas e equipes. Outra variável importante na definição da cultura é a origem do capital da organização: organizações de origem familiar, capital internacional ou instituição governamental.

Como se vê, apesar de termos tido, nas últimas décadas, grandes avanços em inovações tecnológicas e em estimulantes ganhos de produtividade, vemos que os aspectos de gestão de pessoas e equipes ainda têm um grande espaço a ser conquistado.

Vencendo as resistências para a implantação de planos de ações no pós-pesquisa

A Pesquisa de Clima se propõe a diagnosticar uma série de fatores e itens dentro das diversas segmentações das organizações, a fim de desenvolver os pontos que demandam maior atenção, visando, entre outras coisas, à melhora no desempenho dos colaboradores e, por consequência, da própria organização.

Quando da realização de trabalhos que envolvem Pesquisas de Clima, o cliente recebe os resultados quantitativos e qualitativos da Pesquisa, juntamente com uma série de recomendações quanto à gestão do clima e de planos de ações – recomendações estas a serem validadas e priorizadas pelo cliente. Usualmente, a entrega dos resultados é feita ao "RH" e/ou à Direção da organização.

Em geral, o "RH", após analisar os resultados e as recomendações, propõe um plano de ações específico para a Direção. Ajustes são feitos e, então, esses planos devem ser "vendidos" internamente, para que os demais gestores participem de sua implantação e execução. Certamente não caberá ao "RH" resolver todos os problemas apontados na pesquisa.

Entra, então, em cena um personagem que não é bem-vindo: a resistência a mudanças. Muitas vezes os gestores entendem o plano de desenvolvimento organizacional apresentado pelo "RH", ou mesmo pela direção, como mais uma série de tarefas a serem adicionadas em seus já agitados compromissos e *to do list*, e muitas vezes não existe comprometimento com esses planos, que são deixados de lado, provocando estagnação no processo. Na verdade, os planos de desenvolvimento devem, em primeiro lugar, atingir o comportamento dos gestores, para aí, sim, entrar na execução.

Dentro do possível, a recomendação é que essa "venda interna" dos planos busque o consenso do grupo de gestores, envolvendo-os na decisão de ações concretas, bem como na atribuição de responsabilidades: assim, os planos passam a ser também dos gestores, e não algo que foi imposto pela direção, ganhando maior comprometimento, que, via de regra, traduz-se na aplicação dos planos de ação em um prazo muito menor. Este é um dos caminhos que são propostos em *Workshops* de Gestão do Clima.

O sentido geral para o sucesso na implantação dos planos é que uma mudança de desempenho do clima depende de mudanças no empenho dos gestores.

B) ROTEIRO 3: COMO ESTÁ MINHA ORGANIZAÇÃO? AONDE ELA PODE CHEGAR?

A seguir, apresentamos os dados gerais da REFERÊNCIA BOOG, de forma sintetizada, nos principais fatores pesquisados. Coloque um "x" na posição que melhor descreve a situação atual de sua organização. Se você tem resultados atuais da Pesquisa de Clima de sua organização, coloque nos itens cabíveis. Una os pontos e terá um retrato inicial de sua organização. Como alternativa, você também pode fazer o mapeamento de seu departamento ou unidade de trabalho.

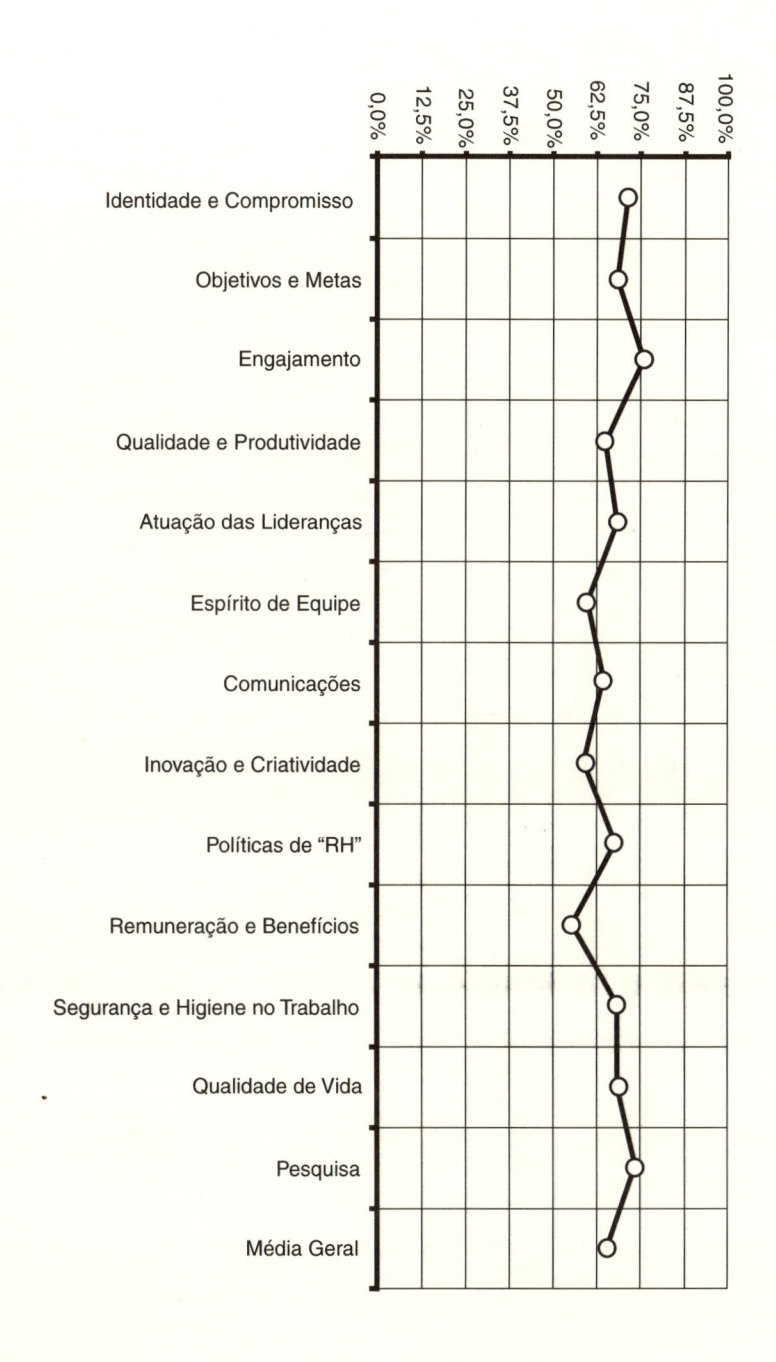

Identidade e Compromisso	75,0%
Objetivos e Metas	68,75%
Engajamento	75,0%
Qualidade e Produtividade	62,5%
Atuação das Lideranças	68,75%
Espírito de Equipe	62,5%
Comunicações	65,0%
Inovação e Criatividade	62,5%
Políticas de "RH"	68,75%
Remuneração e Benefícios	56,25%
Segurança e Higiene no Trabalho	68,75%
Qualidade de Vida	68,75%
Pesquisa	71,25%
Média Geral	67,5%

- A que conclusões posso chegar com esse mapeamento? Ele está alinhado com o que outros pensam? Onde estão os maiores desvios? Os dados de minha organização estão próximos ou afastados da REFERÊNCIA BOOG?

- Quais ações estratégicas ajudariam a melhorar o quadro de minha organização? Essas ações parecem viáveis? Existem recursos para tanto? Quem tem autoridade e poder para realizar tais mudanças?

- Qual pode ser minha contribuição pessoal para esse processo?

CAPÍTULO 4

CULTURA NAS ORGANIZAÇÕES

Neste capítulo, veremos que a cultura de uma organização é algo perene e fundamentalmente definido pelos valores praticados. A cultura determina o comportamento organizacional, das equipes e das pessoas. Outro aspecto importante aqui são as características e os valores da Geração *Baby Boomer*, da Geração X e da Geração Y, que trazem novos e intensos desafios de sustentabilidade aos líderes.

A) CULTURA E VALORES NAS ORGANIZAÇÕES

Elimine a causa, e o efeito cessa.
MIGUEL DE CERVANTES

Triste época! É mais fácil desintegrar um átomo que um preconceito.
ALBERT EINSTEIN

Não basta saber, é preciso também aplicar; não basta querer, é preciso também agir.
GOETHE

- A empresa interessa-se só com os números e nada mais. Acha que todos são obrigados a comprar o produto e não busca desenvolver estratégias de mercado para combater o concorrente. Visa apenas ao lucro e não aos profissionais que gostam de trabalhar na empresa

- Não se fala em ética; perderam-se valores, parâmetros do que é certo e errado. Há perseguições de todos os tipos

- A organização não desenvolve no corpo funcional os valores e a missão. São frases afixadas nas paredes como "mera" informação

- Nem todos os funcionários conhecem os valores e a missão. Nem todos trabalham com um objetivo em comum

- Mudar uma cultura organizacional leva algum tempo

Clima e cultura nas organizações

Em tempos de tantas mudanças e de novos desafios, os líderes desempenham papel fundamental: as pessoas querem e precisam repensar suas tarefas, seus relacionamentos no trabalho e suas carreiras, alguns pelo fato de não terem mais um emprego, outros por estarem insatisfeitos com o atual, outros ainda por sentirem que têm potenciais inexplorados. A cultura da organização é o referencial básico dentro do qual as pessoas se comportam e os relacionamentos acontecem.

Podemos fazer uma analogia do clima e da cultura organizacional com as condições atmosféricas de um local: o clima é algo relativamente mutável, podendo estar frio ou quente, chuvoso ou seco, com ventos ou não. É algo do momento atual, podendo ser muito diferente amanhã. A cultura, por sua vez, pode ser comparada a algo mais estável, não sujeito a alterações localizadas, como as condições geográficas do local, a latitude e a longitude, se é próximo ou afastado do mar, se o terreno é montanhoso ou plano etc. O clima reflete o momento, a cultura, o "jeito de ser" da organização. O clima e a cultura da organização são definidos pela atuação das pessoas, em especial pela atuação dos líderes, e, portanto, podem ser mudados e transformados, sendo que o clima pode ser mudado com maior facilidade, enquanto os processos de mudança da cultura são mais longos e mais difíceis.

> O clima reflete o momento, a cultura, o "jeito de ser" da organização.

O texto a seguir, de Jeffrey Pfeffer, professor de Comportamento Organizacional da Stanford Graduate School of Business, autor de *A equação humana: gerando lucro ao colocar as pessoas em primeiro lugar*, condensa o desafio cultural nas organizações:

"*A implantação de sistemas de trabalho de alto desempenho ou de alto comprometimento requer mais que mudanças cosméticas. Requer um sério comprometimento em fazer coisas de forma nova, tal como treinamento de funcionários em habilidades múltiplas, implantação de novas formas de compensação, organizar o pessoal em equipes, instituir sistemas de sugestões, círculos de qualidade ou outros instrumentos para solicitar ideias do pessoal, e assim por diante. Cada uma dessas mudanças desafia as formas existentes de fazer as coisas – particularmente se a forma atual enfatiza uma abordagem taylorista, orientada para o controle. É quase impossível implantar com sucesso práticas de trabalho de alto desempenho ou alto comprometimento na ausência de confiança e respeito recíprocos. Mas falta confiança em muitos relacionamentos entre pessoas – e falta em muitas das teorias econômicas baseadas em análises desses relacionamentos. Assim, além de práticas específicas, o clima no local de trabalho é crucial. Todas as práticas e mudanças no local de trabalho devem ser avaliadas por um simples critério: elas conduzem e geram confiança, ou significam desconfiança e destroem a confiança e o respeito entre as pessoas."*

Valores e níveis de consciência

Richard Barrett, que escreveu os livros *Criando uma organização dirigida por valores* e *Libertando a alma da empresa*, destaca o papel central dos valores de cada organização, como base para a definição de sua cultura. Barrett destaca que a organização dirigida por valores tem base para uma excelente lucratividade: não há contradição entre cultivar bons valores e obter bons resultados na organização. Os valores estão ligados aos diferentes níveis de consciência, que Barrett define como sete, sendo os primeiros mais associados aos aspectos internos da organização (menor grau de consciência), que, gradativamente, ampliam sua visão para a comunidade e o planeta como um todo, gerando níveis de consciência mais elevados.

Segundo Barrett, são eles:

Consciência mais elevada ↑

Unidade: nível mais alto de conexão interna e externa

Inclusão: fortalecimento dos relacionamentos e realização do funcionário

Coesão Interna: espírito de comunidade na organização

Transformação: renovação contínua e desenvolvimento de novos produtos e serviços

Autoestima: melhora dos métodos de trabalho e da entrega de serviços e produtos

Relacionamentos: relacionamentos interpessoais entre funcionários e clientes/fornecedores

Sobrevivência: aspectos financeiros e crescimento organizacional

↓ Consciência menos elevada

A ampliação da visão do individual para o coletivo se associa a graus de consciência mais elevados. A elevação de um grau no nível de consciência não elimina o grau anterior, mas, antes, o integra e o incorpora. Por exemplo, a sobrevivência vale em todos os âmbitos, desde o pessoal até o planetário.

Ainda tomando os conceitos de Barrett como referência, vemos que os diferentes graus de consciência estão ligados à ampliação para o bem coletivo, gerando valores que definem e diferenciam as culturas das organizações. Isso pode ser visualizado de forma integrada no quadro a seguir:

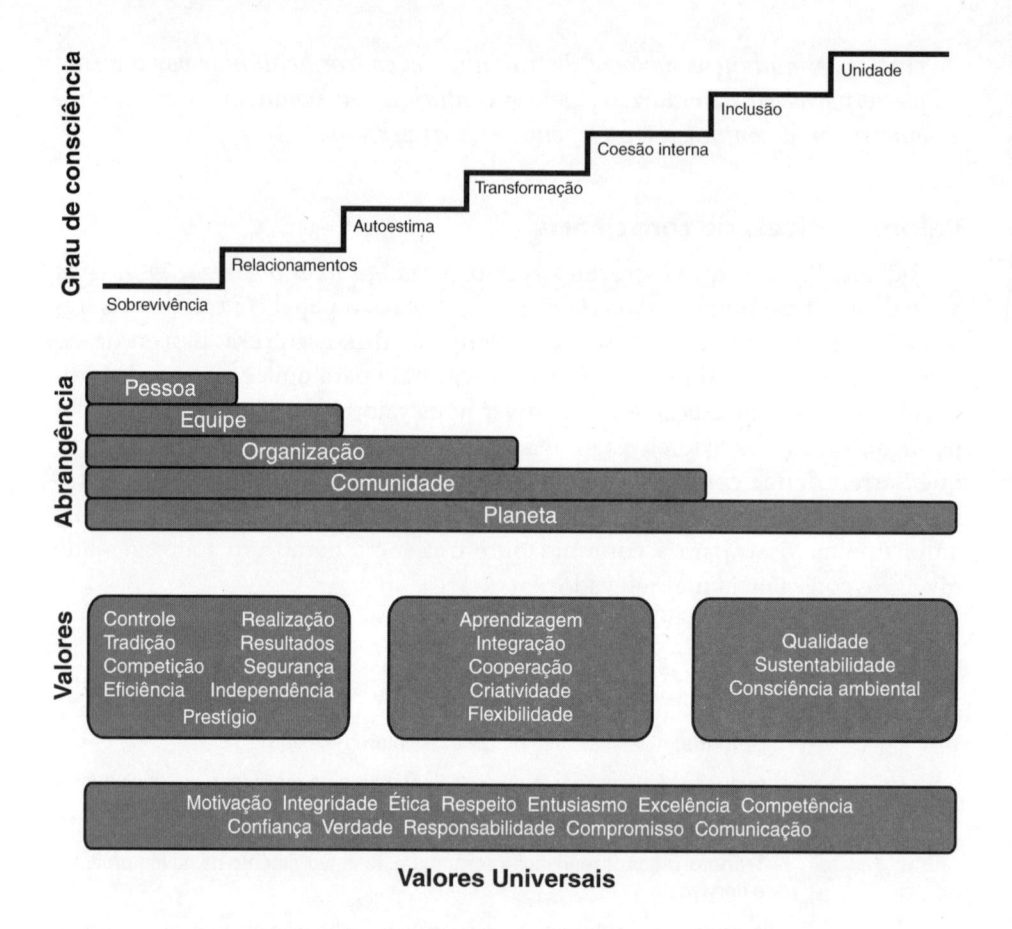

Grau de consciência

Sobrevivência → Relacionamentos → Autoestima → Transformação → Coesão interna → Inclusão → Unidade

Abrangência

- Pessoa
- Equipe
- Organização
- Comunidade
- Planeta

Valores

Controle Realização Tradição Resultados Competição Segurança Eficiência Independência Prestígio	Aprendizagem Integração Cooperação Criatividade Flexibilidade	Qualidade Sustentabilidade Consciência ambiental

Motivação Integridade Ética Respeito Entusiasmo Excelência Competência
Confiança Verdade Responsabilidade Compromisso Comunicação

Valores Universais

B) OS VALORES DA GERAÇÃO *BABY BOOMERS*, DA GERAÇÃO X E DA GERAÇÃO Y[1]

> *Nós éramos jovens, nós éramos tolos, nós fomos arrogantes, mas estávamos certos.*
> **DANIEL ELLSBERG**

> *A maior descoberta da minha geração é que o ser humano pode alterar muito de sua vida se mudar seus pensamentos.*
> **WILLIAM JAMES**

---

[1] Somos especialmente gratos a Olga Balian e ao grupo de Consultores de Orientação Antroposófica, pela inspiração para este capítulo.

> As gerações que compõem os quadros de uma empresa deveriam ser alocadas de acordo com seu tempo e maturação: os mais velhos (por sua experiência e saber) no comando das decisões; os de meia-idade (por sua vivência e aprendizado) nas ponderações dessas decisões; e os mais jovens (pelo seu ímpeto e desejos de mudanças) para ousar

> A maioria das pessoas não sabe o que é missão e valores, e nem sabe para que serve

> A coexistência dessas duas culturas é problemática e conflituosa

> Haverá sempre choques de gerações, entre aqueles que estão chegando e aqueles que estão quase saindo. São embates entre o "velho" e o "novo"

Os valores das gerações

Um tema que cresce de importância é a grande mudança nos valores das gerações que convivem no ambiente organizacional. É uma mudança que já se instalou silenciosamente, solapando as formas tradicionais de liderar, de comunicar e de motivar. E esse é um fato que não pode ser mais ignorado, pois a Geração Y, que já soma mais de 50% das pessoas em muitas organizações, já chegou e tem prioridades, valores e comportamentos que contrastam com os das gerações anteriores. Para destacar um exemplo, em geral os programas de estágios e *trainees* funcionam mal nas organizações: um grupo de 20 ou 30 jovens promissores é selecionado nas melhores escolas e, depois de poucos meses, restam apenas alguns poucos, por conta de conflitos com a cultura organizacional, falta de coerência entre o discurso e a prática, frustração das expectativas de uma carreira rápida, conflitos com as políticas adotadas pelo "RH" ou ainda com os estilos de liderança dominantes. Estes são programas estratégicos que renovariam a organização, gerando enormes investimentos e trazendo baixos retornos. Por que isso acontece?

Como um conjunto de placas tectônicas se enfrentando, há um conflito encoberto em curso nas organizações, e é preciso ter consciência do que está acontecendo e se adotarem ações para que o todo seja beneficiado.

As gerações têm necessidades diferentes e falam línguas diferentes. Os níveis de direção e liderança em geral são ocupados por profissionais das Gerações

Baby Boomers e X, que acreditam que seus paradigmas de sucesso são os únicos corretos. Por outro lado, a Geração Y tem outros referenciais, e também acredita que estes são os únicos certos. Apesar de destacar e reconhecer que cada geração tem uma contribuição decisiva para a organização, as divergências podem instalar-se, com altos custos e graves consequências, como no exemplo dos programas de *trainees*.

Um conflito tem origem quando uma pessoa ou um grupo, ao buscar atender às suas necessidades e expectativas, impede ou ameaça outra pessoa ou grupo de satisfazer as suas. A busca da solução do conflito reside em alterar o foco do "eu" x "você" para "nós" x "divergência".

Historicamente, temos a seguinte evolução (os anos se referem ao nascimento):

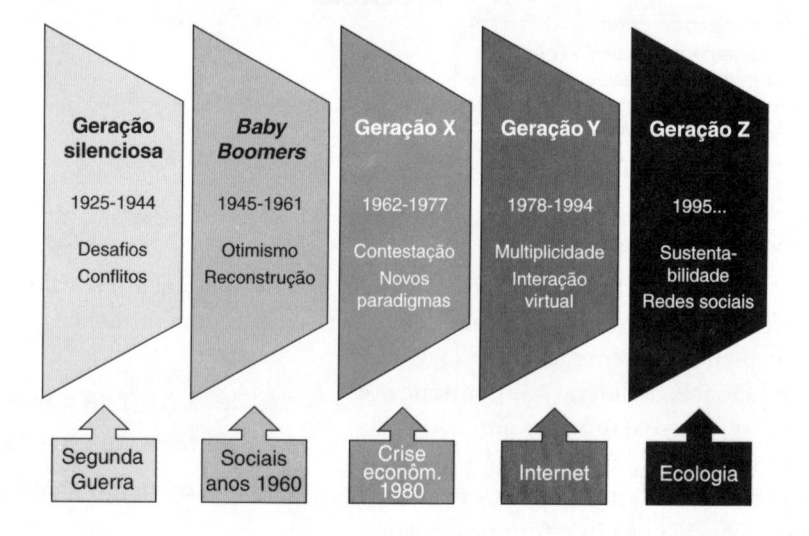

Geração silenciosa	Baby Boomers	Geração X	Geração Y	Geração Z
1925-1944	1945-1961	1962-1977	1978-1994	1995...
Desafios Conflitos	Otimismo Reconstrução	Contestação Novos paradigmas	Multiplicidade Interação virtual	Sustentabilidade Redes sociais
↑ Segunda Guerra	↑ Sociais anos 1960	↑ Crise econôm. 1980	↑ Internet	↑ Ecologia

A geração silenciosa praticamente já está aposentada, e a Geração Z ainda não ingressou no mundo organizacional. Assim, temos três gerações convivendo, e suas características são apresentadas a seguir. As Gerações *Baby Boomers* e X são bastante parecidas em diversos aspectos, e as maiores diferenças surgem na Geração Y. Podemos dizer que a Geração X é uma geração de transição entre os *Baby Boomers* e os Y.

Há controvérsia sobre os anos mais ilustrativos de cada geração, bem como os diferentes efeitos de eventos mundiais ou locais em cada geração, assim como a cultura de cada região ou país e o perfil social, educacional e emocional de cada indivíduo. Nossa percepção, ao verificar a aplicabilidade desse referencial, mostrou que as pessoas buscam integrar características da própria geração com algumas das características das gerações que antecedem ou sucedem. Por exemplo, apesar de algum grau de dificuldade, um *Baby Boomer* pode ser bastante competente ao lidar com recursos da Tecnologia da Informação, ou seja, ninguém tem 100% das características gerais descritas.

Baby Boomers

(nascidos entre 1945-1961 – tipicamente ocupam um cargo superior na estrutura ou são profissionais seniores em suas carreiras)

- "Vestem a camisa"; são pessoas totalmente voltadas para o trabalho, que é sua prioridade número 1. São "casados" com o trabalho.
- Voltados para resultados, são competitivos, mais voltados "para o que foi atingido" e o "como" não lhes interessa muito. Pelo fato de ocuparem altas posições de liderança, estão mais distantes do operacional.
- A maior dificuldade é a perda de status e poder. Temem que alguém da Geração X tome seu lugar.
- Liderar significa comandar e controlar.
- Não se preocupam muito com qualidade de vida.
- Têm dificuldades com comunicação e *feedback*.
- Têm uma relação difícil com tecnologias digitais, pois aprenderam a lidar com elas depois de adultos.
- Têm muitos conhecimentos e experiências acumuladas.
- Têm uma rede de relações pessoais e preferem manter contatos pessoalmente ou por telefone.

Geração X

(nascidos entre 1962-1977 – tipicamente, ocupam um cargo intermediário ou elevado na estrutura ou são profissionais plenos em suas carreiras)

- Têm muita experiência e dedicação.
- Trabalham muito, de 10 a 12 horas por dia.
- Tendem a adiar suas férias, pois há um medo inconsciente de serem despedidos, e se veem ameaçados por alguém da Geração Y (são filhos de pai e mãe que trabalhavam – viram muitos amigos e parentes serem despedidos após intensa dedicação às suas organizações).
- Também "vestem a camisa", com foco em resultados, e tendem a ser bastante empreendedores.
- Buscam equilibrar a vida pessoal com a profissional, mas conseguem isso apenas parcialmente, o que gera frustração.
- São "imigrantes digitais", pois aprenderam a lidar tecnologias digitais na adolescência.
- Preferem reuniões presenciais.
- Seus estilos de liderança oscilam entre o centralizador e o paternalista.
- Costumam ter um elevado nível de estresse.
- Têm dificuldades de comunicação e *feedback*.
- Delegam tarefas e cobram resultados.
- Não sabem exercer um estilo *coach*.

Geração Y

(1978-1994 – tipicamente, ocupam cargos iniciais na estrutura ou são profissionais juniores em suas carreiras – em organizações de alta tecnologia, podem ocupar cargos de direção)

- Têm forte autoestima e compromisso não negociável com valores, pois o discurso deve coincidir com a prática. São intolerantes quando isso não acontece.
- São fascinados por desafios e querem fazer tudo do seu jeito. Mas não têm visão do todo e das consequências, por falta de experiência.
- São impulsivos e enfrentam sem medo posições de poder e autoridade.
- Uma frase típica é: *estamos desejosos e não temos medo de mudar o* status quo.
- São voltados para questões ambientais, ecologia e voluntariado.
- São "multitarefa"; conseguem realizar muitas tarefas simultaneamente.
- São "nativos digitais"; nasceram com equipamentos de TI em suas casas. São extremamente hábeis ao lidar com tecnologias digitais
- Têm facilidade com reuniões virtuais.
- "Vestem duas camisas"; buscam sempre o equilíbrio entre trabalho e vida pessoal. Querem flexibilidade de horário e preferem roupas informais.
- Não sabem respeitar hierarquia, vivem em rede e odeiam burocracia e controle.
- Precisam de muito *feedback*.
- Querem ser reconhecidos e premiados (*foram bebês especiais, ganhavam prêmios em suas escolas, mesmo que fossem o 12º colocado*).
- Não gostam de tarefas e rotinas operacionais por muito tempo.
- Querem crescer rapidamente na carreira, ter promoções rápidas.
- Têm enorme necessidade de aprendizado constante.

Para a próxima geração, denominada Geração Z (por alguns autores Geração *Milenium*), não existem dados, por estarem ainda numa fase de infância ou adolescência. Algumas características prováveis são:

Geração Z

(a partir de 1995 – é a geração que entrará no mundo organizacional a partir de 2015)

- Temas prováveis em suas atuações serão centrados em:
  - Sustentabilidade
  - Redes sociais
  - Convergência digital

Os dados a seguir mostram a evolução das gerações nas organizações. Segundo dados projetados, a partir de 2009, a Geração Y em muitas organizações representa mais de 50% do efetivo.

Cultura nas organizações 53

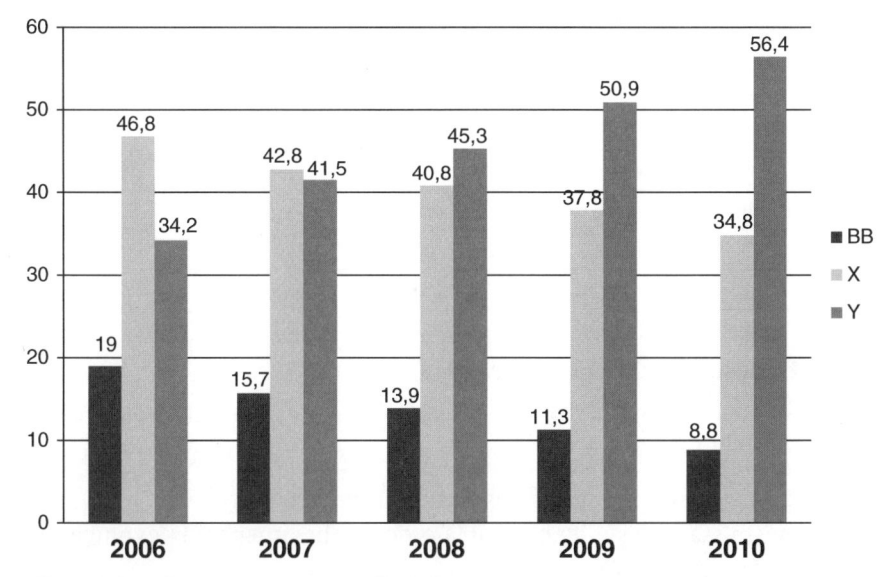

Fonte: Exame – As melhores empresas para você trabalhar 2008.
Dados de 2009 e 2010 são projetados.

Finalmente, os dados a seguir mostram a incidência dos tipos rei – guerreiro – mago – amante nas três gerações (veja a página 98 para a descrição dos tipos). Observa-se que:

- o papel do "guerreiro" é mais elevado na Geração Y, relacionado às características de impulsividade e enfrentamento.
- o papel do "rei", voltado para a inovação, é mais pronunciado na Geração Y que nos *Baby Boomers* e X.
- os papéis "mago" e "amante" são mais baixos na Geração Y que nos *Baby Boomers* e X.

Apesar de serem diferenças discretas, esses números confirmam as características diferenciadoras da Geração Y.

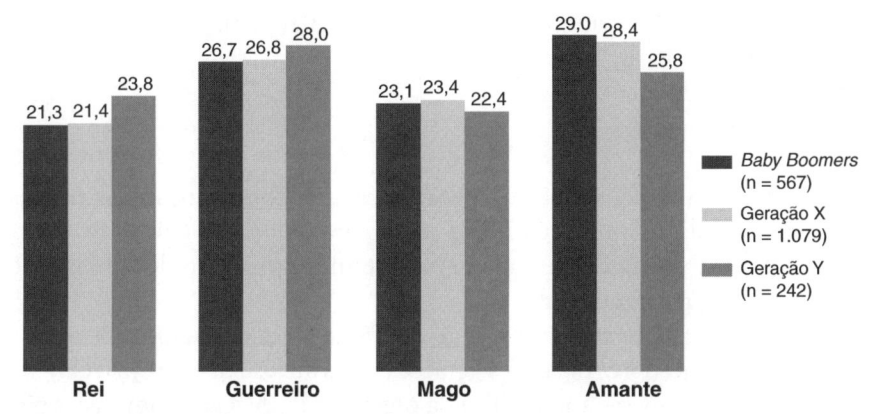

Fonte: Dados de pesquisa do Sistema Boog de Consultoria.

A tabela a seguir mostra as semelhanças entre os *Baby Boomers* e a Geração X, cujo ordenamento difere da Geração Y, reforçando a convicção de que a Geração X é de transição e que os valores da nova geração são diferenciados.

	1º colocado	2º colocado	3º colocado	4º colocado
Baby Boomers	Amante	Guerreiro	Mago	Rei
Geração X	Amante	Guerreiro	Mago	Rei
Geração Y	Guerreiro	Amante	Rei	Mago

As contribuições de cada geração

Quais são as contribuições de cada geração para o mundo organizacional?

Os *Baby Boomers* podem contribuir com:
- Atuação como mentores das próximas gerações
- Transmissão de sua experiência e do conhecimento da evolução histórica da organização
- Programas estratégicos de valores
- Preparação de novos líderes
- Programas de sucessão

A Geração X pode contribuir com:
- Desenvolvimento de novos líderes
- Atualizar-se com as novas tecnologias e valores
- Trabalho em equipe
- Viabilizar novos modelos de gestão

A Geração Y pode contribuir com:
- Trazer soluções inovadoras
- Ajudar a criar novos modelos de gestão
- Programas de desenvolvimento e retenção de talentos
- *Job rotation*

A Geração Z pode contribuir com (dados especulativos):
- Comunicação digital
- Sustentabilidade
- Rede sociais

A expectativa é que, se cada geração focar sua contribuição aos processos de desenvolvimento, haverá uma boa saída para o conflito existente, ao reconhecer o papel exclusivo que cada geração tem no processo de tornar sustentável o sucesso organizacional.

A partir de dados de nossas Pesquisas de Clima Organizacional, fizemos a segmentação dos indicadores pelas três gerações, e verifica-se que, previsivelmente, a Geração Y tem uma visão mais crítica da organização. A seguir, um caso típico:

Cultura nas organizações 55

Pesquisa de Clima e as gerações

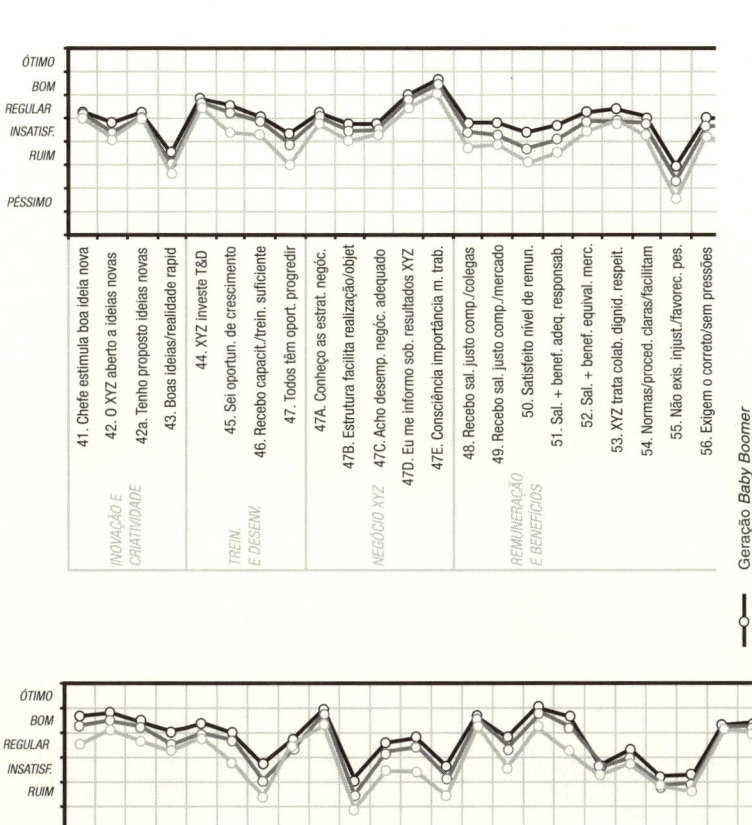

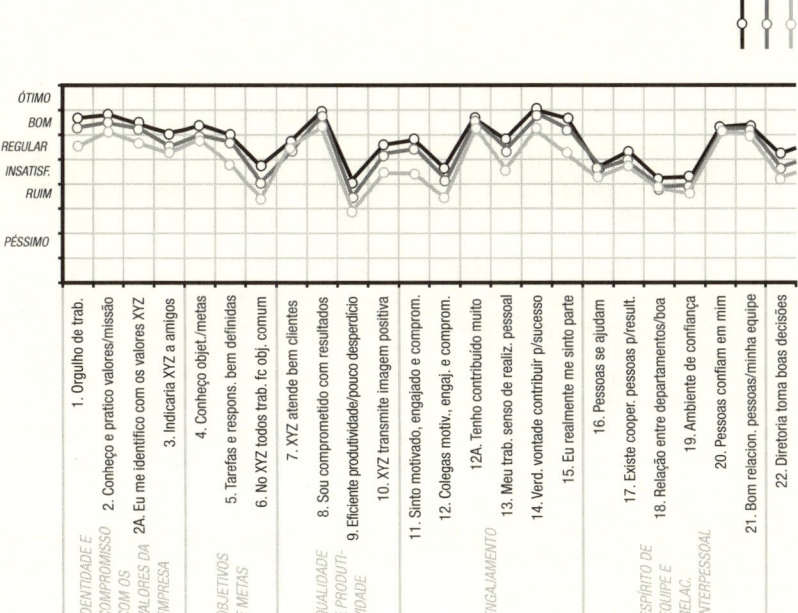

IDENTIDADE E COMPROMISSO COM OS VALORES DA EMPRESA
1. Orgulho de trab.
2. Conheço e pratico valores/missão
2A. Eu me identifico com os valores XYZ
3. Indicaria XYZ a amigos

OBJETIVOS E METAS
4. Conheço objet./metas
5. Tarefas e respons. bem definidas
6. No XYZ todos trab. fc obj. comum
7. XYZ atende bem clientes

QUALIDADE E PRODUTIVIDADE
8. Sou comprometido com resultados
9. Eficiente produtividade/pouco desperdício
10. XYZ transmite imagem positiva

ENGAJAMENTO
11. Sinto motivado, engajado e comprom.
12. Colegas motiv., engaj. e comprom.
12A. Tenho contribuído muito
13. Meu trab. senso de realiz. pessoal
14. Verd. vontade contribuir p/sucesso
15. Eu realmente me sinto parte

ESPÍRITO DE EQUIPE E RELAC. INTERPESSOAL
16. Pessoas se ajudam
17. Existe cooper. pessoas p/result.
18. Relação entre departamentos/boa
19. Ambiente de confiança
20. Pessoas confiam em mim
21. Bom relacion. pessoas/minha equipe
22. Diretoria toma boas decisões

41. Chefe estimula boa ideia nova
42. O XYZ aberto a ideias novas
42a. Tenho proposto ideias novas
43. Boas ideias/realidade rapid

INOVAÇÃO E CRIATIVIDADE

44. XYZ investe T&D
45. Sei oportun. de crescimento
46. Recebo capacit./trein. suficiente
47. Todos têm oport. progredir

TREIN. E DESENV.

47A. Conheço as estrat. negóc.
47B. Estrutura facilita realização/objet
47C. Acho desemp. negóc. adequado
47D. Eu me informo sob. resultados XYZ
47E. Consciência importância m. trab.

NEGÓCIO XYZ

48. Recebo sal. justo comp./colegas
49. Recebo sal. justo comp./mercado
50. Satisfeito nível de remun.
51. Sal. + benef. adeq. responsab.
52. Sal. + benef. equival. merc.
53. XYZ trata colab. dignid. respeit.
54. Normas/proced. claras/facilitam
55. Não exis. injust./favorec. pes.
56. Exigem o correto/sem pressões

REMUNERAÇÃO E BENEFÍCIOS

Geração *Baby Boomer*
Geração X
Geração Y

> **A Geração Y contesta, mas traz esperança de renovação ao ambiente organizacional.**

Como se vê, a Geração Y, ao mesmo tempo que contesta, traz esperança de renovação ao ambiente organizacional.

O consultor José Luiz Tejon escreveu um importante artigo sobre a Geração Y, que denominou "A bolha dos Yexecutivos", em que alerta sobre como têm sido vendidas para os acionistas uma falsa competência e a capacidade de gerar valor ao longo do tempo. De verdade, os "Yexecutivos" nunca trabalham para a empresa à qual servem. As empresas é que servem, sempre, como uma lancha ou uma alavanca para uma nova posição ascensional de sua carreira. Esse artigo de Tejon desmistifica alguns aspectos dessa geração.

As áreas de dificuldade da Geração Y

A Geração Y tem muitas contribuições importantes para a vida das organizações, incentivando sua transformação e revitalização. Mas, como tudo na vida, também tem um lado sombrio, de dificuldade, que nem sempre é visível.

Algumas das características e dificuldades dessa geração:

Características	Dificuldades
Impulsividade e enfrentamento/tendem a ser rápidos e imediatistas / querem fazer tudo do seu jeito	Tendem a ver os *Baby Boomers* e a Geração X com desconfiança/o planejamento no longo prazo lhes é difícil
Forte autoestima, compromisso com valores (o discurso deve ser igual à prática)	Dificuldade de lidar com a "política interna" da organização
Multitarefa/nativo digital: altas habilidades com TI/ preferem reuniões virtuais	Sempre em busca de novidades, que nem sempre estão disponíveis na velocidade desejada/não consideram que as gerações anteriores têm maior dificuldade nessa área
"Estamos desejosos e não temos medo de mudar o *status quo*"	Os processos de mudança organizacional são técnicos e políticos; tendem a levar tempo
"Vestem duas camisas": buscam equilíbrio entre trabalho e vida/ querem flexibilidade de horários e preferem usar roupas informais	Conflito entre as expectativas individuais e as demandas do ambiente de trabalho
Preferem relações menos formais e com menor distanciamento hierárquico	Têm dificuldades com a hierarquia, pois preferem viver em rede/odeiam burocracia e controles

Características	Dificuldades
Precisam de muito *feedback*/têm pouca visão do todo e das consequências de suas decisões, por falta de experiência	Não gostam de ouvir críticas/ gestores sobrecarregados têm dificuldade em atender aos frequentes pedidos de *feedback*
Não gostam de trabalhar no operacional por muito tempo/são fascinados por desafios	Dificuldade de concentração, principalmente em tarefas rotineiras
Amantes da tecnologia	Pouca habilidade de lidar com questões difíceis que envolvem pessoas
Precisam ver como sua expectativa de sucesso se relaciona com suas metas pessoais/são ambiciosos/querem promoção rápida/ querem receber prêmios	As possibilidades de ascensão nem sempre estão disponíveis na intensidade e na velocidade desejadas
Têm a expectativa de um emprego que lhes ofereça a oportunidade de continuar sua educação e o desenvolvimento de habilidades	Nem sempre as oportunidades de aprendizagem estão disponíveis
Alta rotatividade de empregos	Em situações de crescimento econômico, a rotatividade tende a aumentar/falta de fidelidade recíproca (entre a Geração Y e a organização)

Os membros da Geração Y veem seus antecessores, a Geração X e a Geração *Baby Boomer*, sofrendo frequentemente injustiça no ambiente de trabalho; muita dedicação sendo recompensada com um "chute no traseiro", o que faz com que eles sejam pouco fiéis às suas organizações. A quebra dos "contratos psicológicos" leva os mais jovens a verem com desconfiança as promessas futuras: querem resultados já!

Em resumo, a Geração Y precisa ter uma visão mais realista do mundo organizacional, das consequências de seus atos, de que é bom contestar o *status quo*, mas é necessário propor alternativas, que os processos nas organizações geralmente não caminham na velocidade que a Geração Y gostaria e que as oportunidades e promoções são seletivas e devem resultar de desempenhos concretos anteriores.

Cremos que a grande contribuição da Geração Y para a sustentabilidade seja exatamente a busca de coerência entre o discurso e a prática (um nefasto "pecado" de tantas organizações), a familiaridade com os recursos da tecnologia, a busca de equilíbrio na qualidade de vida e a busca de aprendizado contínuo.

Cada geração tem sua contribuição ao sucesso sustentável das organizações. Assim, o conhecimento das características de cada geração é mandatório para todos, em especial para o líder sustentável, e a base firme para um produtivo diálogo entre as gerações.

C) ROTEIRO 4: MEUS VALORES E OS VALORES DA ORGANIZAÇÃO

Na listagem a seguir, assinale com um "x" os 10 valores que melhor descrevem seus valores pessoais. Em seguida, assinale com um "o" os 10 valores que melhor descrevem os valores de sua organização. Transcreva no quadro a seguir, sem se preocupar em colocá-los numa ordem de prioridade. Você pode avaliar o quanto seus valores pessoais estão alinhados com os organizacionais e refletir o que pode fazer a respeito.

- Abertura
- Abundância
- Adaptabilidade
- Alegria
- Amizade
- Amor
- Aprendizagem
- Assertividade
- Atenção
- Autoconfiança
- Autodisciplina
- Beleza
- Clareza
- Competência
- Competição
- Compreensão
- Compromisso
- Comunicação
- Confiança
- Consciência ambiental
- Controle
- Cooperação
- Coragem
- Crescimento pessoal
- Criatividade
- Desapego
- Dinamismo
- Disponibilidade
- Educação
- Eficiência
- Entusiasmo
- Envolver-se com a comunidade
- Equilíbrio (casa/ trabalho)
- Equipe
- Espírito positivo
- Espontaneidade
- Ética
- Excelência
- Êxito
- Família
- Fazer a diferença
- Flexibilidade
- Foco na missão
- Franqueza
- Fraternidade
- Futuras gerações
- Generosidade
- Gratidão
- Harmonia
- Honestidade
- Humildade
- Humor/diversão
- Imparcialidade
- Independência
- Iniciativa
- Integração
- Integridade
- Intuição
- Justiça
- Liberdade
- Lógica
- Lucro
- Motivação
- Obediência
- Oportunidade
- Originalidade
- Otimismo
- Ousadia
- Paz
- Perdão

- Perseverança
- Poder
- Prestação de contas
- Prestígio
- Profundidade
- Purificação
- Qualidade
- Realismo
- Realização
- Recompensa
- Resolução de conflitos
- Respeito
- Responsabilidade
- Resultados
- Sabedoria

- Satisfação pessoal
- Saúde
- Segurança
- Segurança no trabalho
- Simplicidade
- Suavidade
- Sucesso
- Sustentabilidade
- Tradição
- Transformação
- Transparência
- Verdade
- Visão
- Vontade
- Zelo

10 valores pessoais	10 valores organizacionais
1 –	1 –
2 –	2 –
3 –	3 –
4 –	4 –
5 –	5 –
6 –	6 –
7 –	7 –
8 –	8 –
9 –	9 –
10 –	10 –

Analisando a tabela, reflita:

- O quanto seus valores pessoais estão alinhados com os valores organizacionais?
  _____
  _____
  _____

- Quais são os valores que estão alinhados? Quais deles são divergentes ou conflitantes?
  _____
  _____
  _____

- No seu entender, seus valores pessoais são convergentes ou divergentes de seus colegas, chefes, liderados?
  _____
  _____
  _____

- Há valores que limitam seu desenvolvimento? O desenvolvimento de sua organização?
  _____
  _____
  _____

- Como você vê as possibilidades de melhor convergência desses valores? O que você pessoalmente pode fazer a respeito?
  _____
  _____
  _____

CAPÍTULO 5

O PAPEL DO GESTOR: RESULTADOS SUSTENTÁVEIS

Nem todos os líderes precisam ser gestores, mas todos os gestores devem e precisam ser líderes sustentáveis. Os gestores têm um importantíssimo e indelegável papel nas organizações, na medida em que fazem a intermediação entre os rumos definidos pelos acionistas e a concretização das metas pela equipe de liderados. Neste capítulo, são tratados o crescimento das organizações, as competências, a liderança, o trabalho em equipe, as comunicações, a busca do equilíbrio e os novos comportamentos esperados dos gestores.

A) O PAPEL DO GESTOR SUSTENTÁVEL

Quem quer que deseje sucesso constante deve mudar sua conduta de acordo com os tempos.

MACHIAVEL

Os únicos demônios deste mundo são aqueles que estão em nossos próprios corações, e é aí que todas as nossas batalhas devem ser travadas.

MAHATMA GANDHI

Dar o exemplo não é apenas a melhor forma de influenciar pessoas. É a única.

ALBERT SCHWEITZER

Os gestores não compartilham informações e não delegam atividades aos demais. Pensam que, se centralizarem, conseguirão o reconhecimento da Diretoria. Existe uma competição interna e silenciosa no sentido de "quem é o melhor gestor"

Impressiona a falta de sintonia entre o discurso e a prática dos gestores, desde os diretores até os coordenadores. O clima organizacional é de falsidade nas relações interpessoais e de falta de compromisso

As pessoas têm medo dos diretores, e estes parecem gostar dessa situação, uma vez que ela facilita manter a ordem. Tenho certeza de que, se os Diretores tivessem uma postura de companheirismo e a confiança dos colaboradores, o ambiente seria mais agradável e produtivo

As três dimensões do papel do gestor

O que significa ser um gestor sustentável? Qual é o seu papel nas organizações?

Entendemos que é aquele que atinge **resultados sustentáveis** com **pessoas** e com **inovação**.

Atingir **resultados** significa ter o senso de finalização, de assegurar o atingimento de metas, de fazer muito mais do que é esperado, de buscar soluções para as dificuldades e imprevistos que surgem no meio do caminho, de não ficar se desculpando por fatores que saíram do controle. Alguns indicadores de "resultados":

- percentual de atingimento das metas
- retorno do investimento
- crescimento das vendas
- qualidade dos produtos e serviços
- orientação ao cliente
- acervo de equipamentos e instalações
- eficiência dos processos e dos produtos
- imagem da organização frente aos clientes

Esses indicadores devem ser ajustados às peculiaridades de cada organização. Por exemplo, "crescimento de vendas" num serviço público de saúde deve ser entendido como "crescimento do número de doentes curados" ou "melhora no nível de saúde da população". Numa ONG dedicada à educação, "orientação ao cliente" torna-se "tipos de apoio oferecidos aos estudantes fora da sala de aula".

A dimensão **pessoas** representa a dimensão humana no trabalho, a atenção que se dá à integralidade dos liderados. Alguns indicadores são:

- competência e atualização das pessoas
- clima de motivação, "garra" e entusiasmo
- estilos de liderança abertos e participativos
- políticas e procedimentos de Gestão de Pessoas
- fluxo de comunicações
- espírito de equipe
- cooperação entre áreas e pessoas (inexistência de feudos)
- fixação e estabilidade do pessoal (baixo *turnover*)
- relações com sindicatos
- relações com comunidade/meio ambiente

Esses indicadores são universais, e a prática tem mostrado que o foco e a atenção às necessidades das pessoas elevam a dimensão "resultados". A Pesquisa de Clima Organizacional é um excelente meio de mensuração desses indicadores.

A **inovação** representa a vitalidade, a antecipação às expectativas dos clientes, a transformação sempre necessária. Bons indicadores são:

- atualização tecnológica dos produtos, processos e equipamentos
- novos produtos e serviços oferecidos
- inovação nas formas de gerenciamento
- agilidade de resposta: ser proativo e não reativo
- investimentos em pesquisa e desenvolvimento
- flexibilidade e abertura a novas ideias
- transformação de ideias novas em realidades

Esses indicadores também são universais e precisam ser ajustados às características de cada organização.

Podemos ilustrar esse papel com a figura de um "tripé", mostrando a interligação entre as três dimensões do papel do gestor.

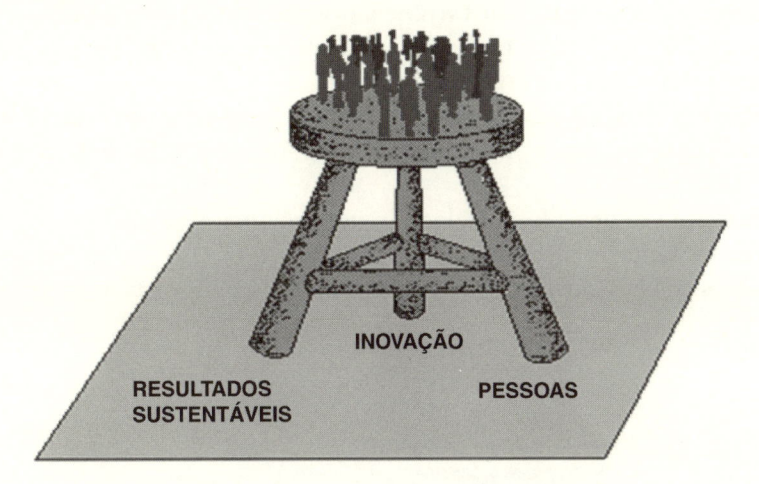

RESULTADOS SUSTENTÁVEIS   **INOVAÇÃO**   **PESSOAS**

Como todo tripé, se uma das dimensões for falha, superdimensionada ou subdimensionada, o equilíbrio ficará ameaçado, ou seja, não existirá sustentabilidade. As figuras que estão no topo do tripé são os clientes: se o tripé ficar instável, o cliente literalmente "cai fora", ou seja, buscará outra organização concorrente. Um exemplo: a organização oferece bons produtos, a preço e qualidade compatíveis. Mas o serviço associado e o atendimento deixam a desejar. Os clientes vão embora...

Como as situações de monopólio tendem a deixar de existir, vê-se o quanto é fundamental a existência de gestores que equilibrem as três dimensões de resultados, pessoas e inovação, para o sucesso sustentável da organização.

As três dimensões são unidas pela palavra "com", que dá um sentido de integração, de parceria, de complementação. Se modificarmos a frase que define o gestor, usando redações parecidas, vemos que a sustentabilidade desaparece:

- É aquele que atinge *resultados* através das **pessoas**...
- É aquele que atinge *resultados* à custa das **pessoas**...
- É aquele que atinge *resultados* apesar das **pessoas**...

O significado fica totalmente alterado, e isso não é apenas um jogo de palavras; há um significado bastante profundo na definição de que o gestor é aquele que atinge resultados sustentáveis *com* pessoas e *com* inovação.

A dimensão *resultados* é a mais visível, é a ponta do iceberg. As dimensões *pessoas* e *inovação* são menos visíveis, mas nem por isso menos importantes. Pelo contrário, são a base sobre a qual os resultados sustentáveis se assentam.

Dimensões e objetivos organizacionais

Cada dimensão está associada a um objetivo organizacional. Assim:

- **Resultados** se liga à **sobrevivência organizacional**: como vimos no capítulo anterior, o foco exclusivo em resultados e sobrevivência está num nível mais baixo de consciência.
- **Pessoas** se liga à **saúde organizacional**: o bem-estar das pessoas, o clima e a cultura mais ou menos positiva geram a sensação de bem-estar das pessoas.
- **Inovação** se liga à **longevidade organizacional**: principalmente em épocas de tantas e tão intensas mudanças, a inovação é algo intrínseco ao sucesso. Não inovar significa estar fora das operações em pouco tempo.

Resultados	Sobrevivência
Pessoas	Saúde
Inovação	Longevidade

Como as pessoas são promovidas a posições de gestão?

Acompanhamos esse tema por muitos anos e a constatação é que ainda é bastante comum a promoção de profissionais a posições de gestão sem que tenham as competências necessárias, sem nenhum tipo de treinamento prévio, e muitas vezes sem a vocação para exercer um papel de liderança. Muitos são promovidos como uma forma de aumento salarial para permanecer na organização. Isso, além de causar um enorme sofrimento para a própria pessoa e para seus novos liderados, é muito ineficaz e representa um brutal desperdício de energia humana e de recursos financeiros para a organização.

> **As organizações promovem pessoas para cargos de gestão com base em seus conhecimentos técnicos.**

Muitas pessoas são promovidas por relações familiares, políticas ou de amizade. E isso vale em organizações em que o filho, genro ou o cunhado, sendo acionistas, querem ocupar uma posição de gestão sem ter competência para tanto; isso vale para multinacionais, em que as boas relações com os níveis corporativos podem levar a rápidos progressos de carreira; ou no governo, onde muitas indicações são feitas mais por motivos políticos que por competência.

É comum serem levadas em conta apenas as competências técnicas e a lealdade à organização, como critérios para a decisão de promoção, assim como é bastante raro os profissionais receberem algum treinamento previamente à sua promoção, para que possam exercer bem seu papel de gestores. É como se a competência técnica e a lealdade fossem suficientes para garantir um bom desempenho, o que não é verdade.

Além da pré-seleção de profissionais alinhados com o tripé resultados–pessoas–inovação, é fundamental o investimento em processos de desenvolvimento gerencial, que sejam estruturados para a realidade específica de cada organização, que tenham continuidade, que tenham atividades e projetos a serem realizados no local de trabalho, que sejam acompanhados pelos níveis mais altos da estrutura e que levem recompensas àqueles que se ajustam mais rapidamente ao perfil desejado.

O que fazer com profissionais que já são gestores e não têm as competências devidamente desenvolvidas?

Entendemos que a solução possível é um investimento que integre programas de desenvolvimento de gestores com o apoio individual de *coaching*, para que haja melhora no desempenho dos gestores, principalmente nas dimensões humanas e de sustentabilidade de suas atividades. Assim, poderemos ter crescimento com sustentabilidade.

O iceberg organizacional: o invisível tornado visível

A analogia do iceberg como imagem das três dimensões da organização também é muito boa: existe uma parte menor do iceberg, cerca de 10% de seu tamanho, acima da linha d'água, que representa os resultados da organização, a dimensão material. E existe uma grande parte, os outros 90%, abaixo da linha d'água, representando as dimensões *pessoas* e *inovação*, os aspectos humanos, os valores, a cultura, o foco nos clientes, a sustentabilidade, todos igualmente importantes, mas que não são visíveis.

> **Resultados, pessoas e inovação são igualmente importantes e devem estar em equilíbrio**

A conhecida tragédia do Titanic, no início do século XX, ocorreu com a colisão de um iceberg abaixo da linha d'água, rasgando o casco do gigantesco navio, e levando-o ao fundo do mar em pouco tempo. Em sua visão mecanicista, os construtores diziam que nem Deus poderia afundar esse navio. Mas a tragédia veio e, usando-a como metáfora, mostra que, sem cuidado com o que está abaixo da linha d'água, as pessoas e a inovação, bem como a própria sobrevivência da organização, ficam ameaçadas.

Quantos negócios não afundam de igual forma? Quantas vezes o sucesso imediato no faturamento, na lucratividade, não causa cegueira aos dirigentes, que não prestam muita atenção aos movimentos da concorrência, às necessidades dos clientes e às partes menos visíveis das competências do pessoal, à vontade de fazer diferença e às inovações? Estes são os icebergs que estão à volta das organizações, e que as levam a afundar.

Diversas ações são possíveis para tornar o invisível mais visível, mas todas elas partem do pressuposto de que as três dimensões, resultados, pessoas e inovação, são igualmente importantes e devem estar em equilíbrio. O fato de algumas serem menos visíveis não as torna menos importantes. Ter operações lucrativas é tão importante quanto contar com uma equipe treinada e motivada, e ter foco na sustentabilidade das operações.

Na medida em que temos consciência do iceberg e de suas três dimensões, aquilo que é invisível se torna manifesto. Cabe aos líderes realizar essa transformação. Assim como as ondas de rádio ou de televisão são invisíveis e, quando captadas pelo equipamento adequado e na sintonia correta, tornam-se visíveis, as lideranças devem tornar a dimensão pessoas e inovação mais presentes, concretas e mensuráveis: existe tecnologia para quantificar essas dimensões, como anteriormente apresentado nos instrumentos de Pesquisa de Clima Organizacional ou do Mapeamento 360°. São recursos que apoiam os gestores a tomarem decisões mais embasadas.

Uma frase que resume este capítulo é: *só quem se conecta ao invisível consegue o impossível.*

B) ROTEIRO 5: A ORGANIZAÇÃO DE SUCESSO

Esse roteiro foi projetado para analisar o posicionamento de sua organização nas três dimensões da competência: resultados, pessoas e inovação. Avalie cada um dos itens a seguir, o **aqui** e **agora** de sua organização e a **tendência** de cada item para os próximos anos, considerando a sustentabilidade. Dê notas de 0 a 10, e some em cada coluna, usando como critério de avaliação: 0 (péssimo) e 10 (excelente).

Complementarmente, você poderá usar esse roteiro para analisar uma área de trabalho específica, como uma Unidade de Negócios, Diretoria, Departamento ou Projeto.

RESULTADOS	AQUI E AGORA	TENDÊNCIAS
Agregação de valor aos acionistas		
Retorno do investimento		
Crescimento do patrimônio		
Fatia de mercado		
Crescimento das operações		
Qualidade dos produtos e serviços		
Orientação ao cliente ou usuário		
Acervo de equipamentos e instalações		
Eficiência dos processos e dos produtos		
Imagem da organização		
TOTAL DE RESULTADOS		

PESSOAS	AQUI E AGORA	TENDÊNCIAS
Competência e atualização das pessoas		
Clima de motivação, "garra" e entusiasmo		
Adequação dos estilos de liderança		
Políticas de Gestão de Pessoas (salários, treinamento e carreira)		
Fluxo de comunicações		
Espírito de equipe		
Cooperação entre áreas e pessoas (inexistência de feudos)		
Fixação e estabilidade do pessoal (baixo *turnover*)		
Relações com sindicatos		
Relações com comunidade/meio ambiente		
TOTAL DE PESSOAS		

INOVAÇÃO	AQUI E AGORA	TENDÊNCIAS
Atualização tecnológica dos produtos, processos e equipamentos		
Novos produtos e serviços oferecidos		
Penetração ou desenvolvimento de novos mercados		
Inovação na tecnologia e formas de gerenciamento		
Agilidade de resposta aos estímulos externos		
Ambiente criativo e proativo		
Diversificação de produtos e serviços		
Investimentos em pesquisa e desenvolvimento		
Flexibilidade e abertura a ideias novas		
Transformação de ideias novas em realidades		
TOTAL DE INOVAÇÃO		

Resumo

1. Transcreva os totais das colunas das folhas anteriores no quadro a seguir:

	AQUI E AGORA	TENDÊNCIA
RESULTADOS		
PESSOAS		
INOVAÇÃO		

Lance o total de pontos nos três eixos, interligue e desenhe dois triângulos, usando como critério:

Aqui e Agora _ _ _ _ _ _ _ _

Tendência _____

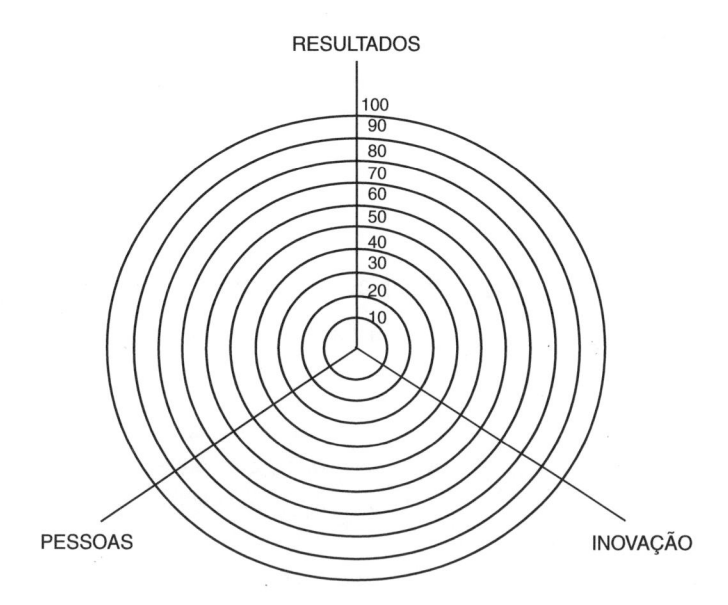

```
            RESULTADOS
                |100
                | 90
               /| 80
              / | 70
             /  | 60
            /   | 50
                | 40
                | 30
                | 20
                | 10
```

PESSOAS   INOVAÇÃO

Agora que você tem sua avaliação do *aqui e agora* e da *tendência*, analise:

- Esses números refletem bem a situação atual e desejada? Como você os avalia? Eles são assemelhados com as avaliações de colegas, líderes e liderados?

_____
_____
_____

- Quais itens são mais positivos?

_____
_____
_____

- Quais itens precisam melhorar?

_____
_____
_____

- Quais são as possíveis ações de melhoria?

_____
_____
_____

- Qual é sua contribuição pessoal a esse processo?

_____
_____
_____

Respostas ideais

Se buscamos uma atuação sustentável dos líderes, algumas respostas são desejadas dentro de nossa cultura nacional. O que consideramos genericamente os posicionamentos mais adequados são respostas mais próximas de 10 em cada item de cada dimensão.

C) O GESTOR NA ORGANIZAÇÃO EQUILIBRADA[1]

> *Nada é mais assustador que a ignorância em ação.*
>
> GOETHE

> *Os negócios são os únicos mecanismos no planeta suficientemente fortes hoje em dia para produzir as mudanças necessárias à reversão da degradação social e ambiental.*
>
> PAUL HAWKEN

Trata a todos com desrespeito e usa até palavrões. Finge e passa para a alta direção, sempre, sua posição individual como se fosse a da equipe. É autoritário e falso

Ele é insuportável, só sabe xingar as pessoas. Ele é um excelente técnico, mas é muito negativo, ofende a nossa autoestima, xinga todo mundo o tempo inteiro e o chefe dele finge que não vê esse ambiente horrível. Toda vez que vou levar serviço para ele, ele me maltrata. Um dia perco a paciência!

Um ambiente equilibrado e que respeita as opiniões, sem intimidações por parte de chefias

Equilíbrio

Vimos o quanto é importante o equilíbrio entre resultados, pessoas e inovação. Segundo o dicionário, equilíbrio é:

- a manutenção de um corpo em sua posição ou postura normal, sem oscilações ou desvios
- igualdade, absoluta ou aproximada, entre forças opostas
- harmonia
- estabilidade mental e emocional

---

[1] Em coautoria com Magdalena Boog.

Equilibrista é a pessoa que se conserva em equilíbrio, em posição difícil. O desequilíbrio é a ausência de equilíbrio, ou, em psicologia, uma anomalia psíquica que se caracteriza essencialmente por variações de humor, emotividade excessiva e instabilidade geral, levando a uma não adaptação social.

De certa forma, cabe aos líderes o papel de equilibristas, buscando harmonizar as três dimensões, que são parcialmente antagônicas. Assim, para maximizar os resultados à custa das pessoas, sacrificaremos a sustentabilidade, isso sem levar em conta as implicações da erosão da dimensão humana. Recorrendo à imagem do tripé, para que esteja em equilíbrio, é necessário que cada uma de suas "pernas" seja forte, firme e de igual tamanho. Variações promovem o "desequilíbrio" do tripé; como consequência, o cliente "cai fora" da organização.

O Yang e o Yin nas organizações

As duas energias primordiais do Universo, segundo o taoísmo, são Yang e Yin. A energia Yang é considerada masculina e a Yin, feminina. Ser o maior, ter quantidade, lutar por resultados, é masculino, é Yang. Ser o melhor, ter qualidade, cuidar das pessoas, é feminino, é Yin. A pessoa e a organização equilibradas devem ter seu Yang e Yin bem balanceados. O excesso na energia Yang leva a um exagero competitivo, altamente destrutivo; o excesso na energia Yin leva a posturas acomodadas, conformistas e de imobilidade, que são também altamente destrutivas. Yang e Yin não são intrinsecamente bons ou maus, mas seu desequilíbrio é ruim.

A busca de resultados e metas ambiciosas no curto prazo, a redução exagerada de custos, a ênfase em cumprir prazos impossíveis, a luta por melhorar a posição no mercado e o não "enxergar" o que está nos relatórios gerenciais, tudo isso sugere exagero na energia "masculina". O exagero na energia Yang pode trazer consequências graves à sustentabilidade.

Por outro lado, o exagero na energia Yin – por exemplo, nos cuidados com as pessoas e equipes, com a qualidade de vida ou com as condições físicas e emocionais no trabalho – pode levar a uma estagnação organizacional. Uma boa imagem é um lago de águas paradas. O exagero no Yin pode também trazer consequências graves à sustentabilidade.

O equilíbrio entre as duas energias, Yang e Yin, apoia a busca da ecologia, da responsabilidade social, da sustentabilidade e do meio ambiente saudável.

Os exageros e o equilíbrio energético

Se olharmos o dia a dia das organizações, podemos ver o equilíbrio ou o desequilíbrio se manifestando. O exagero da energia masculina conduz a uma organização impessoal, árida, uma verdadeira "máquina de moer gente", uma sensação de frio e seco. O excesso de energia feminina leva a uma postura "pegajosa", paralisada, acolhedora, mas que aprisiona, uma sensação de quente e úmido. Gostamos muito da metáfora de que, se o mar bate furiosamente contra os rochedos, não há vida possível; só há pedras e areia. Por outro lado, num local onde não há renovação, a água fica estagnada e fétida. Conseguir um ambiente em que haja equilíbrio, em que os fluxos sejam adequados, é o cenário que se busca para que haja vida nos negócios.

O desequilíbrio causa doenças físicas ou emocionais, individuais ou coletivas. Essas energias parecem opostas, mas, na realidade, são complementares. Uma precisa da outra, assim como o dia precisa da noite, e a noite precisa do dia.

Muitas organizações enfatizam excessivamente o Yang em detrimento do Yin, e muitas das moléstias que acometem os indivíduos, as organizações e a coletividade são fruto desse desequilíbrio. Uma mulher ou um homem que exerçam posições de liderança, se tiverem seus Yang e Yin fora de equilíbrio, criarão situações que rebaixarão a competência e o poder das pessoas à sua volta, eliminando a sustentabilidade. Se forem exageradamente Yang, dirigirão as pessoas com brutalidade, anulando-as; é o "manda quem pode, obedece quem tem juízo". Se forem exageradamente Yin, serão percebidos como fracos ou indecisos. O local de trabalho se transforma numa balbúrdia caótica. Nos dois casos, a liderança não será bem exercida. Os resultados organizacionais ficam abaixo do potencial, além de causarem estresse, insônia, úlceras e gastrites, hipertensão, obesidade, doenças do coração, falta de energia e vitalidade, desânimo, depressão, entre outras.

São comuns comportamentos de chefes que raramente reconhecem as contribuições de sua equipe, que não se comunicam adequadamente, de pessoas que se encontram nos corredores e elevadores e não se cumprimentam. Quantas vezes vemos incentivos a "passar por cima do colega", conflitos entre os "feudos" dentro da organização, o sentimento de estarmos num barco em que cada um rema para um lado, sem saber qual o porto de destino. Quantos "mortos e feridos" as organizações estão produzindo? Muitas organizações embruteceram nos últimos anos. Se quisermos resgatar e reforçar a sustentabilidade, devemos buscar o equilíbrio perdido entre Yang e Yin.

> **Muitas organizações embruteceram nos últimos anos.**

Como sair do desequilíbrio?

Há lugar para buscar esse equilíbrio, essa visão de sustentabilidade no mundo dos negócios? Afinal, o que significa esse tema para mulheres e homens que trabalham em organizações lutando ferozmente num mercado cada vez mais competitivo, em que a habilidade do "guerreiro" (Yang) é tão fortemente exercida?

O equilíbrio não só é possível, como também pode ser alcançado com um enfoque novo: como modelo de liderança, as organizações não precisam mais de "sargentos", nem de "moloides". A figura do *maestro* regendo uma orquestra simboliza o equilíbrio das polaridades. Uma vez que entendamos o quanto temos de Yang e de Yin em cada um de nós e nos conscientizemos desses aspectos em nossas organizações, teremos dado um passo essencial para a busca do equilíbrio perdido.

> Há lugar para esse equilíbrio, essa visão de sustentabilidade no mundo dos negócios?

A saída é buscar projetos que integrem e equilibrem todos esses aspectos no contexto organizacional. As organizações começam a perceber a importância de se tratarem, de forma equilibrada, *todas* essas dimensões, pois, em último caso, elas afetam o desempenho de negócios das pessoas, das equipes e da própria organização. Por exemplo, quando um profissional procura *coaching*, busca apoio para dificuldades pessoais e profissionais, indecisões de carreira, como lidar com um chefe autoritário ou com colegas mal-intencionados. É importante, em primeiro lugar, fazê-lo entender as características de sua situação, avaliar as alternativas e decidir o que fazer. No espaço privilegiado de desenvolvimento profissional e pessoal que o *coaching* proporciona, buscam-se o equilíbrio perdido e as ações possíveis. O retorno do *coaching* é imediato e altamente positivo. Outro exemplo de projeto são as oportunidades de aprendizado em palestras e *workshops*, em que são apresentados, discutidos e vivenciados temas de gestão como resultados sustentáveis, comunicação, liderança, espírito de equipe, carreira e crescimento pessoal e espiritual.

D) COMO CRESCER COM SUSTENTABILIDADE

> *O mundo não vai superar sua crise atual usando o mesmo pensamento que criou essa situação.*
> **ALBERT EINSTEIN**

> *Parem de pensar em si mesmos apenas como profissionais competentes; a sociedade atual está se modificando demasiadamente rápido para que a simples competência seja suficiente.*
> **LEBBEUS WOOD**

> *Falaria para os chefes dos setores valorizarem mais seus funcionários, elogiá-los, e não os humilharem quando falharem, pois o ser humano não é uma máquina. Tentaria acabar com as pessoas que vigiam os outros*

> *Eu mandaria para a rua um dos gerentes, que é arrogante e ignorante. Não gosto dele*

> *Os chefes não têm o costume de motivar/reconhecer os valores de seus subordinados, como se tudo que fizéssemos fosse nosso dever e obrigação, ou seja, se fizermos o básico, será aceito e pronto. Por isso, não nos motivamos a melhorar rotinas e procedimentos, muito menos estamos motivados a dar ideias para o crescimento da empresa*

Competências para crescer

Para uma organização crescer de forma sustentável, precisa de tecnologia, processos, equipamentos e recursos financeiros. Mas é preciso principalmente contar com profissionais que tenham competências muito bem desenvolvidas.

A competência de uma organização e de seus líderes é o conjunto de características e habilidades desenvolvidas para oferecer continuamente produtos e serviços que encantem os clientes. A competência é um estado de espírito! É um estado a ser conquistado e desenvolvido, que exige atenção, ações e investimentos, e que não ocorre por acaso. A competência precisa existir continuadamente, e seu indicador básico é o grau em que os clientes, externos ou internos, se encantam com os produtos e serviços que oferecemos.

A organização sustentável tem sucesso equilibrado nas dimensões *resultados*, *pessoas* e *inovação*. Como vimos, os *resultados* se expressam nos aspectos financeiros, mercadológicos e operacionais; a dimensão *pessoas* engloba o clima interno, o ambiente de trabalho, os hábitos, as crenças e os valores, e se manifesta na motivação para o desempenho, no espírito de equipe, no comprometimento, nas boas comunicações e nos estilos de liderança; *inovação* é o grau de abertura e empenho para promover mudanças e transformações, num ambiente de abertura e de alta flexibilidade. Não basta ser bom em uma ou duas dessas dimensões, e sim nas três, simultaneamente.

Outro aspecto importante é que a organização sustentável gera competência e cria bases sólidas para a saúde das pessoas; e vice-versa. Isso mostra que o resgate da dimensão humana é o novo e o grande desafio das organizações, já um tanto desgastadas com intermináveis reduções de custos que trazem resultados fabulosos de imediato, mas corroem o "capital humano", muitas vezes de forma

Competência é um estado de espírito.

irreversível. Com os novos paradigmas de liderança sustentável, entra-se num saudável "ganha-ganha", em que a organização recorre aos potenciais antes adormecidos de seu pessoal, e as pessoas passam a encontrar novos significados e satisfações na relação de trabalho.

A abertura para o novo

São relativamente comuns notícias de que uma empresa encerrou suas atividades e despediu algumas centenas ou milhares de pessoas. Ou que mudou toda sua linha de produtos e serviços, tendo a necessidade de um perfil totalmente diferente de profissionais. Ou ainda que as organizações A e B se fundiram, levando muitos profissionais a perderem seus trabalhos.

A grande lição disso é que precisamos estar preparados para mudar, para mudar sempre, para crescer e nos desenvolver com sustentabilidade. Se quisermos sobreviver num mundo mutável, temos de ser flexíveis, abertos ao novo. Caso contrário, seremos engolidos e não sobreviveremos!

Quando surgem problemas de mercado, as organizações muitas vezes insistem e aperfeiçoam produtos e serviços que se tornaram obsoletos, que ninguém mais quer. Compram máquinas e equipamentos mais eficientes, quando deveriam rever o que oferecem aos clientes.

> **A grande lição é que precisamos estar preparados para mudar, para mudar sempre.**

As crises são dolorosas, mas são preciosos momentos de desenvolvimento, de rever e transformar o jeito usual de fazer as coisas. O sucesso atual de uma organização, principalmente se for líder de mercado, pode causar miopia ou até cegueira para mudanças que estão ocorrendo, no início de forma quase imperceptível, mas depois com fúria, destruindo tudo que se tornou velho.

Provérbios reveladores

Modelos gerenciais que funcionaram bem por muito tempo precisam ser revistos e transformados. Muitos provérbios e frases expressam paradigmas vigentes, que podem estar obsoletos e ultrapassados. Por exemplo:

- *Cada macaco em seu galho* indica falta de visão da árvore como um todo, mostrando fragmentação, como se o especialista fosse a solução.
- *Para saber mandar, é preciso saber fazer*, essa é uma verdade para quem é chefe, mas não para quem é líder sustentável.
- *A organização é uma máquina e as pessoas são engrenagens* mostra uma visão mecanicista.
- *Devagar se vai ao longe* defende um ritmo que não é o mais adequado aos nossos tempos.
- *A pressa é inimiga da perfeição* se contrapõe à ideia de que hoje as pessoas querem resultados imediatos e com perfeição.

O papel dos líderes

Os gestores têm um papel especialmente importante, na medida em que são os responsáveis por atingir resultados sustentáveis com pessoas e com inovação. Para esse papel, são necessárias competências:

- Técnicas: específicas a cada tipo de organização e área de atuação.
- Humanas: como liderança, comunicações, reuniões eficazes, motivação, trabalho em equipe, lidar com mudanças.
- Conceituais: visão estratégica, visão do todo.

Robert Katz diz que os líderes mais próximos das operações precisam de uma boa dose de competências técnicas e humanas, e relativamente menos das conceituais. Esse quadro se inverte nos líderes de topo, que precisam mais das humanas e conceituais, e menos das técnicas.

A área de Gestão de Pessoas tem um papel renovado ao estimular e apoiar as mudanças em direção à competência. Descentralização de atividades, profissionais de "RH" competentes, alto grau de informatização, atuação como consultoria interna e terceirização de projetos são algumas das características da competência dessa área. A concretização da diretriz de que "todo gerente é também um gerente de pessoas" e o grau de encantamento dos clientes internos são indicadores do grau de competência do "RH".

O roteiro a seguir mostra as perguntas essenciais ao crescimento e ao desenvolvimento da organização rumo à sustentabilidade.

E) ROTEIRO 6: CAMINHOS PARA CRESCER COM SUSTENTABILIDADE

Coloque, a seguir, suas respostas. Suas reflexões ajudarão a encontrar caminhos para você crescer com sustentabilidade. Como um resumo de suas constatações, dê uma nota de 0 (péssimo) a 10 (excelente) para cada pergunta. Defina bem como você quer responder, considerando a organização como um todo, ou sua área de trabalho e você. Suas respostas poderão ser diferentes, dependendo de seu foco.

1. **Existe uma visão de futuro definida, clara e conhecida?** Qual é sua percepção a esse respeito? Ela está alinhada com o que os outros pensam? Essa visão é inspiradora? Há convergência e adesão? Essa visão inclui a sustentabilidade?

   _____
   _____
   _____
   _____

   Sua nota-resumo:____

2. **Como está o grau de conhecimento, habilidades e atitudes técnicas?** As competências ligadas ao conhecimento técnico de produtos, serviços, estão adequadamente disseminadas? Os clientes confirmam isso? Há outras áreas que precisam de investimentos, como Tecnologia da Informação, idiomas, marketing, finanças etc.?

   _____
   _____
   _____

   Sua nota-resumo:___

3. **Como está o grau de motivação, empenho, dedicação?** O desempenho está adequado? Há um "brilho em seu olhar" ou você está apenas cumprindo um contrato de trabalho? E o que acontece com os outros? Os clientes internos e externos estão encantados?

   _____
   _____
   _____

   Sua nota-resumo:___

4. **Como a liderança conduz suas equipes?** Estão preparados para seus papéis? Têm domínio das competências de gestão? Como está a inteligência emocional? Há uma verdadeira vocação para lidar com pessoas ou foram promovidos em função de seu desempenho técnico? Gostam de lidar com pessoas? Como eles dão *feedback* quando há um baixo desempenho? Reconhecem a excelência nos desempenhos? Sabem delegar?

   _____
   _____
   _____
   _____

   Sua nota-resumo:___

5. **Como estão os processos de aprendizagem?** Existem condições de aprendizagem? Qual a atitude reinante: *já sabemos* ou *vamos aprender*? A velocidade de aprendizagem é compatível com as expectativas dos clientes?

   _____
   _____
   _____
   _____

   Sua nota-resumo:___

6. **Como estão as comunicações?** Há equilíbrio entre o falar e o ouvir? As pessoas se sentem bem informadas? Existem sistemas adequados de comunicação na organização?

   _____
   _____
   _____

   Sua nota-resumo:___

7. **Como é o trabalho em equipe?** O que prevalece: o individualismo ou o espírito de equipe? A lealdade é aos feudos ou à organização? As ações concretas são convergentes ou divergentes?

   _____
   _____
   _____

   Sua nota-resumo:___

8. **Como são as práticas e as políticas de "RH"?** A importância da dimensão humana "é para valer" em sua organização? Todos os gestores são também "gestores de pessoas e equipes"? A área de "RH" estimula ou resiste às mudanças? Como está o processo de atração de novos talentos? E o reconhecimento e a recompensa? E o desenvolvimento dos potenciais? E as progressões nas carreiras?

   _____
   _____
   _____
   _____

   Sua nota-resumo:___

- Avaliando o conjunto de perguntas e suas respectivas respostas e notas, quais são suas conclusões?

   _____
   _____
   _____
   _____

- Quais são, a seu ver, as prioridades de ação em sua organização?

   _____
   _____
   _____
   _____

- Qual é seu próximo passo, talvez pequeno mas decisivo, para melhorar essa situação?
  _____
  _____
  _____
  _____

F) COMPETÊNCIAS PARA O SUCESSO DO LÍDER SUSTENTÁVEL NAS ORGANIZAÇÕES

O bom chefe é aquele que, presente, ninguém percebe, mas, ausente, todos sentem sua falta.
ADMON GANEM

Quando o tempo é de novos desafios, é hora de descobrir novos caminhos.
MATERIAL PUBLICITÁRIO DA FOLHA DE S.PAULO, 20/2/2009

O caminho da sabedoria é longo através de preceitos, breve e eficaz através de exemplos.
LUCIUS ANNAEUS SENECA

Meu gerente, você é um monstro que não conhece o direito de um ser humano. Estou estudando para melhorar de vida, pois a empresa não me dá oportunidade

Meu gerente não sabe cumprimentar os seus colaboradores, pois passa por cima de nós e não diz bom dia ou boa tarde

O gerente toma atitudes em nosso setor sem consultar o pessoal. Somos nós que trabalhamos na matéria e sabemos como melhorar ainda mais o nosso setor

O gerente não sabe lidar com gente sob seu comando. Para ele, todos são como trapos, que só servem para limpar os pés, infelizmente

Gosto do que faço, a empresa é boa para se trabalhar, mas os chefes acham que somos lixo. Temos de fazer as coisas sem perguntar o porquê. É cobra querendo comer cobra. Assim fica difícil o trabalho fluir harmoniosamente. Gosto da empresa, mas as chefias devem ser mais tolerantes

O ciclo virtuoso da gestão

Os gestores devem agir como líderes sustentáveis, e não como chefes. O chefe manda; o líder inspira. O chefe investe na desconfiança, na certeza de que, se ele não estiver lá para controlar, as coisas não acontecem. O líder investe na confiança, inspira, compartilha seu sonho e, com isso, inspira as pessoas. Com isso, naturalmente, vêm o desempenho, a excelência no atendimento aos clientes, a motivação, o entusiasmo, o sorriso no rosto, a leveza e a crença no trabalho e na missão a que ele conduz.

O líder representa a organização perante os liderados: seus valores pessoais, estratégias e formas de agir influenciam o comportamento das pessoas. Enquanto a organização é um conceito genérico, distante e abstrato, uma pessoa jurídica, o gestor é uma pessoa que está com os liderados, presente fisicamente ou virtualmente.

> **Os valores pessoais do líder, suas estratégias e formas de agir influenciam as pessoas.**

A organização outorga a cada líder uma procuração, para representá-la frente a seu pessoal. Com isso, perante o pessoal, a organização tem a face de cada um de seus gestores. E, como em toda procuração, é preciso haver muita confiança e competência, para que o mandato seja exercido de forma positiva. Os gestores que agem como chefes, e não como líderes, são os responsáveis pela distorção entre os discursos e as práticas. Para diminuir essa distância, o caminho do desenvolvimento das lideranças é mandatório.

No "ciclo virtuoso" da gestão, visualizado no esquema a seguir, as palavras *gerente* e *regente* são usadas num círculo que gira continuamente, apresentando uma forma descontraída de reforçar a dimensão humana que deve existir em todo líder, num relacionamento que afasta o medo e gera uma visão positiva de sustentabilidade.

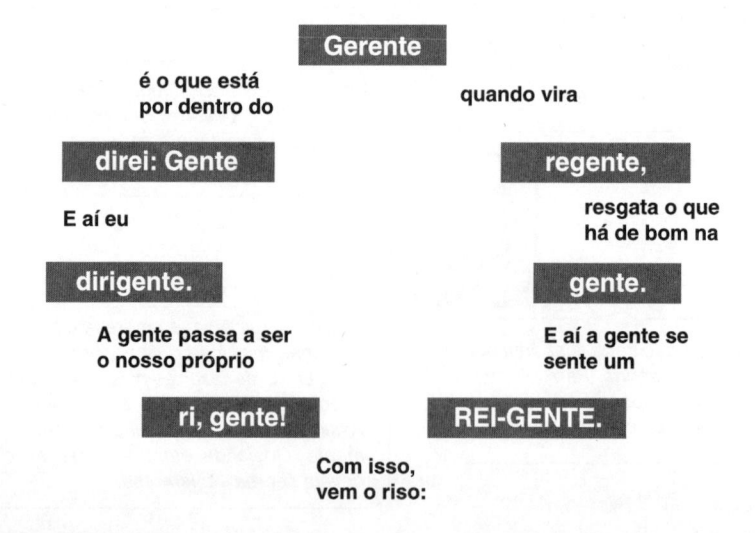

Gerente
é o que está por dentro do
quando vira

direi: Gente
E aí eu
regente,
resgata o que há de bom na

dirigente.
A gente passa a ser o nosso próprio
gente.
E aí a gente se sente um

ri, gente!
Com isso, vem o riso:
REI-GENTE.

Quando o profissional deixa de ser apenas um gestor e se torna um líder sustentável, ocorrem o resgate e o reforço da autoestima de seus liderados, e começam a ser colocados em prática os potenciais subutilizados. Com isso, as pessoas se sentem bem, têm maior controle de sua vida, a alegria e o contentamento vêm. O *empowerment* acontece, pois cada um passa a ser seu próprio dirigente. E aí vem o reconhecimento de que também o gestor que iniciou esse ciclo, que ampliou sua atuação para ser um líder sustentável, também é um ser humano, muito maior que o papel organizacional que desempenha. Como ser humano, ele age como tal e trata os outros como seres humanos, e não como "recursos humanos". E assim a roda gira, ajudando a construir uma organização e um mundo sustentável.

Quando a confiança é restaurada na organização e nos líderes, na própria capacidade que cada um tem de enfrentar e superar as dificuldades, a sustentabilidade acontece. O medo de que nada mude e a paralisia sufocante são colocados em suas dimensões corretas. Quando os desafios se apresentam, podem ocorrer momentos de hesitação: nessa hora, as pessoas podem querer dar um passo para trás, motivadas pelo medo, pela incerteza, pelo receio de que não darão conta. Quando a pessoa reconhece seu poder pessoal, a atitude muda tudo e cada situação passa a ter um novo desfecho. Quando superamos o medo, alteramos os resultados.

Quando os discursos se alinham às práticas, outro mundo organizacional é possível, com uma nova classe de líderes e um novo conjunto de valores que permeiam todos os relacionamentos: os gestores tornam-se líderes sustentáveis, congregam pessoas competentes e motivadas em suas equipes, praticam e compartilham visões de futuro e valores, e este novo mundo se concretiza, com o bem comum prevalecendo.

As competências que fazem a diferença: liderança, equipe e comunicações

Encontramos um denominador comum em muitas e diferentes organizações: um enorme potencial de melhora nas competências de liderança, equipe e comunicações. E, quando há carência numa dessas competências, usualmente as outras dimensões também se apresentam como áreas de dificuldades, comprometendo o processo de gerenciamento.

A chave do sucesso e da competência das organizações, hoje mais do que nunca, está nesta nova fronteira: o comportamento humano. Tecnologia, patrimônio, informações, tudo isso pode ser adquirido; mas uma equipe competente, alinhada e motivada leva tempo para ser formada. As organizações que sabem lidar bem com pessoas e equipes, que resgatam essa dimensão humana em suas relações, conseguem atingir excelentes resultados de negócio, integrados com um clima interno em que as pessoas gostam e "curtem" trabalhar, em que a motivação, o trabalho em equipe, a flexibilidade, a inovação, o "ousar" estão presentes em alto grau. Nas melhores organizações para se trabalhar, fica visível que cuidar da dimensão humana é inteligência e sabedoria de gestão. Isso quer dizer que um clima saudável *pode* e *deve* ser buscado em qualquer organização, independentemente do tamanho ou do setor de atividades.

E aí é que as competências de liderança, equipe e comunicações se manifestam com toda a sua força! É aí que as organizações devem focar sua atenção.

Como já dissemos e precisamos reforçar, o que encontramos em muitas organizações são pessoas que exercem seu papel de gestão mais como chefes do que como líderes. Em seu histórico de carreira, foram, são e serão excelentes especialistas, que sabem resolver com maestria questões técnicas, mas que ocuparam posições nos organogramas e progrediram na carreira sem buscar um embasamento para lidar com pessoas e equipes. Um bom técnico nem sempre é um bom líder, principalmente se não foi preparado para esse papel. Aí usualmente vêm as consequências de autoritarismo ou de omissão. É o chefe "linha-dura" em excesso e que, com isso, massacra seu pessoal, ou o chefe que "deixa rolar solto", não tendo uma contribuição efetiva para sua equipe.

> A chave do sucesso das organizações está nesta nova fronteira: o comportamento humano.

Quando falta uma visão mais convergente nas diversas áreas da organização, quando falta a conexão da identidade profissional com a identidade coletiva da organização, ocorrem as dificuldades no trabalho em equipe. O que prevalece é o "cada macaco em seu galho", o "não é de meu departamento", e os feudos acabam prevalecendo na organização. O primeiro a se prejudicar com a falta de visão de equipe é o cliente, que, invariavelmente, fica mal atendido. E sabemos as consequências disso: o próximo e imediato passo se reverte contra a organização, que, rapidamente, perde seu lugar no mercado.

A carência nas comunicações é quase endêmica nas organizações: o exagero nas fofocas e boatos, o medo de falar em público, mesmo que seja apenas para um pequeno grupo, o temor de represálias no caso de "falar a verdade", as dificuldades nas relações entre áreas ou ainda as reuniões improdutivas em que nada se decide, todos esses são apenas alguns dos exemplos práticos dessa dificuldade.

Algumas dessas dificuldades numa organização indicam que é hora de agir. O capital humano se desgasta e é muito importante fazer algo antes que os prejuízos se tornem irreparáveis. Os temas comportamentais devem inscrever-se com alta prioridade na organização. Os líderes sustentáveis são responsáveis pelo desenvolvimento de competências em suas organizações, tendo em conta que a área comportamental contribui diretamente para os resultados, com elevadas taxas de retorno dos investimentos.

Antigos e novos comportamentos dos gestores

O quadro a seguir descreve os comportamentos dos gestores, o perfil sonhado e esperado, em contraposição com o obsoleto.

Novos comportamentos dos gestores	Antigos comportamentos dos gestores
Centrado em atingir resultados organizacionais, em equilíbrio com um ambiente motivador e estímulo à inovação e flexibilidade, sempre agregando valor.	Centrado apenas em resultados organizacionais, em detrimento de pessoas e inovação, e com foco excessivo em atividades imediatistas que não agregam um valor sustentável.
Estimula com atitudes e exemplos a concretização do futuro.	É neutro ou negativo quanto ao futuro.
Flexível no estilo de liderança, desenvolvendo a equipe de liderados.	Muito centrado em apenas um estilo de liderança, não desenvolvendo a equipe de liderados.
Estimula o trabalho em equipe (intra e interequipes); assume suas responsabilidades funcionais, com visão do processo.	Focaliza o individualismo das atuações; não exerce plenamente suas responsabilidades funcionais, nem tem visão do processo.
Reconhece e reforça positivamente seu pessoal.	Não reconhece as contribuições e reforça negativamente seu pessoal.
É automotivado e tem alto nível de energia positiva.	Tem motivação oscilante e usa sua energia de forma negativa.
Mantém suas equipes informadas sobre os dados relevantes. É transparente.	Sonega total ou parcialmente as informações relevantes. É obscuro.
Foco nos clientes externos e internos.	Foco em suas atividades, centrado no fazer.
Equilibra ações de curto e longo prazo.	Imediatista, com foco excessivo no curto prazo.
Tem habilidades humanas.	Tem visão excessivamente técnica.
Sabe agir estrategicamente.	Tem visão estreita (tarefeiro).
Promove ativamente a qualidade de vida para si mesmo, para sua equipe e comunidade, com respeito à dimensão humana.	Não dá atenção à própria qualidade de vida, nem da equipe ou da comunidade. Não considera a dimensão humana importante.
Age e promove parcerias, equilibrando as necessidades das partes. Tem postura cooperativa e de confiança.	Estimula o individualismo, manipula o poder, promove o "ganha/perde". Tem postura controladora e de desconfiança.

Novos comportamentos dos gestores	Antigos comportamentos dos gestores
Acredita no potencial inato das pessoas e cria condições para seu desenvolvimento.	Eu penso, você executa.
Delegador: negocia responsabilidades, assegura autonomia decisória e prestação de contas.	Impõe responsabilidades sem a devida autonomia decisória. Oscila entre controlar e abdicar.
Atua eficazmente como gerente de pessoas.	Gerenciar recursos humanos é responsabilidade do "RH".
Estimula a criatividade e a contestação construtiva do *status quo*/proativo.	Estimula a conformidade e a adesão irrestrita ao *status quo*/reativo
Tem reverência pela diversidade de opiniões e de atuação. Aberto a rever produtos, serviços e formas de agir.	Sempre busca a uniformidade de opiniões e de atuações. "Não se mexe em time que está ganhando."
Equilibra a razão/lógica com a emoção/intuição.	Centrado na razão/lógica.
Age sempre eticamente.	É ético quando convém.
Promove o orgulho de ser membro da organização.	Promove o orgulho de ser de sua área.
Assegura que sua equipe de liderados atue conforme esse perfil.	Não se vê responsável pelas ações de seus liderados quanto ao perfil.

G) ROTEIRO 7: PERFIL DO GESTOR SUSTENTÁVEL

Considerando a organização na qual você trabalha, assinale com um "x" sua avaliação de como está hoje a atuação dos gestores de sua organização e com um "o" sua avaliação de como poderá ser atingida nos próximos um a dois anos. Portanto, em cada linha, você deve fazer duas marcações: como é hoje e sua visão de futuro. Depois faça o traçado de todos os "x" e todos os "o", definindo um perfil.

De forma geral, a maioria dos gestores em nossa organização...	Péssimo 0 a 20%	Ruim 20 a 40%	Regular 40 a 60%	Bom 60 a 80%	Ótimo 80 a 100%
... são centrados em atingir resultados organizacionais, em equilíbrio com um ambiente motivador e com estímulo à inovação e à flexibilidade, sempre agregando valor.					

De forma geral, a maioria dos gestores em nossa organização...	Péssimo 0 a 20%	Ruim 20 a 40%	Regular 40 a 60%	Bom 60 a 80%	Ótimo 80 a 100%
... estimulam com atitudes e exemplos a concretização do futuro.					
... são flexíveis nos estilos de liderança, desenvolvendo a equipe de liderados.					
... estimulam o trabalho em equipe (intra e interequipes); assumem suas responsabilidades funcionais, com visão do processo.					
... reconhecem e reforçam positivamente seu pessoal.					
... são automotivados e têm alto nível de energia positiva.					
... mantêm suas equipes informadas sobre as informações relevantes. São transparentes.					
... têm foco nos clientes, externos e internos.					
... equilibram ações de curto e longo prazo.					
... têm habilidades humanas.					
... sabem agir estrategicamente.					
... promovem ativamente a qualidade de vida para si mesmos, para sua equipe e comunidade, com respeito à dimensão humana.					
... agem e promovem parcerias, equilibrando as necessidades das partes. Têm posturas cooperativas e de confiança.					
... acreditam no potencial inato das pessoas e criam condições para seu desenvolvimento.					
... são delegadores: negociam responsabilidades, asseguram autonomia decisória e prestação de contas.					
... atuam eficazmente como gestores de pessoas.					
... estimulam a criatividade e a contestação construtiva do *status quo*. São proativos.					
... têm reverência pela diversidade de opiniões e de atuação. Abertos a rever produtos, serviços e formas de agir.					

De forma geral, a maioria dos gestores em nossa organização...	Péssimo 0 a 20%	Ruim 20 a 40%	Regular 40 a 60%	Bom 60 a 80%	Ótimo 80 a 100%
... equilibram bem a razão/lógica com a emoção/intuição.					
... agem sempre de forma ética.					
... promovem o orgulho de cada um em ser membro da organização.					
... asseguram que sua equipe de liderados atue conforme esse perfil.					

- Como você avalia esses resultados? Eles são assemelhados com as avaliações de colegas, chefe e subordinados?

- Em que itens os gestores estão mais positivos?

- Em que itens os gestores precisam melhorar?

- Quais são as possíveis ações de melhoria?

- Qual é sua contribuição pessoal a esse processo?

Respostas ideais

Se buscamos uma atuação sustentável dos líderes, as respostas desejadas são *bom* e *ótimo*.

CAPÍTULO 6

FOCO NO CLIENTE

Este capítulo descreve formas de encantar os clientes, mostrando como o ambiente e o clima de trabalho influenciam as maneiras pelas quais os clientes são atendidos.

A) ENCANTANDO CLIENTES

> *Cliente é um espelho retrovisor, não um guia para o futuro.*
> GEORGE COLORY

> *Eu não fracassei 10 mil vezes; fui bem-sucedido encontrando 10 mil maneiras pelas quais as coisas não funcionaram.*
> THOMAS A. EDISON

> *Podemos escolher o que semear, mas somos obrigados a colher aquilo que semeamos.*
> PROVÉRBIO CHINÊS

Hoje nós somos motivo de piada entre os clientes, que estão correndo para os concorrentes, e os que estão com a gente ainda é por falta de opção

A empresa deveria supervisionar e treinar melhor os chefes e gerentes, a fim de evitar pessoas despreparadas nesses cargos, o que gera insatisfação dos seus respectivos subordinados e má imagem para os clientes

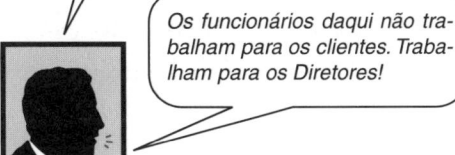

Os funcionários daqui não trabalham para os clientes. Trabalham para os Diretores!

O que é encantamento?

Clientes querem ser encantados. Se quisermos clientes que comprem nossos produtos e serviços, com fidelidade, é preciso nos antecipармos às necessidades, estarmos disponíveis, sermos atenciosos no atendimento, oferecermos um "algo mais", assegurarmos assistência técnica se for necessário e algum tipo de reparação se houver problemas. Um cliente nunca quer ouvir a maldita frase "isso não é problema nosso".

Para que o cliente seja encantado com os produtos e serviços que oferecemos, é preciso competência, tanto organizacional como gerencial. Quem não consegue encantar seus clientes certamente tem alguma dificuldade ligada à competência, levando-o a perder posições no mercado. Como diz o velho dito popular, quem não tem competência que não se estabeleça.

O encantamento deve atingir os clientes, em todos os momentos de relacionamento e de forma contínua. Ser competente de vez em quando até que é fácil. Continuamente, nem tanto.

O conceito de encantamento é que nós, como organização, superamos as expectativas, criando aquele momento mágico em que o sorriso se abre, a satisfação é alcançada, há um sentido de quase euforia, pois o que foi combinado foi cumprido e superado. Encantamento é uma palavra relativamente nova no meio organizacional. Vem de histórias de fadas, em que aspectos como sedução, magia e delícias caracterizam o que quer dizer encantamento. No momento da venda, e principalmente no pós-venda, o encantamento deve estar presente. Isso leva à fidelidade do cliente, que se torna nossa referência e indica nossos produtos e serviços às pessoas à sua volta. Aspectos como preço, qualidade, disponibilidade, variedade, prazo de entrega, atendimento, serviços complementares, assistência técnica, garantias e formas de pagamento vão compondo o quadro que assegura o real foco no cliente.

Temos um exemplo real nosso: um carro começou a consumir muito combustível e a ter seu desempenho rebaixado. Levamos a um mecânico de confiança, que, rapidamente, fez as regulagens necessárias, e o carro ficou muito bom. Mas o que me encantou foi, uns 15 dias após o conserto, receber um telefonema dele perguntando se o serviço havia ficado bom, se o funcionamento tinha voltado ao normal, e se colocou à disposição se algo não estivesse bem. Esse tipo de atendimento conquista a fidelidade dos clientes!

Competência e encantamento

Nos dias de hoje, é difícil encontrar uma organização que não declare ter foco no cliente. Mas a prática não é tão absoluta quanto o discurso. Temos visto muitas organizações que têm um foco real na produção, pois julgam que seu produto é tão bom e excepcional, com tanta tecnologia, dedicação e experiência (e um bocado de arrogância...) embutidas, que o encantamento virá como consequência, o que nem sempre acontece. Não é incomum, quando conduzimos treinamentos com equipes de venda, que ocorram muitas situações em que o vendedor simplesmente está tão ocupado que se esquece de se relacionar com seu cliente e saber o que ele realmente quer.

O encantamento é fruto de nossa competência, que, por sua vez, é a filha do conhecimento e da motivação. O conhecimento é o conjunto de experiências, educação, treinamento e habilidades, compondo a dimensão do "saber fazer" as tarefas, com aspectos mais técnicos e racionais. A motivação é o "querer fazer": é a vontade, a garra, o comprometimento e a persistência, mais emocional e intuitiva. Deve-se acrescentar também o "poder fazer", que é a dimensão dos equipamentos, matérias-primas, ferramentas, local físico, que criam as condições materiais para que a competência se manifeste e, com ela, o encantamento do cliente.

> **O encantamento é fruto de nossa competência, que por sua vez é a filha do conhecimento e da motivação.**

Uma metáfora de encantamento

Um jovem profissional estava passando por dificuldades com seu negócio. Os clientes não vinham, e os poucos que vinham geralmente não voltavam. Apesar de estar muito bem estabelecido, oferecer bons e belos produtos, facilitar as condições de compra, ter seu negócio muito bem montado e ensinar a seus funcionários todos os detalhes dos produtos, seu negócio não prosperava.

Ele mudou os preços, a apresentação dos produtos, trocou de fornecedores, trouxe novos funcionários, mas nada parecia trazer resultados positivos. Para seu desespero, seu vizinho tinha sempre muitos clientes, que saíam de sua loja sempre com muitos produtos debaixo do braço e com um largo sorriso nos lábios.

Não sabendo mais o que fazer, procurou um velho sábio da cidade, que tinha a fama de responder com acerto a todas as perguntas que lhe faziam.

– O que devo fazer para atrair os clientes e, com isso, trazer a prosperidade de volta a meu negócio?

Com um sorriso sereno, o velho respondeu:

– Meu filho, as pessoas não compram somente produtos ou serviços. Elas querem progredir na realização de seus sonhos e estão dispostas a pagar para satisfazer as suas necessidades. E isso só pode ocorrer numa transação quando, além de comercial, ela for também emocional. É preciso que o sorriso, a competência, o "algo mais" estejam presentes. É claro que você precisa ter bons produtos, bons preços e um bom negócio. Mas a compra, o atendimento, deve ser um momento mágico, um momento único de encantamento. Se ele se perde, pode ser que aquela pessoa nunca mais volte. Para criar essas condições, busque oferecer sempre juntos razão e emoção. Então, o cliente se encanta, recomenda a seus amigos e voltará muitas outras vezes.

Agradecendo pelos valiosos conselhos, o jovem os colocou em prática. Em pouco tempo, o encantamento voltou aos clientes e a prosperidade retornou a seu negócio.

B) FOCO NO FOCO DO CLIENTE

> *Sem sermos ensinados, não podemos olhar na direção certa.*
> PLATÃO

> *Existem quatro coisas na vida que não se recuperam: a pedra depois de atirada, a palavra depois de proferida, a ocasião depois de perdida, o tempo depois de passado.*
> ANÔNIMO

Também acho que, para vendermos, não precisamos mentir para os nossos clientes, pois uma hora a verdade aparece, nem que seja quando não mantivermos o prazo de entrega prometido. Essa será uma venda única e dificilmente esse cliente irá comprar de nós. Não seria melhor sermos sinceros e perdermos uma venda, mas não perdemos o cliente?

O fato de meu chefe direto ter uma carteira de clientes muito melhor que a minha, me desmotiva, pois ele sempre foca os seus clientes e dá pouquíssima atenção aos meus, e se eu produzir, com certeza ele ganhará. Parece uma competição, da minha carteira com a do meu chefe, pois, quando fecho um negócio grande, sinto que ele sente inveja de mim

Acontece regularmente quando há uma reclamação de um cliente: o Departameto Comercial tenta empurrar o problema de todas as formas possíveis para a Assistência Técnica, que, por sua vez, se defende o máximo possível. Entramos num círculo vicioso, em que um entra em atrito com o outro, e ninguém mais mantêm o foco na solução do cliente

A comunicação com os clientes é péssima

As mudanças de foco

Quando as organizações ampliaram sua atuação do foco exclusivo nos produtos e serviços que ofereciam para seus clientes, ocorreu uma grande mudança. O desafio agora é ir mais fundo e descobrir o que o cliente de fato quer: isso se chama ter foco no foco do cliente. Isso significa estar muito atento, penetrar nas expectativas e aspirações, identificar precisamente o que os clientes querem, e aí atender e, se possível, superar essas expectativas, assegurando o encantamento.

Nunca é demais lembrar que só conseguiremos encantar clientes externos se os internos também tiverem esse encantamento. Há um pensamento atribuído ao Comandante Rolim, fundador da Tam, que dizia que sua empresa havia crescido muito e que ele não podia mais relacionar-se pessoalmente com seus clientes, e que seu papel se transformara: para encantar seus clientes, ele devia agora encantar as pessoas que faziam isso em seu lugar.

Pontos vitais para o encantamento

Se quisermos encantar nossos clientes, devemos estar atentos e reforçar estes aspectos:

- **Liderança.** Os líderes dão direção e ritmo aos rumos que as equipes devem seguir. Líderes propõem metas e estimulam as pessoas. Um dos importantes papéis da liderança é criar um amplo espaço de desenvolvimento e treinamento, assegurando que as pessoas tenham o domínio de procedimentos e técnicas, tenham atitudes de excelência no atendimento, bem como possibilidades de crescimento nas esferas pessoal e profissional. O líder deve inspirar sua equipe para os temas da qualidade, atendimento e clientes, buscando motivação, entusiasmo, envolvimento e comprometimento. Essa é uma tarefa indelegável das lideranças, pois são as pessoas que fazem a qualidade acontecer e os clientes se encantarem.

> O desafio agora é ir mais fundo e descobrir o que o cliente de fato quer.

- **Processos.** Para encantar clientes, é preciso ter processos bem definidos, claros, eficazes. Quando isso não ocorre, é comum o clima de "caça às bruxas" quando ocorrem erros. Encontrar culpados não melhora os processos. O que importa é que todos saibam o que fazer para assegurar os resultados esperados. Quando há um forte sentido de equipe, isso é tremendamente potencializado.
- **Fornecedores.** Há um velho ditado da informática: "Se entra lixo, sai lixo." Se nossos fornecedores não têm liderança ou processos que assegurem confiabilidade, que garantam que os *inputs* estejam dentro dos requisitos, numa relação de parceria estável, não se realiza o foco no foco do cliente.
- **Visão sistêmica.** Quando todos os envolvidos têm a visão do todo, fica mais fácil o entendimento das relações causa e efeito.
- **Decisões sólidas.** Quando o processo decisório elimina (ou pelo menos minimiza) o "eu acho que...", baseando-se em fatos, em indicadores confiáveis de desempenho, todo o processo tende a ser mais eficiente e eficaz.
- **Melhora contínua, todo dia, todo dia, todo dia.** Buscar sempre a excelência, corrigir desvios e, principalmente, prevenir erros.

A observação desses aspectos básicos assegura que teremos foco no foco do cliente. Como se vê, são fatores interdependentes e todos devem ser atendidos para que o resultado final ocorra.

C) COMO TRANSFORMAR O AMBIENTE DE TRABALHO E MELHORAR OS RESULTADOS

> *Cada vez que mudamos nosso ambiente, nosso ambiente muda nosso comportamento, e nosso novo comportamento exige um novo ambiente.*
>
> LAURENCE

> *Eu agirei como se minhas ações fizessem diferença.*
>
> WILLIAM JAMES

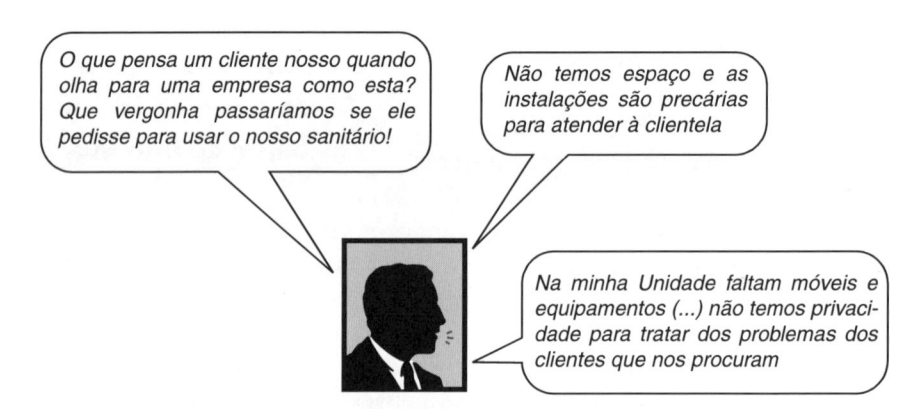

O que pensa um cliente nosso quando olha para uma empresa como esta? Que vergonha passaríamos se ele pedisse para usar o nosso sanitário!

Não temos espaço e as instalações são precárias para atender à clientela

Na minha Unidade faltam móveis e equipamentos (...) não temos privacidade para tratar dos problemas dos clientes que nos procuram

Ambientes desequilibrados

O ambiente de muitas organizações tem sido crescentemente carregado de estresse: a intensa velocidade de mudanças, a instabilidade dos mercados, os medos de demissão, as chefias que agem de forma inadequada com suas equipes, os conflitos internos entre áreas interdependentes, a sobrecarga de trabalho, o sentimento de que "não consigo dar conta do recado", esses são alguns fatores que se agravam, principalmente nas grandes cidades, onde a insegurança e a violência estão presentes, o trânsito, caótico, e se fazem presentes as poluições atmosférica, visual e sonora. Tudo contribui para o desequilíbrio.

Na visão tradicional, os dirigentes das organizações diriam *entendemos tudo isso, mas não é problema nosso; que cada um cuide de seu estresse*. Mas, com a demanda por qualidade de vida crescendo cada vez mais e o custo do estresse aumentando a cada dia, faz-se urgente e inadiável que a organização proporcione mecanismos eficazes para lidar com essa nova situação, que, aliás, tende a se agravar – por exemplo, com o ingresso da Geração Y, menos tolerante a essas frustrações. É preciso haver um ambiente de serenidade, no qual sejam possíveis alguns momentos de introspecção, que aliviem o estresse e proporcionem nova produtividade ao pessoal.

> **Excelência ambiental são as condições para atendimento e encantamento aos clientes externos e ao pessoal da organização.**

Excelência no acolhimento ambiental

Cada vez mais organizações promovem a qualidade de vida de seu pessoal, oferecendo, por exemplo, ginástica laboral, apoio terapêutico e espaço reservado para relaxamento, meditação e repouso. São oportunidades especiais ao longo do dia, destinadas a "recarregar as baterias", com diversos recursos que auxiliam esse processo de reequilíbrio e energização. Essa é uma possibilidade de baixo custo e de altos benefícios, com investimento inicial e custo de manutenção bastante baixos.

Os resultados esperados de um projeto integrado de melhoria no ambiente físico, emocional e energético são:

- Aumento de vendas, da satisfação e do encantamento dos clientes, através de um excelente acolhimento ambiental.
- Melhorias no desempenho e na motivação do pessoal, através de um ambiente que proporciona reforço de equipe, bem-estar, alívio de tensões e comunicações interpessoais.

O *excelente acolhimento ambiental* é o conjunto de condições para atendimento e encantamento aos clientes externos e ao pessoal da organização. Inclui:

- um projeto com áreas de trabalho bem planejadas e distribuídas, com móveis e equipamentos adequados
- fluxos e processos de trabalho bem planejados e eficientes
- estilos de liderança e políticas de gestão de pessoas num nível de excelência
- equilíbrio energético baseado em formas, layout, cores, música ambiente etc.
- sala antiestresse, onde as pessoas possam relaxar das tensões e se reenergizar
- disponibilidade de recursos terapêuticos, incluindo profissionais para a ginástica laboral e apoio emocional
- palestras periódicas sobre estresse e as formas de lidar com ele
- pessoal que opere e mantenha todo esse apoio de forma contínua num bom nível

Investir no capital humano das organizações mostra sempre altos retornos, em especial no processo de encantamento dos clientes.

D) ROTEIRO 8: ENCANTAMOS NOSSOS CLIENTES?

Este roteiro ajuda a identificar as condições para que a equipe, os produtos e serviços façam a diferença para os clientes, colocando foco no foco do cliente e, com isso, criando encantamento, a base do sucesso. Considerando a organização na qual você trabalha, assinale com um "x" sua avaliação de como estão hoje os diversos indicadores a seguir.

Em nossa organização, na busca do encantamento a nossos clientes:	Péssimo 0 a 20%	Ruim 20 a 40%	Regular 40 a 60%	Bom 60 a 80%	Ótimo 80 a 100%
1 – O pessoal tem os conhecimentos e a experiência necessários					
2 – O pessoal tem as habilidades e os treinamentos necessários					
3 – O pessoal tem atitudes e motivação necessários					
4 – O preço é adequado					
5 – O balanço benefícios *versus* custos é adequado					
6 – A qualidade é adequada					
7 – Os prazos de entrega são adequados					
8 – Oferecemos diversas alternativas					
9 – Nosso atendimento é adequado					
10 – Pós-venda, assistência técnica e garantias são adequadas					
11 – Nossos processos são adequados					
12 – Nossa estruturação organizacional é adequada					
13 – Nossas instalações e equipamentos são adequados					
14 – A busca do encantamento é realmente prioridade absoluta					
15 – Os diversos níveis de liderança compartilham, difundem e zelam por essa prioridade					

Em nossa organização, na busca do encantamento a nossos clientes:	Péssimo 0 a 20%	Ruim 20 a 40%	Regular 40 a 60%	Bom 60 a 80%	Ótimo 80 a 100%
16 – As políticas e práticas de gestão de pessoas são facilitadoras do encantamento					
17 – Os estilos dos líderes são facilitadores do encantamento					
18 – Nosso pessoal tem alta motivação e comprometimento com o encantamento					
19 – Nosso pessoal "linha de frente" tem uma boa retaguarda					
20 – Recentemente tivemos treinamento de foco nos clientes/vendas/produtos em nossa organização					

- Como você avalia esses resultados? Eles são assemelhados com as avaliações de colegas, chefe e subordinados?

- Em que itens estamos mais positivos?

- Em que itens precisamos melhorar?

- Quais são as possíveis ações de melhoria?

- Qual é sua contribuição pessoal para esse processo?

Respostas ideais

Se buscamos uma atuação sustentável dos líderes, algumas respostas são desejadas dentro de nossa cultura nacional. O que consideramos genericamente os posicionamentos mais adequados são respostas de *bom* e *ótimo*.

CAPÍTULO 7

AS MÚLTIPLAS DIMENSÕES DA LIDERANÇA SUSTENTÁVEL

Neste capítulo, são apresentados diversos aspectos para se exercer bem a liderança sustentável: mais que um conjunto lógico e encadeado de temas, são apresentadas diversas óticas e situações que caracterizam a multifacetada atuação dos líderes sustentáveis.

A) A HORA DE SONHAR, DE REALIZAR, DE ORGANIZAR E DE CELEBRAR[1]

O que significa ser promovido para uma posição de liderança? Francamente, significa que agora temos autoridade para servir aos outros de maneira especial.
ANÔNIMO

Você só pode gerir os outros se for capaz de gerir a si mesmo.
A grosseria é a tentativa do fraco de mostrar força.
J. MATTHEW CASEY

Qual é o melhor governo? É aquele que nos ensina a nos governarmos.
GOETHE

> Posso procurar estudar, porque a partir daí terei melhor desempenho pessoal, profissional e também interpessoal, pois conhecimento só gera bem-estar, pois eu não quero que meus sonhos morram sem que eu os realize, não quero que façam parte apenas do meu passado

> Todos nós temos objetivos e sonhos, muitas vezes bem parecidos, basta saber conciliá-los, unir o útil ao agradável, pois todos pensamos em crescer...

> Refiro-me ao meu gerente, pois é impossível ter um bom relacionamento com um "chefe" autoritário, egoísta, concentrador e burocrático

> Relacionamento entre todos praticamente não existe, e está restrito às unidades locais. Daí as "tribos" ou "panelinhas" em cada área. Cumprimentos normais como "bom dia" ou "boa tarde" são raros e, quando dirigidos a alguém, nem sempre obtemos resposta

---

[1] Esse tema pode ser visto com mais profundidade no livro *Con-viver em equipe: construindo relacionamentos sustentáveis*, de Gustavo e Magdalena Boog, Editora M. Books.

Diversidade humana e etapas de projetos

A diversidade de pessoas e de seus comportamentos deixa muitos líderes perplexos e, muitas vezes, sem saber o que fazer. Reconhecer os tipos de pessoas e as fases que envolvem projetos e atividades ajuda a definir o tipo certo de atuação de liderança, num processo altamente dinâmico e que precisa ser sustentável.

As pessoas têm diversos personagens que habitam em seu interior. São eles os reis, guerreiros, magos e amantes. Tal como uma mensagem codificada, quando não conhecemos esses tipos, o comportamento pode nos parecer incompreensível. Mas quando conhecemos o código, podemos ver aquilo que não era visto antes, e isso é altamente motivador. Conhecer o estilo pessoal de atuação, o perfil das demandas do cargo, identificar com facilidade o perfil das pessoas com as quais nos relacionamos é altamente eficaz para a melhoria dos relacionamentos, principalmente se formos líderes. É claro que isso vale também para os liderados, membros de uma equipe, responsáveis por um *call center*, clientes ou fornecedores.

Estes são os quatro tipos de personagens que habitam nas pessoas:

Tipo	Ação Central	Características básicas
Rei	Sonhar	São pessoas criativas, empreendedoras, entusiásticas, carismáticas e visionárias. Não gostam de detalhes, são falantes e se relacionam muito e bem com os outros. São os "sonhadores".
Guerreiro	Realizar	São pessoas dedicadas, decididas, práticas e determinadas. Visam atingir suas metas de curto prazo e vão direto aos assuntos. São os "realizadores".
Mago	Organizar	São pessoas detalhistas, perfeccionistas, cuidadosas e persistentes. Adoram controlar, numerar e classificar. São os "organizadores".
Amante	Celebrar	São pessoas integradoras, estimulam a harmonia e o bem-estar dos outros, agradáveis e cordiais. Têm foco nas pessoas, nas equipes e em relacionamentos profundos. São os "celebradores".

O sonho antecede as ações concretas. Cada empreendimento é um sonho que se transforma num objetivo a ser alcançado. Esse é o papel e a contribuição do **rei**. Sonhado o sonho, vem a hora da realização, a hora de tornar concreto aquilo que era intangível. Esse é o momento de atuação do **guerreiro**. A organização, a estruturação e a sistematização asseguram um ritmo previsível, um cronograma e um orçamento sob controle. Aí o **mago** tem sua contribuição. E a atenção ao elemento humano, o reconhecimento, a celebração, o desenvolvimento, esse é o momento do **amante**.

Esses estágios sempre têm algum grau de superposição e, como todo ciclo, ele se renova e recomeça, abrindo espaço e oportunidade para os tipos se manifestarem. Podemos ilustrar a conexão entre os quatro tipos com as etapas da realização de projetos e atividades:

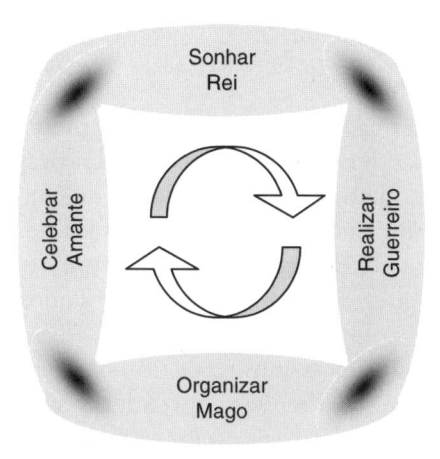

Lidando com relacionamentos difíceis

- *Detesto gente que fala demais nas reuniões!*
- *Ele só dá ideias novas, uma após a outra, mas não realiza nada!*
- *Odeio gente que chega atrasada em seus compromissos!*
- *Não gosto de gente que fica "em cima do muro" nas decisões!*
- *Compromisso é compromisso! Não suporto gente que assume e depois não cumpre!*
- *Como ela consegue trabalhar numa mesa tão desorganizada?*
- *Por que ele não segue as normas e os procedimentos definidos?*
- *Não aguento mais essas reuniões de integração de equipe!*

Se você é líder e convive com outras pessoas, é 100% certo que você tenha se identificado com algumas dessas situações, em algum momento de sua vida. Lidar com pessoas parecidas conosco é fácil. Lidar com pessoas diferentes de nós, que têm outras prioridades e pontos de vista, que fazem as coisas de forma diferente, é que é difícil. Na realidade, é **muito difícil!**

Peter Harazin, competente consultor e grande amigo, reforçou em nós a convicção de que a base de um relacionamento adulto e eficaz, na organização, na família ou com amigos, é a **reverência e a celebração da diversidade**. E podemos ampliar esse conceito para a relação entre povos, entre religiões e entre culturas. Isso, na prática,

> **Reverência e celebração da diversidade: nós aceitamos os diversos jeitos de ser, em nós mesmos e nos outros.**

quer dizer que nós aceitamos os diversos jeitos de ser, em nós mesmos e nos outros. Significa rebaixar nosso grau de julgamento e avaliação, aceitar que diferente não quer dizer errado, que diferente é apenas isto: diferente, e é importante dedicar-se a trabalhar em conjunto, num clima de respeito e aceitação recíproca das diferenças.

Os tipos de atuação

Desde a Grécia Antiga, foram estabelecidas muitas tipologias humanas, que nos ajudam a entender o comportamento das pessoas. Se, por um lado, toda tipologia é um modelo, uma simplificação de comportamentos complexos, por outro lado nos ajuda a lidar com pessoas nos relacionamentos, introduzindo algum grau de previsibilidade. Existem quatro tipos básicos que habitam em nós: rei, guerreiro, mago e amante. Todos temos esses tipos em diferentes gradações.

Os **reis** são voltados para as inovações, são alegres e persuasivos, odeiam detalhes e adoram reuniões. Precisam aprender a acabar o que começaram. São voltados para os resultados mais no longo prazo.

Os **guerreiros** são voltados para tarefas, são impacientes e objetivos, mantêm o foco, odeiam perder o controle da situação e adoram mudanças. Precisam aprender a ser mais pacientes. São voltados para resultados de curto prazo.

Os **magos** são voltados para estruturações, gostam de exatidão e ordem, odeiam improvisações e adoram a perfeição. Precisam aprender a lidar melhor com as emoções. São voltados para sistemas, numa visão de curto prazo.

Os **amantes** são voltados para pessoas, são pacientes e subjetivos, perdem o foco com facilidade, odeiam confrontações e adoram harmonizar interesses conflitantes. Precisam aprender a ser mais assertivos e categóricos. São voltados para pessoas, numa visão de longo prazo.

Podemos resumir essas características na tabela a seguir:

Tipo	Foco	Voltado para	Verbo
Rei	Intuição	Inovações	Sonhar
Guerreiro	Sensação	Tarefas	Realizar
Mago	Pensamento	Sistemas	Organizar
Amante	Sentimento	Pessoas	Celebrar

Algumas constatações importantes:

- As pessoas não podem exercer os quatro tipos simultaneamente. A tendência é encontrarmos um tipo dominante (função superior), dois de apoio (funções auxiliares) e um pouco desenvolvido (função inferior).

- Há conflito de percepções, prioridades e expectativas no relacionamento entre os tipos.
- Num trabalho de equipe, precisamos da existência dos quatro tipos. Qualquer ausência de tipos prejudica a dimensão dos resultados esperados.
- As pessoas podem desenvolver-se nos papéis em que encontram mais dificuldade.

B) A MIOPIA DA LIDERANÇA

A liderança, ao contrário do exercício aberto do poder, é, portanto, inseparável das necessidades e metas dos seguidores.
JAMES MACGREGOR BURNS

A mudança de um simples comportamento pode afetar outros comportamentos e, assim, modificar muitas coisas.
JEAN BAER

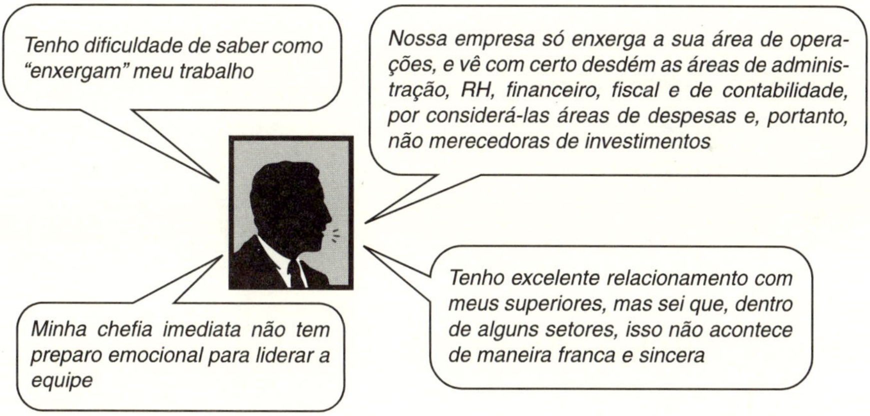

- Tenho dificuldade de saber como "enxergam" meu trabalho
- Nossa empresa só enxerga a sua área de operações, e vê com certo desdém as áreas de administração, RH, financeiro, fiscal e de contabilidade, por considerá-las áreas de despesas e, portanto, não merecedoras de investimentos
- Minha chefia imediata não tem preparo emocional para liderar a equipe
- Tenho excelente relacionamento com meus superiores, mas sei que, dentro de alguns setores, isso não acontece de maneira franca e sincera

Miopia gerencial

Diversas organizações sofrem de uma doença chamada "miopia gerencial", que se manifesta como uma deficiência que impede uma visão mais larga e longa, concentrando o foco apenas naquilo que está próximo e no curto prazo. Esse imediatismo excessivo, ou seja, a busca de resultados de curto prazo "custe o que custar" (e acaba custando muito...), prejudica e até mesmo impede ações de desenvolvimento, comprometendo o futuro da instituição, prejudicando as melhorias e subutilizando os potenciais.

Essas organizações não contabilizam os custos ocultos de um modelo gerencial superado. Organizações que praticam políticas sustentáveis de gestão de pessoas e equipes têm, sistematicamente, lucratividade mais alta. Numa época de tanta competitividade, pontos a mais de retorno e de lucratividade podem fazer muita diferença.

Muitas pessoas não veem porque não querem ver, ou não podem ver e perceber algumas coisas. Por exemplo, na relação entre vizinhos, muitos percebem a dinâmica da casa ao lado: como são as relações entre o casal e os filhos, quem gosta de quem, quem é esforçado, quem domina etc. Mas os próprios membros da família não conseguem ver com clareza o que acontece entre eles. No *coaching*, muitas vezes o *coach* vê com clareza uma área de dificuldade de seu cliente, mas não consegue ver em si próprio aquilo que tantas vezes é tão evidente a seus olhos. E os exemplos se multiplicam.

Mais miopia

Muitos são míopes, só enxergam de perto e são incapazes de enxergar um pouco mais longe (*no inglês, a tradução literal de míope é "vista curta"*). Outros só veem bem de longe, mas são incapazes de perceber detalhes mais próximos.

> **Muitas organizações só percebem a atividade de pequenos concorrentes quando eles já cresceram de forma ameaçadora.**

Muitas organizações só percebem a atividade de pequenos concorrentes quando eles já cresceram de forma ameaçadora. Muitas organizações não reconhecem a crucial importância da dimensão humana do trabalho e não contabilizam o enorme potencial de resultados positivos que deixam de realizar. Preferem reduzir custos...

A grande verdade é que, muitas vezes, os fatos, as informações e os conhecimentos estão disponíveis, ao alcance de nossa visão, mas, se não focalizarmos ou se alguém não nos chamar a atenção, orientar ou ensinar, eles serão inexistentes e nós seremos cegos a esse tema.

Os custos ocultos pela miopia

Há custos que dificilmente são detectados nos relatórios das organizações, e a lista a seguir pode ajudar a mapear situações que "sugam" a lucratividade. É o "Triângulo das Bermudas" que rebaixa resultados e faz com que as metas não sejam atingidas. Quanto, anualmente, os seguintes itens custam para sua organização:

- Os "desencontros", a "falta de coordenação" e o "refazer trabalhos" decorrentes da falta de integração e do trabalho em equipe.
- A falta de sentido de finalização: existem inúmeras *iniciativas*, mas faltam *"acabativas"*.
- A ansiedade causada por falhas de comunicação entre os níveis e as áreas da estrutura.

- As faltas, os atrasos, a baixa motivação e os baixos desempenhos do pessoal, causados por chefias com estilos de liderança autoritários.
- As mágoas e os ressentimentos causados por chefias que humilham seu pessoal. Pior: quando a diretoria sabe disso e se omite.
- Reuniões com atrasos, com falta de objetividade, com entrada de assuntos que nada têm a ver com os objetivos da reunião, com conversas paralelas, com gente demais ou de menos, com longa duração, sem conclusões.
- Perda de clientes por mau atendimento devido à falta de treinamento, por "jogo de empurra" (não é de meu departamento!), por descontar no cliente o ressentimento que as pessoas têm de suas chefias.
- Baixa de motivação e de comprometimento devido ao não reconhecimento, pela ausência de reforço positivo das contribuições das pessoas e das equipes.
- Baixo desempenho por sentimentos de injustiça salarial e de critérios viciados de promoções e premiações, tais como favorecimentos pessoais.
- Perda para a concorrência de pessoal crítico, que não tinha perspectiva de carreira, só sendo valorizadas depois de já terem pedido demissão.
- Ausência de uma visão clara de futuro; ocasionam confusão, desencontros e trabalhos em duplicata.
- Falta de paixão e de entusiasmo das pessoas, devido ao fato de desconhecerem os rumos da organização.
- Falta de sintonia e espírito de equipe no topo, gerando desencontro de critérios, de percepções de prioridades e de ações.
- Falta de coerência entre o discurso e a prática.

Esta lista poderia ser estendida, mas já temos o suficiente para ilustrar que a miopia causa prejuízos diretos e imediatos para a organização.

O que fazer?

Organizações gerencialmente avançadas conseguem superar essas dificuldades investindo na dimensão humana, tratando gente como gente (e não como recursos), dando especial atenção aos líderes, que podem construir ou destruir o espírito de equipe e a boa comunicação. A relação benefício/custo dessas ações se mostra extremamente positiva.

Um primeiro passo concreto para se identificarem as áreas de melhorias é a Pesquisa de Clima Organizacional, identificando um quadro preciso dos reais sentimentos e gargalos comportamentais da organização. Mais importante que identificar é o conjunto de ações decorrentes da Pesquisa, a Gestão do Clima Organizacional.

A organização como um todo se beneficia com investimentos em suas lideranças, pois o seu comportamento (e não os seus discursos) é a principal referência para o bom desempenho dos liderados. As ações possíveis na dimensão humana são muitas e, quando alinhadas às estratégias da organização, trazem benefícios imediatos às organizações e ao seu pessoal, melhorando resultados e trazendo mais qualidade de vida ao seu pessoal.

C) O YANG E O YIN DA LIDERANÇA

> *Não se lideram pessoas batendo em suas cabeças – isso é agressão, não liderança.*
> **DWIGHT D. EISENHOWER**

> *Procure ser um homem de valor, em vez de procurar ser um homem de sucesso.*
> **ALBERT EINSTEIN**

> *Devo falar ou calar, lutar ou me curvar? Tu deves fazer o que podes fazer!*
> **N. L. VON ZINZENDORF**

Temos muito mais a dar! Somos pessoas capacitadas e competentes!

Trabalho há mais de 10 anos na empresa, mas existem alguns dinossauros ditadores, que gritam com os funcionários no meio da fábrica, chamando-os de burros, mandam as meninas calarem a boca, não têm a educação para conversar. Em sua sala, um funcionário foi cumprimentar, e ele, em vez de dar a mão, deu o pé. Como um homem assim pode ser chefe?

A empresa é um local excelente para se trabalhar, porém se instalou um clima de medo de errar ou da intolerância ao erro, além da competitividade. Quem se destaca nem sempre é bem-visto

O que desmotiva? Falta de desafios, pouca oportunidade de crescimento e desenvolvimento profissional, feedback, falta de reconhecimento e valorização, sentimento de participação, salário, processos internos difíceis e excesso de burocracia

Liderança, Yang e Yin

Liderar significa influenciar os liderados para agirem no mundo, um lugar ao qual devemos agregar valor e sustentabilidade pelas ações que deflagramos. É assim que pensam, sentem e agem os líderes sustentáveis, considerando as diferenças individuais dos reis, guerreiros, magos e amantes.

Como já vimos, o líder conduz sua equipe a atingir resultados, num clima motivador ao desempenho e com abertura para a inovação e a flexibilidade. Já vimos também algumas das características das energias Yang e Yin.

Um dos aspectos do líder é assumir a iniciativa, ousar, agir e dar o exemplo, que são tipicamente características Yang. Liderar significa também construir relações interpessoais, criar um clima de motivação e desenvolvimento, usar adequadamente o poder, delegar, manter-se sereno (*sem estresse*). Essas, por sua vez, são tipicamente características Yin.

Ação ou não ação?

Existe uma famosa oração que tem muito a ver com a liderança: "Senhor, dê-me a coragem de mudar o que precisa ser mudado, a humildade de aceitar aquilo que não pode ser mudado e a sabedoria para diferenciar uma coisa da outra."

Se analisarmos essa oração, veremos que ela tem três dimensões:

- **A situação:** pode exigir ações corajosas para que mudanças e transformações ocorram, ou pode exigir retraimento, silêncio e observação do que está ocorrendo.
- **Minha disposição pessoal:** estou disposto a agir e provocar mudanças ou estou disposto a aguardar e aceitar.
- **A sabedoria:** usar a energia correta na situação correta.

Integrando esses elementos, temos:

	A situação exige não ação (silêncio e aceitação)	A situação exige ações
Eu vou agir e mudar	Minhas ações serão inadequadas e negativas	Eu posso fazer a diferença se agir. Terei sucesso porque há um encontro da disposição em agir com a demanda por ações
Eu vou aguardar e ficar quieto	Eu posso fazer a diferença se ficar quieto. Terei sucesso porque há um encontro de disposição de não agir com a demanda de "não ações"	Minha omissão caracteriza uma postura de temores e cautela exagerados

A lição de liderança que podemos tirar deste quadro é que nem sempre a ação é adequada, assim como nem sempre a "não ação" é a melhor alternativa.

Exageros no Yang e no Yin: os tiranos e os capachos

A competência da liderança está muito relacionada com as características pessoais da coragem, do responsabilizar-se, do ter autoestima, do estar harmonizado, do aceitar, do ser paciente e ser humilde. As características Yang devem estar equilibradas com as Yin. Quando isso não ocorre, surgem os "exageros", mostrados a seguir:

	Exagero do Yang: o tirano	Exagero do Yin: o capacho
Coragem	Sua coragem e propensão a riscos são irrealistas, beirando a insensatez (eu posso tudo). Invade o limite dos outros. Seu foco é tão centrado que não percebe o entorno	Basicamente inseguro e medroso. Não quer assumir nenhum risco. Sua omissão faz com que seus limites sejam invadidos
Responsabilizar-se	Sente-se tão responsável por suas tarefas que se esquece de delegar e de mobilizar os recursos de sua equipe	Tendência a dividir e diluir as responsabilidades. Em vez de delegar claramente, "passa o abacaxi" (abandona)
Autoestima	Sua insegurança o leva a cortar o diálogo. Exige demais de si mesmo e dos outros. Jamais expressa suas emoções	Sua insegurança o faz sempre buscar a opinião e a aceitação dos outros; não se posiciona claramente
Estar harmonizado	Excesso de estresse, não relaxa, não celebra os feitos, sempre cobra, nunca é o suficiente	Apesar de não aparentar, tem excesso de estresse. Também não celebra e nunca cobra
Aceitar, ser paciente	Não tem paciência, sempre apressado e atropelando os outros. Busca a uniformidade e teme a diversidade	Tende a aceitar tudo e acaba não cumprindo o prometido. Sua tolerância é exagerada
Ser humilde	Tende à arrogância (eu sei tudo, eu sei fazer melhor que os outros). Pouca disposição de ouvir, de aprender e de lidar com mudanças	Sua atuação é de submissão e conformismo. É um "capacho" para os outros

Para ser um líder sustentável, o equilíbrio entre a ação e a não ação, entre o Yang e o Yin, é fundamental. É o indispensável balanço que deve haver entre o líder assumir pessoalmente a condução de um projeto e abrir espaço para o florescimento dos talentos e o desenvolvimento das competências de sua equipe. Debaixo de uma árvore frondosa não cresce planta forte! Ter a sabedoria de escolher entre a ação e a não ação é o que faz a diferença!

Competência e poder pessoal

O líder sustentável, para exercer efetivamente seu papel, deve ser equilibrado no Yang e Yin. Mas é preciso agregar também competência e poder pessoal.

> **A competência é a combinação do *saber fazer* com o *querer fazer*.**

A competência é a combinação do *saber fazer* com o *querer fazer*. Os *workshops* gerenciais que tratam do tema da liderança descrevem, discutem e praticam técnicas, casos e roteiros para uma atuação eficaz. É o desenvolvimento do *saber fazer*.

O *querer fazer* é mais complexo, pois lida com motivações interiores e também com toda a influência do meio ambiente, com fatores como:

- a cultura, os valores e as prioridades da organização
- o estilo do executivo principal
- o estilo do chefe imediato
- o grau de desenvolvimento dos membros da equipe
- a tecnologia do processo organizacional
- a cultura e os valores regionais/nacionais

O poder pessoal significa assumir as rédeas da própria vida, ter o domínio, a autoridade e o poder de decisão de definir objetivos, rumos, caminhos e ritmos. Poder pessoal é também aceitar as coisas como elas são! Apesar de isso parecer contraditório, pois aceitar muitas vezes é confundido com conformismo, é parte integrante do poder pessoal, pois temos de reconhecer que, muitas vezes, certos embates têm derrota certa. Em certas ocasiões, uma "retirada estratégica" pode ser a melhor decisão. Significa avaliar atos muitas vezes impulsivos e decidir aguardar um pouco mais, esperando o momento certo.

Quem tem poder pessoal nunca se sente vítima de uma pessoa, de uma organização ou de uma situação. Tem equilíbrio, serenidade e harmonia. Esse poder pessoal é fruto de um fortalecimento interior que só vem com a "musculação" emocional e espiritual, que precisa ser praticada com persistência.

O líder que consegue esse equilíbrio entre o Yang e Yin, a competência e o poder pessoal, é exatamente o tipo de profissional mais procurado pelas organizações. Para ele, não faltam nem emprego nem trabalho.

D) ROTEIRO 9: QUE TIPO DE LÍDER EU SOU?

Baseado nas descrições anteriores e tomando como referência seus comportamentos mais frequentes, avalie sua atuação colocando um "x" na coluna que melhor reflete sua forma de agir:

	Exagero do Yang	Equilíbrio Yang – Yin	Exagero do Yin
Coragem			
Responsabilizar-se			
Autoestima			
Estar harmonizado			
Aceitar, ser paciente			
Ser humilde			

- A quais conclusões você chega a partir dessa tabela?

- Há algo a ser melhorado no seu comportamento de liderança?

- Qual é seu plano de ação?

- Para uma boa atuação como líder, como está seu "saber fazer"?

- Para uma boa atuação como líder, como está seu "querer fazer"?

- Para uma boa atuação como líder, como está seu "poder pessoal"?

Respostas ideais

Se buscamos uma atuação sustentável dos líderes, os posicionamentos mais adequados são respostas que equilibram as energias Yang e Yin.

E) OS SEGREDOS DA LIDERANÇA[2]

> *E, quando tudo mais faltasse, um segredo: o de buscar no interior de si mesmo a resposta e a força para encontrar a saída.*
> GANDHI

> *Nunca é tarde para abrirmos mão de nossos preconceitos*
> HENRY DAVID THOREAU

Existem pessoas que simplesmente não permitem que o relacionamento da equipe, como um todo, seja bom. São arrogantes, prepotentes e não sabem dar ouvidos ao que os subordinados têm a ponderar

O aspecto mais importante para termos um bom clima é sermos humildes, dedicados, prestativos e principalmente companheiros: essa é a base para que a organização atinja seus objetivos

A empresa é um local excelente para se trabalhar, porém se instalou um clima de medo de errar ou da intolerância ao erro, além da competitividade. Quem se destaca nem sempre é bem-visto

Ultimamente, um clima de terrorismo e perseguições tem-se levantado, levando todos nós a nos sentirmos culpados por algo que nem mesmo cometemos e amedrontados com algo que nem mesmo sabemos o que é

---

[2] Os "segredos" são uma síntese do evento "O Novo Futuro – Vivendo a Liderança", com a presença de renomados "gurus" da administração, como Jack Welch, Ken Blanchard, John P. Kotter, Rudolph Giuliani, entre outros. Cada um deles, de maneiras e com argumentos diferentes, detalhou a liderança e as práticas de sucesso, relacionando-as aos resultados organizacionais e às mudanças. Rudolph Giuliani, prefeito de Nova York, compartilhou sua experiência de liderar um momento de crise decorrente dos atentados de 11 de setembro. Jack Welch ressaltou a importância de nos cercarmos de uma equipe competente. Michael Abrashoff, que foi comandante da Marinha norte-americana, traçou um paralelo entre comandar um navio e vivenciar o papel de líder. Kotter falou, entre outras coisas, sobre as diferenças de liderança e gestão.

Ser um líder bom e sustentável implica vivenciar no trabalho práticas que não se aplicam somente a ele, mas a todas as situações da vida. Certos segredos ajudam a desempenhar bem esse papel. Quais são esses segredos?

> **Mudanças dependem mais do coração que da razão.**

Mudanças dependem mais do coração que da razão: para realizar mudanças com sucesso, é preciso atingir o coração, o emocional das pessoas, e não ficar somente no racional e mental.

Fazer a coisa certa: ou seja, honrar a Deus, qualquer que seja sua crença, ou ao bem universal, para os que preferem não usar o nome de Deus, em sua atuação como líderes. Significa fazer o bem independentemente da cultura ou do credo. Fazer coisas boas, para a organização, para os clientes, para a equipe, para o próximo, para a comunidade, para o planeta e para si mesmo.

Ser humilde: ser humilde significa sair do papel de superior, em que somente suas ideias são as melhores, tirar a máscara da arrogância e valorizar cada pessoa da equipe. Significa ainda ajudar, ser prestativo, ser colaborador, estender a mão a cada um que necessita. E fazer certo a coisa certa! O líder sustentável é aquele que não valoriza demais o reconhecimento e as congratulações, mas sim os resultados, atribuindo e compartilhando os créditos do bom desempenho com toda a equipe.

Neste tempo de tantas mudanças, nada é permanente e devemos praticar o desapego, principalmente das coisas e dos padrões conhecidos. Devemos, sim, nos preocupar com os bens materiais, acumular riquezas, curtir e aproveitar a vida, mas devemos também ter consciência de que cada um de nós tem o papel de liderar mudanças, de desenvolver pessoas e criar oportunidades de crescimento.

F) LIDERAR NAS CRISES[3]

> *Não precisamos temer as crises. Elas podem ser desastrosas, mas podem ser benéficas. Tudo depende de nossa capacidade de mudar.*
> PAULO CAVALCANTI DA COSTA MOURA

> *Ser capaz de resistir ao ódio é a primeira lição a ser aprendida por aqueles que aspiram ao poder.*
> LUCIUS ANNAEUS SÊNECA

> *Há grandes homens que fazem com que todos se sintam pequenos. Mas o verdadeiro grande homem é aquele que faz com que todos se sintam grandes.*
> CHESTERTON

---

[3] Para aprofundar esse tema, veja o e-book *Ganhos & perdas: como superar os riscos e abrir-se para novas oportunidades*, de Gustavo G. Boog (www.boog.com.br).

> *Meu chefe está desmotivado com a empresa. Ele parece não estar confortável em seu posto e deixa bem claro isso para a equipe. Não distribui bem o trabalho e deixa a equipe sem saber o que fazer em momentos críticos. Não passa informação, tem dificuldade de comunicação*

> *É preciso investir no desenvolvimento da liderança. Existem chefes e não líderes*

> *Já estou há cinco anos nessa organização, e tenho passado por crises de desmotivação, pois, sempre que me comprometo a crescer, dou o máximo de mim, mas sempre vejo minha expectativa ir por água abaixo por causa de favorecimento de pessoas, que às vezes não mereciam*

Crises, estabilidade e instabilidade

As crises são inevitáveis. Não há como escapar delas.

Todo líder precisa equilibrar duas polaridades: estabilidade e instabilidade. A estabilidade é fundamental para a existência de previsibilidade, estrutura e processos que funcionem de forma eficiente e produtiva. Com a estabilidade, reforçamos a confiança no sistema, e temos certeza de que aquilo que foi combinado será cumprido. O excesso de estabilidade leva ao engessamento, à burocracia, em que seguir procedimentos é mais importante que atingir resultados, em que o cumprimento de regras rígidas não agrega valor.

No outro extremo, a instabilidade é também fundamental, pois dela derivam a inovação e a criatividade. Com a instabilidade, mantemos os sistemas vivos e saudáveis, atendendo às mutáveis necessidades dos clientes, usuários e cidadãos. Mas o excesso de instabilidade leva ao caos, em que todos os alicerces ruíram e tudo se torna imprevisível.

Como se vê, o grande desafio é liderar na busca do equilíbrio entre estabilidade e instabilidade, fundamental ao bom funcionamento dos sistemas. Os profissionais de qualquer organização precisam ter uma clara delegação, em que a responsabilidade, o poder decisório e a prestação de contas estejam muito bem definidos e voltados para servir aos objetivos mais elevados. Desequilíbrios podem ocorrer, e cabe aos líderes buscar, resgatar e reforçar esse equilíbrio. Quando, por exemplo, não há prestação de contas e os atos não levam a consequências, delegar se transforma em omissão.

Dentro desses conceitos, queremos focar as crises, em todos os níveis (globais, nacionais, organizacionais ou pessoais) na ótica da indignação, da responsabilidade e da esperança.

> **Todo líder precisa equilibrar duas polaridades: estabilidade e instabilidade.**

Indignação

Esse é o estado de espírito ao assistir e sofrer com crises que se instalam. Como tantas outras pessoas que são afetadas por crises, sofremos com seus efeitos. Muitas crises são previsíveis, mas não houve a adoção das medidas necessárias a tempo: aperfeiçoamento de sistemas e processos, realização de mudanças e investimentos, promoção de treinamento, aquisição de equipamentos. Com certeza, muitas informações relevantes foram desconsideradas. Como diz o provérbio popular, depois da casa roubada é que se põem as trancas. Tudo era previsível, com muitos discursos e poucas ações. E aí as crises acontecem... e nós ficamos indignados.

Assunção de responsabilidades

Responsabilidade é a habilidade de apresentar respostas, de decidir, de agir e de assumir as consequências de seus atos. As crises evocam em nós a imagem de uma orquestra sinfônica, com muitos maestros, em que os músicos não têm os instrumentos adequados e afinados, e não se entendem, pois cada maestro tem partituras diferentes; alguns músicos, por falta de treinamento, não sabem nem ler as partituras, e algumas são ilegíveis. E nós, que queremos ouvir boa música, só ouvimos gente desafinada.

Esperança

Quando há gente competente, instalações adequadas e modernidade, o que se precisa em momentos de crise é de direcionamento e alinhamento de ações, e da construção de uma visão de futuro. É preciso haver integração entre os membros das equipes. Mas é preciso também agir e construir uma visão integradora, colocar-se a serviço de uma causa maior, assumir a responsabilidade por seus atos, estar preparado e ser competente para exercer seu papel, ter coragem para impedir que estreitos interesses setoriais prevaleçam sobre o "bem maior". Os líderes devem colocar os enormes potenciais disponíveis a serviço da excelência.

Podemos sair fortalecidos das crises, pois sempre existem saídas. Selecionamos algumas frases inspiradoras:

- *As grandes histórias de sucesso foram criadas por pessoas que reconheceram um problema e o transformaram em uma oportunidade.* (Joseph Sugarman)
- *As pessoas que conseguem sucesso neste mundo são as que se levantam e buscam as circunstâncias que desejam e, se não conseguem encontrá-las, criam essas circunstâncias.* (George Bernard Shaw)
- *O único lugar em que sucesso vem antes do trabalho é no dicionário.* (Albert Einstein)

G) SOCORRO, NÃO SEI DELEGAR!

> *Todo ser humano, por mais humilde que seja, tem um ponto melhor do que nós. Com ele, podemos aprender muito.*
> **RALPH WALDO EMERSON**

> *Delegar não é "delargar".*
> **DORIVAL DONADÃO**

Acredito que é simples melhorar o clima de trabalho, capacitando e treinando melhor os líderes. Hoje há certa tendência de mercado em que os líderes sejam mais proativos e façam reuniões

O que estraga são as chefias que, por falta de liderança ou capacidade profissional, tratam seus subordinados como escravos. Acham que coagir/intimidar é liderar

A liderança atual não está preparada para um mundo moderno e extremamente veloz

Faltam liderança, comprometimento e foco na solução. Temos muitos funcionários e poucos colaboradores

Neste título está resumido o "nó" que trava o desenvolvimento de muitas organizações. Para crescer, inovar, ingressar com novos produtos e serviços, atendendo a um maior e mais diversificado número de clientes e usuários, é preciso desenvolver um conjunto de pessoas pensantes e atuantes, ou seja, um conjunto muito maior que o dos donos, diretores e gestores da organização. Trata-se de um amplo projeto coletivo, de uma equipe competente e motivada: transformar as posturas centralizadoras em um sistema aberto e participativo. Essa é a chave do sucesso, e isso passa por delegação eficaz, um relacionamento que envolve cada par de líder-liderado.

Delegação nas organizações

Delegação é semelhante a uma procuração, em que estão definidos os "poderes" (autonomia decisória) e as responsabilidades. O procurador precisa prestar contas de suas ações, pois quem outorga a procuração continua responsável por todos os atos do procurador.

> **Delegação é uma procuração, na qual estão definidos os poderes e as responsabilidades.**

Quando vemos o que de fato acontece com a delegação nas organizações, é comum encontrarmos:

- Gente com muita responsabilidade, mas com pouco poder decisório. Quase tudo precisa ser autorizado por seus chefes.
- Responsabilidades difusas e mal definidas.
- Ausência de indicadores objetivos de desempenho.
- Prestação de contas (*accountability*) inexistente ou apenas eventual, quando da ocorrência de algum grande erro ou prejuízo
- Gente que não quer assumir mais responsabilidades nem as consequências de seus atos. Aí acontece a delegação "para cima", em que as pessoas se esquivam de sua responsabilidade e a devolvem a seus gestores.

Para essas disfunções, Dorival Donadão, consultor, define o termo "delargar", que sintetiza bem os itens citados.

Centralizar ou descentralizar?

O gerenciamento eficaz se liga a sistemas participativos com maior nível de delegação. A centralização de decisões pode ser exercida e é adequada quando existe uma crise para a qual o pessoal liderado não tem as competências e/ou não tem a motivação requerida para lidar com esta situação. Organizações que estão em crises constantes sugerem problemas de gerenciamento.

Existe um grande círculo vicioso, no qual o topo não investe nas melhorias das competências do seu pessoal, num clima de desconfiança e de atribuições confusas. E, com gente despreparada, não há delegação que funcione!

Toda pessoa tem dentro de si um forte impulso de fazer o melhor, de trabalhar orientado pela visão de futuro da organização, de ter um desempenho positivo, de colocar em prática seu potencial. Para que isso se manifeste plenamente, os líderes devem abrir esse espaço e dar poder decisório, num processo administrado e gradativo. Muitos poderão argumentar que há muita gente desmotivada, amarga e acomodada: quando o impulso positivo está deteriorado, muitas vezes a causa está no modelo de gestão.

Barreiras emocionais

O que prejudica a delegação eficaz é o pressuposto de que o chefe sabe fazer melhor e mais rápido que os outros e que ele precisa controlar, pois não confia que as pessoas vão realizar o que foi combinado. Outro desvio é o chefe que "delarga", ou seja, abusa do "cuida disso pra mim", ou "passa o abacaxi", geralmente com consequências negativas.

Sempre que o chefe atribui uma tarefa e depois vê que ela não está sendo realizada conforme suas expectativas, e diz "deixa que eu faço!", causa dois efeitos perversos: sobrecarga de trabalho para si e redução da autoestima do liderado.

Como delegar bem?

Como sair desse círculo vicioso? Cada organização e cada relação líder-liderado são únicos, e não há soluções universais. Mas algumas ações podem ser recomendadas e ajustadas a cada caso:

- Conscientizar-se de que delegar é melhor que centralizar, que geralmente implica a estagnação da motivação na organização. Delegar é ganhar poder, pois nos conduz para fora do atoleiro infindável das ações de rotina, e a pessoa passa a se dedicar a ações gerenciais mais amplas.
- Definir claramente responsabilidades e indicadores de desempenho. As responsabilidades devem ser compatíveis com o grau de desenvolvimento do liderado e com os recursos alocados.
- Definir para cada responsabilidade a autonomia decisória. Estabelecer padrões e limites, de forma que quem recebe a delegação saiba o que pode decidir sozinho, o que deve ser informado, o que deve ser consultado, o que é decisão conjunta e o que não é de sua alçada. É sempre bom lembrar que as responsabilidades aumentam à medida que vai aumentando o poder decisório.
- Investir maciçamente no desenvolvimento das competências das equipes subordinadas. É preciso haver tempo e muito exercício na delegação para se atingirem padrões de excelência.
- Resistir a tomar decisões que foram delegadas ao nível subordinado. Essa é a famosa "delegação para cima".
- Aumentar a tolerância a erros. As pessoas só aprendem a decidir com autonomia decisória. E decidir implica assumir riscos e, eventualmente, tomar decisões erradas. A postura deve ser de aprendizagem: *o que podemos aprender com esse erro? O que podemos fazer para que isso não se repita?* Ter tolerância com quem errou positivamente por tentar, mas ser inflexível e livrar-se de gente mal-intencionada.
- Estabelecer um processo sistemático de prestação de contas. Resistir a querer delegar tudo de uma só vez. A cada passo, rever as delegações, com base na prestação de contas, um dia de cada vez. Praticar fortemente o *feedback*, ser claro, falar de comportamentos observáveis, falar de seus sentimentos e, se possível, de ações preventivas e corretivas.
- Lembrar-se de que delegação é como jardinagem: exige atenção constante.

Implantar esse modelo de gerenciamento de pessoas e equipes que privilegia a delegação eficaz cria um novo tempo para todos, em que cada um vai poder dizer: que bom, eu tenho autonomia, que bom, aprendi a delegar!

H) TRÊS RELATOS DE LIDERANÇA

> *A primeira responsabilidade do líder é definir a realidade. A última é dizer obrigado. Entre ambas, o líder é um servidor.*
>
> MAX DE PREE

> *A raiva reprimida pode envenenar um relacionamento com tanta certeza como as mais cruéis das palavras.*
>
> JOYCE BROTHERS

Em nossa organização, ser aberto, franco, honesto e transparente não é bem-visto. O que mais se exige são pessoas submissas, sem voz ou pensamento crítico, para servirem apenas como meio de os chefes alcançarem seus objetivos

Em nossa empresa, existem muitas oportunidades, porém muitos gestores não estão preparados para liderar equipes, o que contribui para um resultado aquém do que é possível e, consequentemente, os que estão prontos desmotivam-se e acabam buscando outros caminhos. Nossa empresa não retém muitos talentos

O principal problema hoje é a liderança, pois não existe a figura de um verdadeiro líder. Por isso as atividades perdem estímulo, a confiança abre espaço apenas para as "panelas"

Velejar é preciso, viver não é preciso: uma metáfora

Fernando Pessoa escreveu que "navegar é preciso". Adaptando essa frase, dizemos que velejar é preciso e, portanto, requer planejamento, organização, trabalho em equipe, tomada de decisões e acompanhamento de progresso.

Antes de iniciar uma velejada, deve haver diversos preparativos para assegurar que o navegar seja estimulante, prazeroso e seguro. É necessário verificar o "mercado": clima, ventos, previsões meteorológicas, chuvas, marés, correntezas, bem como cabos, velas, água potável, alimentos, colete salva-vidas, bússola, instrumentos, mapas etc.

Exceto quando está ancorado, o veleiro está sempre em movimento, tal como a organização, exigindo constante atenção da equipe, para não entrar em águas perigosas ou abalroar outra embarcação. Os escoteiros, velejadores e líderes nas organizações devem estar "sempre alerta".

Na largada de uma regata, todas as embarcações se movem. Se você tem uma boa velocidade inicial e uma posição favorável, terá vantagem competitiva sobre os demais. Na regata, o percurso é iniciado contra o vento e contra a correnteza, e, após contornar a última boia, completa-se o percurso a favor do vento e a favor da correnteza. Para vencer as forças contrárias, precisamos literalmente fazer um ziguezague. Assim como na vida, "ir contra" é muito mais complicado do que "ir a favor". Exige muito mais concentração, pois qualquer pequeno erro pode desviar muito seu percurso.

Quantas vezes as organizações não precisam fazem um ziguezague para atingir determinado resultado, desviando e vencendo uma série de obstáculos? O equilíbrio de forças físicas faz com que um barco vá para frente. E, para se vencer uma regata, ou para estar na frente dos concorrentes, a condução do barco deve ser executada com excelência, com um trabalho em equipe coordenado, com foco no resultado, com garra e motivação.

O combustível que move o veleiro é o vento. O combustível que move as organizações é o cliente. Vento e cliente têm natureza mutável e instável, com humores variados. Uma mudança de direção do vento ou uma rajada súbita podem fazer com que você se adiante ou se atrase em relação aos concorrentes. Se eu estiver atento aos indicadores do ambiente e do mercado, terei maior probabilidade de me sair melhor. Por exemplo, estando atento, percebe-se uma rajada que se aproxima e coloca o veleiro em posição mais favorável. Embora não pareça assim, o mar não é igual para todos. Os desejos dos clientes são como o vento: mudam de uma hora para a outra.

Se estou atento às ações da concorrência, posso aprender com o erro alheio. Perceber que determinada região tem mais correntezas adversas que em outras pode levar o veleiro a ganhar uma regata.

A embarcação pode estar em vantagem em relação às outras, mas a velejada ensina a não sermos arrogantes ou "cantarmos vantagem" antes da hora. Essa vantagem pode ser perdida com enorme facilidade: os concorrentes podem imitar a sua estratégia ou uma rajada inesperada o desvia da rota. Não devemos subestimar o concorrente.

Muitas vezes, a combinação de fatores leva a equipe a fazer grande esforço, e o progresso é muito pouco, pois os fatores são desfavoráveis. Uma velejada curta, prevista para 15 minutos, pode levar duas horas, por falta de vento.

Velejar, assim como dirigir um departamento ou uma organização, parece fácil, mas, na realidade, exige tomada de decisões, assunção de riscos e um perfeito e sincronizado trabalho em equipe. Para isso, deve haver um sistema de comunicação que assegure as informações necessárias ao exercício dos diversos papéis. Deve haver um tempo de treinamento e familiarização de todos, para que estejam aptos a exercer seus papéis.

Os outros veleiros são competidores, mas não são inimigos. A navegação leal é uma das bases éticas que fazem desse esporte uma atividade nobre. Ações consideradas sujas, ilegais ou imorais são severamente punidas, principalmente pelo repúdio que os velejadores têm em relação a atitudes desleais ou de querer "tirar vantagem em tudo".

Para finalizar, quando podemos "ir a favor" do vento e da correnteza, ou quando estamos alinhados com nosso objetivo e com nossos clientes, todos no mesmo sentido, podemos usufruir os frutos da vitória.

Como ser mais líder e menos chefe

Todo líder deve equilibrar três dimensões: o atingimento de resultados, a atenção às pessoas e a flexibilidade para inovar. Cada uma dessas dimensões tem pontos de divergência em relação a cada uma das outras.

Se o gestor focaliza demais os resultados, procurando, por exemplo, maximizar a agregação de valor, talvez não priorize tempo e recursos para desenvolver as pessoas e equipes. Se ele tem foco apenas nas atividades atuais, na colheita do que já havia semeado, tende a esquecer novas semeaduras, as inovações, e a não renovar o negócio.

O excesso de atenção à dimensão *pessoas* tende a criar um clima de amizade e apoio, e, assim, a falta de foco nos resultados fará com que os recursos e que a inovação fiquem em segundo plano.

Por um lado, o excesso de inovação cria instabilidade e até mesmo o caos organizacional: o foco é tanto no futuro e em suas possibilidades que esquecem os compromissos com os clientes, os fornecedores e até com as pessoas da equipe.

Os líderes precisam sempre equilibrar essas três dimensões, que não são intrinsecamente conflitantes.

Num ambiente exuberante da natureza, todos têm a oportunidade de repensar suas formas de agir no trabalho. Numa trilha, por exemplo, um líder que só olha para frente só vê o resultado a alcançar, o progresso e o tempo. Se ele olhar muito para trás, focará a equipe, as dificuldades individuais, a desmotivação de alguns e o entusiasmo de outros. Se ele olhar muito para cima, terá ideias novas e inspiração para inovar, mas não dará atenção às pedras do caminho e poderá machucar-se num escorregão fruto de sua falta de atenção ao terreno no qual pisa.

Os estilos individuais, as formas de atuação, se tornam evidentes, e todos aprendem, consigo e com os outros, que são verdadeiros espelhos de nossas formas de agir. Quando as pessoas identificam seus estilos, numa combinação de ser rei, guerreiro, mago e amante, tornam-se mais atentas a seus paradigmas pessoais e aos momentos apropriados ou inadequados. Ser excessivamente guerreiro, buscando resultados imediatos, quando alguém está cansado na trilha, não é adequado. Por outro lado, exagerar na atenção ao bem-estar da equipe quando estamos atrasados em nossas metas não é a conduta mais apropriada.

Coisas simples como conversas francas, tipo olho no olho, o ato de abrir o coração e verbalizar o que se passa com cada pessoa e cada departamento, o resgate do sentido de companheirismo, todos esses são resultados que incentivam as pessoas a serem menos chefes e mais líderes. E isso representa uma enorme contribuição para os resultados, para as pessoas e para a inovação.

As direções da liderança

A garoa cai forte. Vai caindo de mansinho, molhando os agasalhos. Estamos caminhando no meio da vigorosa Mata Atlântica do PETAR (Parque Estadual

Turístico do Alto Ribeira), em São Paulo, onde um grupo de executivos caminha em direção à sua meta: todos chegarem seguros à cascata no final de uma caverna. Esse é um grupo descontraído. As pessoas vão seguindo atentas a cada passo, olhando onde pisam, evitando escorregar nas pedras roliças. As conversas são animadas, uns mostrando aos outros as belezas da caminhada, ou se ajudando nos trechos mais difíceis. Ora surge um pássaro colorido, ora um poço transparente no rio de águas claras, ora o grito distante de um macaco.

E o grupo avança na trilha. A cada período, um participante é o líder do grupo. Ele deve decidir o caminho, por onde nunca andou antes. Ele deve orientar o grupo sobre a melhor alternativa a seguir e os perigos a serem evitados. Naquele momento, todos estão aprendendo e testando seus limites para a liderança e para o trabalho em equipe.

Eles estão num programa *outdoor*, uma modalidade de treinamento em que se integram consultoria organizacional com lições extraídas diretamente da natureza, sem nenhum retoque ou artificialismo. Em vez de slides, exercitam a confiança recíproca com o uso de jogos cooperativos; em vez de estudos de caso, sentam-se debaixo de uma figueira e discutem os processos de competição e cooperação. Em vez de processos de avaliação, uma conversa franca ao redor da fogueira. Trocamos modelos de teoria das decisões por ações práticas de liderança e equipe do percurso: levo o grupo por dentro do rio ou vou à esquerda pelo seco? Assim todos se fortalecem nas habilidades de trabalhar em conjunto e a superar seus próprios limites, ampliando seus potenciais e se preparando para mercados cada vez mais competitivos e agressivos. Eles estão aprendendo a domar seus medos mais escondidos. E, ao "desentocarem" seus receios mais profundos, conseguem a coragem de superar os próprios limites.

A trilha fica mais difícil. Ora temos de subir uma enorme pedra, através de uma escada. Ora temos de encharcar nossos sapatos na água gelada. Os mosquitos fustigam os que não se prepararam, assim como fazem as organizações concorrentes. Às vezes a trilha se torna íngreme e escorregadia. E o grupo vai progredindo, passo a passo, com firmeza, na direção de suas metas. O ambiente é lindo, a natureza, exuberante, mas não se pode perder o foco, se distrair. Ou o escorregão vem.

E neste lugar, no meio de tantas lições, se aprende uma fundamental, a da liderança, que fala das direções para as quais o líder deve olhar. Se o líder conduz seu grupo olhando para frente, usa a força do guerreiro, que vê sua meta adiante e quer levar todo o grupo para lá. E o líder olha só para frente... ele é rápido, decidido e forte, usa sua força Yang, masculina, mas se esquece de olhar se seu grupo o está seguindo, se alguém precisa de uma palavra de estímulo, se alguém se machucou ou se ainda não tem o treinamento para acompanhar o ritmo dos colegas. Esse líder pode alcançar sua meta sozinho, mas talvez o grupo não consiga acompanhá-lo. E, nesse caso, ele acaba não atingindo sua meta. Esse líder reclama da lentidão de alguns, e confessa para outros que, se estivesse sozinho, já "estaria uns 10 quilômetros à frente".

E aí, na dinâmica do programa, um novo líder assume. Este, agora, é muito cuidadoso e nutridor para o grupo. Ele olha muito para trás, sempre preocupado se o grupo está junto, se todos estão bem. Ele faz muitas contagens para assegurar que todos estão lá, que ninguém se perdeu, que todos estão bem. Mas essa energia Yin, feminina, ao mesmo tempo que é calorosa e nutridora, cria estagnação e irritação no grupo, pois não há progresso em direção à meta. O ritmo é muito lento. Tudo se repete e é cansativo.

Um novo líder assume. Este olha sempre ao seu redor. Conhece e pesquisa todo o seu entorno. Quer conhecer tudo o que está ao redor. Esse movimento para fora, ora à esquerda, ora à direita, mais uma vez paralisa o grupo. É o líder que procura avaliar *todas* as alternativas, que quer conhecer *todas* as informações, que planeja, planeja, planeja e, em seguida, muda os planos, e o grupo fica parado, aguardando as instruções do que fazer. Esse líder também costuma olhar muito para cima, para ver o clima reinante, se hoje fará sol ou chuva, se o ar está parado ou se venta muito. Se está quente ou se está frio. Ele olha demasiadamente para o chão, pesquisando cada detalhe do solo em que pisa. E se perde nos detalhes...

Como é o "líder ideal"? O líder que as organizações buscam?

As palavras-chave são "de tudo um pouco, tudo junto": equilíbrio e harmonização dessas direções. O líder deve atingir resultados (olhar para frente), com pessoas e com inovação (olhar para trás). Ele planeja, olhando para fora, mas também provoca ações. O líder sabe construir uma equipe, e também sabe desenvolvê-la e mantê-la. O líder sabe se comunicar, o que significa falar com clareza, mas também ouvir ativamente. O líder sabe ser firme e assertivo, assumindo a responsabilidade e dizendo claramente um *sim* ou um *não*, mas também sabe ouvir seu grupo e compartilhar o momento da decisão. O líder sabe equilibrar o brilho individual com o resultado coletivo. O líder sabe reconhecer os esforços individuais e os resultados da equipe. O líder quer estrelas com brilho individual, mas quer isso numa constelação.

I) ROTEIRO 10: VOCÊ É UM LÍDER QUE FAZ A DIFERENÇA?

Responda aos itens seguintes e tire suas conclusões:

- Você e sua equipe usualmente superam as expectativas?
  _____
  _____

- Como você mobiliza sua equipe para o foco em resultados?
  _____
  _____

- Qual é seu foco para a gestão de pessoas e equipes?

- Como você mobiliza sua equipe para o foco da inovação e da flexibilidade?

- Seu estilo de liderança se ajusta às necessidades de cada pessoa e situação?

Respostas ideais

Obviamente, cada organização é única e não há respostas certas universais.

CAPÍTULO 8

TRABALHO EM EQUIPE

As boas equipes são uma grande vantagem para as organizações, estando diretamente ligadas aos conceitos e às boas práticas de sustentabilidade. Neste capítulo, veremos como é possível estabelecer uma boa e harmoniosa convivência em equipe, os "monstros" que destroem as equipes, como a reverência pela diversidade é fundamental, e finalizamos com um novo desafio de gestão: as equipes virtuais.

A) COMO CON-VIVER EM EQUIPE[1]

> *A confiança é o maior patrimônio de qualquer empresa. Nada útil pode sobreviver sem ela.*
> ALBERT SCHWEITZER

> *A concórdia não é a unificação das opiniões, mas sim a concordância das vontades.*
> SANTO TOMÁS DE AQUINO

> O ambiente de trabalho é de muita pressão por produtividade ("cumprimento das metas"), competitividade, falta de cooperação, falta de respeito com as diferenças pessoais, estresse, irritação e ausência quase total de sorrisos

> Percebo que há certa ineficiência na condução dos gestores em convergir suas respectivas equipes a trabalharem juntas e com um mesmo propósito

> O trabalho em equipe ainda é teoria; na prática é diferente

> Devido ao crescimento pelo qual a nossa empresa vem passando, a comunicação entre os funcionários e a alta gerência vem-se distanciando, pois o acréscimo de gerências intermediárias torna essa distância cada vez maior

---

[1] Texto inspirado em entrevista concedida a Patrícia Bispo, jornalista responsável pelo site www.rh.com.br. e organizadora do CONVIRH (Congresso Virtual de RH).

Requisitos para se trabalhar em equipe

A capacidade de trabalhar em equipe existe em todos nós, como um potencial muitas vezes subaproveitado. Se considerarmos que as competências só se manifestam em sua inteireza, se houver integração de conhecimentos, habilidade e atitudes, podemos dizer que trabalhar em equipe é uma competência ainda relativamente rara, mas que vem num crescente, pois é absolutamente fundamental para que uma organização seja sustentável e encante seus clientes. Sem trabalho em equipe, as organizações só alcançam seus resultados à custa de muitos sacrifícios, de "sangue, suor e lágrimas", com um grande desperdício de recursos e custos elevados. O trabalho em equipe é a busca de um ponto de equilíbrio entre as necessidades individuais e as do todo, e exige uma visão mais ampla sobre o que é melhor para todos, em vez de só olhar para o que é melhor para uma pessoa. Como isso entra em choque com a visão individualista, que é tão disseminada em nossa sociedade, a competência real de se trabalhar em equipe ainda é relativamente rara. Se você tiver dúvidas, tente negociar com seus vizinhos de condomínio ou de seu bairro a introdução de um novo sistema de segurança, nova jardinagem ou despesas de manutenção.

A pessoa que sabe trabalhar em equipe tem um espírito aberto, em que há uma forte vontade de equilibrar o individual e o coletivo. Todos nós temos a vontade e a necessidade de brilhar como indivíduos, e isso é bom, saudável e positivo. Mas não brilhamos individualmente; somos parte de uma constelação, que, por sua vez, faz parte de conjuntos maiores. A beleza da constelação depende do brilho de cada estrela que a compõe. E para que uma pessoa possa brilhar, não é preciso apagar o brilho de quem está próximo. Outras características, igualmente importantes, são:

> **Nós não brilhamos individualmente, somos parte de uma constelação, que, por sua vez, faz parte de conjuntos maiores.**

- Capacidade de realmente ouvir o que os outros têm a dizer.
- Reconhecimento de que o seu jeito de agir pode não ser o único certo, que existem outras formas.
- Comprometimento com os resultados da equipe.
- Alto grau de habilidades de relacionamento interpessoal.
- Flexibilidade para assumir diversos papéis na equipe, incluindo assumir a liderança quando necessário.
- Cooperação e estabelecimento de um clima de confiança e de descontração.
- Comunicação de forma clara, aberta e eficaz.
- Coerência entre o falar e o fazer.

A capacidade de ser resiliente, ou seja, de lidar bem com as crises e adversidades, com as pedras que se encontram no caminho, é necessária sempre, para todas as pessoas, e faz parte de nosso potencial de competências. Numa equipe, a resiliência é muito necessária, pois as adversidades internas e externas à equipe certamente surgirão, e é preciso lidar bem com elas: divergências de opinião, discussão sobre o melhor método de trabalho, diferenças de personalidade, lutas de poder, todos esses são alguns dos exemplos de adversidades internas. As externas podem ser exemplificadas por prazos externos impraticáveis, pela redução de recursos para realizar as tarefas, por ingerências políticas ou familiares, entre outras.

Musculação emocional para con-viver em equipe

A capacidade de conviver em equipe é uma competência que pode desenvolvida por qualquer pessoa. Todos nós podemos desenvolver essa competência. O potencial existe, mas é preciso ter conhecimento dos conceitos e procedimentos para realizar um bom trabalho em equipe, assim como determinação para trabalhar dessa forma, o que, em geral, entra em conflito com valores que aprendemos em outros contextos, como família, escola, esporte etc. Gostamos da expressão "musculação emocional", parecida com a musculação que podemos exercitar numa academia. Para desenvolver plenamente nossas competências de trabalho em equipe, é preciso exercitar, treinar, persistir, até que os novos comportamentos se instalem.

O líder sustentável pode usar diversos recursos de seu dia a dia para levar sua equipe a buscar objetivos convergentes. O papel das lideranças e do "RH" das empresas é fundamental como incentivo a esses novos comportamentos. O exemplo e a coerência entre o dizer e o fazer são recursos poderosos e insubstituíveis. Outro recurso é buscar o comprometimento de todos com os resultados a serem alcançados pela equipe, e isso pode ser atingido com a discussão participativa dos rumos e das metas, com aqueles que assumem a responsabilidade e os riscos pelo todo. Ouvir as opiniões e abrir espaço para as manifestações criam a "cola" que assegura a integração e o desempenho da equipe.

Indicadores de equipe

São diversos os indicadores que revelam que uma equipe realmente existe na prática, e não é apenas um "rótulo". Esses indicadores medem com precisão o clima e a cultura da equipe, e também podem ser levados à totalidade da organização. Os mais importantes são:

- Visão precisa do que a equipe quer alcançar.
- A existência de fortes habilidades de relacionamento interpessoal.
- A maneira como são resolvidos os conflitos e divergências.

- Como são equilibradas as demandas da inovação (futuro) com a reverência pela tradição (passado).
- A atuação e os estilos das lideranças.
- A flexibilidade com que são realizadas as tarefas da equipe.
- A intensidade da comunicação.
- O grau de confiança, descontração e cooperação existentes.
- Como a equipe lida com novos membros.
- O processo de reconhecimento e recompensa pelas ações individuais e coletivas.

A Pesquisa Temática de Equipe aglutina esses indicadores, representando um diagnóstico preciso feito com a própria equipe, usando a Tecnologia da Informação, em que cada membro avalia os indicadores. A partir das médias desses dados, discutidos num *workshop* com as lideranças, é estabelecido um raio X do que ocorre nas diversas dimensões da equipe, e são definidos os objetivos a serem alcançados (visão de futuro) e os planos de ação, muito concretos, simples, rápidos, diretos e eficazes. Com um acompanhamento periódico, conceitos e práticas do trabalho em equipe se concretizam no dia a dia de todos os participantes.

A inexistência ou a carência desses indicadores constitui um grave obstáculo não só à formação, mas também à manutenção e ao desenvolvimento da equipe. São frequentes os indicadores com avaliações ruins na maneira como são resolvidos os conflitos e as divergências da equipe, as dificuldades de comunicação e o excesso de fofocas (este, geralmente, é o item de pior avaliação), na atuação inadequada das lideranças, na baixa confiança existente e no processo de reconhecimento e recompensa pelas ações individuais e coletivas.

O líder tem um papel indelegável na boa atuação das equipes. Deve ser uma pessoa que saiba inspirar os outros, usando mais sua influência e seus conhecimentos que o poder que emana de sua posição na estrutura. Deve saber definir, de forma compartilhada, a visão de futuro da equipe, ou seja, as metas e os resultados a serem alcançados. Também deve ter uma excelente competência para o relacionamento interpessoal, saber planejar e acompanhar o progresso, enfim, deve ser um profissional que saiba assegurar as condições para que a equipe funcione bem. Em resumo, deve ser muito mais líder e muito menos chefe.

É possível imaginar uma equipe sem a presença de um líder, mesmo que os profissionais sejam altamente competentes?

Quando falamos em líder, em geral aflora em nossa mente a ideia de um dirigente, de alguém que se coloca à frente do grupo e o guia. É quase a visão militar de um chefe que conduz a equipe. Mas uma equipe bem treinada, bem motivada, que tem processos definidos, que vê significado em suas ações, em muitos momentos pode agir e ter excelente desempenho mesmo sem a presença do líder. As pessoas sabem o que fazer, por que fazem e qual o impacto no trabalho dos outros, têm o sentido de finalização e de encantamento ao cliente, seja interno ou externo. O líder fica como um recurso a ser utilizado pela equipe em momentos especiais, como, por exemplo, na entrada de novos membros, na implantação de novas atividades que estejam fora da experiência das pessoas e em momentos de mudança de ritmo de trabalho.

Conflitos e divergências

É claro que, no trabalho em equipe, surgem conflitos e divergências. Quer chamemos de conflito ou de divergência de opinião, isso estará sempre presente, pois no trabalho em equipe sempre se busca o equilíbrio entre o individual e o coletivo. Cada pessoa tem sua forma de perceber a realidade e, mesmo que haja grande alinhamento, as diferenças surgirão, pois as pessoas são diferentes. Todos temos dentro de nós quatro personagens: rei, guerreiro, mago e amante. Esses personagens se integram na equipe e vão assegurar que as melhores decisões sejam tomadas e as melhores ações, realizadas. Mas é preciso conhecer, em primeiro lugar, a si mesmo, as formas de reagir, as prioridades, o foco da atenção, as maneiras prediletas de resolver uma situação. E, em seguida, conhecer o tipo de atuação dos outros. Assim, os conflitos não serão eliminados, mas com certeza serão minimizados. Com isso, a equipe direciona as energias em prol dos objetivos comuns a serem alcançados, em vez de ficar desperdiçando energia com conflitos interpessoais.

Quando o conflito deixa de ser profissional e passa a ser pessoal, temos um indicador de que passou do limite aceitável. O conflito como embate de ideias, de formas de realizar a tarefa, de discussão de alternativas, é algo positivo que força a equipe a buscar a melhor solução, trabalhando o consenso. Sempre que uma decisão é imposta à equipe, corremos o risco do não comprometimento. O consenso é alcançado quando cada pessoa e todas as pessoas da equipe podem dizer: *essa decisão me parece razoável, eu consigo conviver com ela. Talvez se eu fizesse sozinho, faria um pouco diferente, mas, considerando todos os argumentos apresentados, apoio e me alinho com essa decisão.*

Reverência pela diversidade

Relacionamentos bons, construtivos e positivos são fundamentais para que as equipes trabalhem bem.

A frase "Diferente é só diferente, não quer dizer que é errado" é fácil de falar, mas não tão fácil de colocar em prática. Todos têm dificuldade de aceitar as pessoas e as coisas diferentes do que pensamos, da maneira como agimos. Na realidade, "meu jeito de ser" é o certo: aqueles que têm um jeito assemelhado ao meu estão certos, aqueles que divergem estão errados. Quanto mais pensamos dessa forma, mais o individualismo prevalece, mais as equipes se deterioram e os resultados despencam.

A reverência pela diversidade é a chave para o entendimento, para estabelecer uma visão convergente, que é a "cola" que manterá a equipe unida. As pessoas são diferentes, e isso é bom, útil e adequado. Os pequenos e os grandes desentendimentos têm origem na não aceitação de que outros possam ser diferentes de nós, e que isso está certo e é bom. É claro que, se eu sou honesto e o outro é ladrão, e, portanto, diferente de mim, isso está errado. Referimo-nos às diferenças nas formas de pensar e de agir.

> **A reverência pela diversidade é a chave para o entendimento.**

Vejam quantos exemplos:

- Meu partido político é o certo, o seu é errado.
- Meu time de futebol é o melhor, o seu não serve.
- Minha religião é a certa e a única que leva a Deus; a sua é errada e não leva a nada.
- As pessoas de minha região são ótimas; as de outras são horríveis.
- O pessoal de marketing é excelente, mas o de outras áreas está errado.
- O pessoal do turno da noite é bom, o dos outros é ruim.
- Os funcionários mais experientes são ótimos; os novatos são péssimos.
- Os subordinados são dedicados; os chefes são carrascos.

Essa lista é infindável.

Quando admitimos a existência de formas diversas das nossas no pensar e no agir, estamos no caminho da aceitação das diferenças e da construção de organizações que são excelentes lugares para se trabalhar, pois são lucrativas, humanas e sustentáveis.

Numa equipe, assim como na sociedade, temos de aprender a con-viver com as diferenças e com a constatação de que os diferentes são só diferentes, e que não estão necessariamente errados. Portanto, a diversidade é altamente desejável e necessária para se realizar um bom trabalho em equipe. No trabalho em equipe, não devemos buscar unanimidade, mas sim alinhamento, comprometimento e uma boa forma de lidar com as diferenças. Este é o desafio, e quem souber lidar melhor com ele se sairá melhor na busca da sustentabilidade.

B) COMO CONSTRUIR EQUIPES DE ALTO DESEMPENHO

As invenções são sobretudo resultados de um trabalho teimoso.
SANTOS DUMONT

Há dois tipos de pessoas: as que fazem as coisas e as que ficam com os louros. Procure ficar no primeiro grupo; há menos competição lá.
INDIRA GANDHI

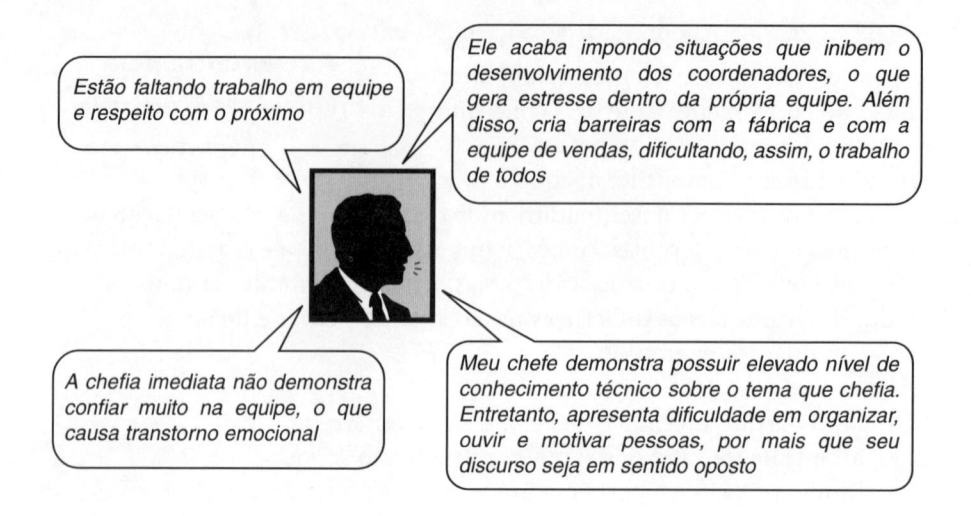

> *Estão faltando trabalho em equipe e respeito com o próximo*

> *Ele acaba impondo situações que inibem o desenvolvimento dos coordenadores, o que gera estresse dentro da própria equipe. Além disso, cria barreiras com a fábrica e com a equipe de vendas, dificultando, assim, o trabalho de todos*

> *A chefia imediata não demonstra confiar muito na equipe, o que causa transtorno emocional*

> *Meu chefe demonstra possuir elevado nível de conhecimento técnico sobre o tema que chefia. Entretanto, apresenta dificuldade em organizar, ouvir e motivar pessoas, por mais que seu discurso seja em sentido oposto*

Os alicerces da construção

O espaço mais adequado para se exercitar uma abordagem eficaz de liderança sustentável é o das equipes: nele, as relações líder–liderados se manifestam plenamente, a coesão das pessoas com os objetivos a serem alcançados é testada e as habilidades de falar e ouvir devem ser continuamente equilibradas. Mais importante que tudo: nas organizações em que verdadeiramente há foco no cliente, o trabalho em equipe é fundamental para tornar essa intenção uma realidade.

Características de muitas pessoas valorizam o individualismo, e não o trabalho em equipe. Nas organizações, algumas vezes existem sistemas sutis (ou nem tanto...) para sabotar o verdadeiro trabalho em equipe, valorizando ações e resultados individuais que foram resultado do esforço coletivo. Aí se manifesta a falta de coerência entre o que se diz e o que se pratica... As consequências são conhecidas por todos.

Como construir uma equipe de alto desempenho, aquela que tem um foco nos resultados e equilibra os processos internos com as pessoas e com a inovação?

Muitos são os fatores que se constituem na base dessa construção. Equipes de alto desempenho:

- **Sabem exatamente o que querem alcançar:** as equipes precisam ter clareza absoluta dos objetivos e das metas a serem atingidos. Quando esses resultados estão integrados a projetos e objetivos maiores, há um sentimento positivo de estar incluído e colaborar para o alcance dessa visão mais elevada.
- **Sabem como relacionar-se com os outros:** as pessoas têm consciência de seus estilos e formas de atuação, bem como dos estilos e das formas de atuação dos líderes da equipe e de seus membros. O modelo rei–guerreiro–mago–amante tem expressiva contribuição nesse sentido.

- **Praticam efetivamente a confiança, a inclusão e a cooperação:** todos se sentem integrantes da equipe, todos se sentem membros de primeira classe e os novatos são integrados rapidamente. A abordagem sistêmica das Constelações Organizacionais reforça muito esse aspecto.
- **Inovam e renovam:** a criatividade está ativada, e sugestões novas são apresentadas e discutidas sem nenhum empecilho.
- **São orientados por uma liderança sustentável:** equipes necessitam de coordenação e integração de esforços e atividades, principalmente em situações novas. A liderança pode acontecer na forma de rodízio: assume esse papel aquele mais bem preparado para os desafios de cada situação.
- **Não usam a frase "Essa não é uma tarefa minha":** as pessoas, apesar de terem papéis definidos, praticam a flexibilidade de exercerem outros papéis conforme as necessidades surgirem, num saudável sentido de finalização das tarefas.
- **Resolvem suas divergências:** nas equipes, cada pessoa tem a própria visão de como realizar as atividades. E nem sempre essas diferentes formas são convergentes, gerando pontos de vista contraditórios. Em vez do clássico "manda quem pode, obedece quem tem juízo", ou "vamos colocar uma pedra em cima", a situação conflitiva é discutida de forma transparente, gerando soluções de consenso.
- **Estão abertas a aprender:** em atitudes de aprendizagem contínua. A postura do tipo "eu já sei isso" é inexistente.
- **Celebram e recompensam empenhos e desempenhos:** os membros, individual e coletivamente, recebem premiações por seus esforços e pelo atingimento de objetivos.
- **Estimulam um clima de descontração:** quando uma equipe conta com alegria e sorrisos, temos um forte indício de que as coisas vão bem.

Os cuidados com a criação e manutenção desses fatores criam as condições para que o individual e o coletivo estejam bem integrados, gerando altos desempenhos.

E quando vêm as crises...

Arão Sapiro, presidente do INSEC (Instituto de Estudos para a Competitividade), dizia, já nos idos de 2005, ao escrever sobre as organizações mais admiradas no Brasil: *"Não é a simples superioridade técnica que conta. Na verdade, é a aura, o ambiente psicológico e outros fatores imponderáveis que determinam a admiração."* E são essas organizações que *"atraem mais compradores para seus produtos e mais investidores para seus projetos. Elas selecionam e recrutam melhor porque os melhores profissionais as buscam. Seus fornecedores estão mais dispostos a trabalhar em parceria, porque assim se beneficiam de uma imagem positiva. As crises estão mais afastadas e, quando acontecem, seu lastro de admiração lhes permite sair com menos danos".*

Mudar o que precisa ser mudado, deixar para trás os referenciais superados, enfrentar os múltiplos desafios de situações novas, investir num clima motivador ao desempenho em equipe são ações que aumentam muito as chances de se sair bem nas crises.

Mas para que isso aconteça, é preciso contar com líderes inspiradores, com políticas de gestão de pessoas alinhadas com as necessidades e expectativas, com equipes afinadas, comprometidas e realizadoras. Sem isso, os planos e as estratégias podem ficar apenas nas "boas intenções", pois as ações preventivas e corretivas não acontecem. Nesse caso, a paralisia impera, e os riscos e as ameaças de crises tornam-se destruidores.

Para que ocorra a melhoria do desempenho em equipe, principalmente em momentos de crise, é preciso haver atenção e investimentos. Alguns exemplos:

- Diagnosticar e resolver situações "emaranhadas" usando a abordagem das Constelações Organizacionais.
- Identificar os pontos fortes e os pontos vulneráveis da equipe com a Pesquisa Temática de Equipe.
- Desenvolver o sentido de liderança e de equipe com *workshops*.
- Alinhar e obter comprometimento com a visão de futuro da equipe com a metodologia Team Building.
- Revisar os processos e as operações da equipe.
- Apoio individual aos membros da equipe com o *coaching*.

A equipe começa dentro de cada pessoa. Pessoas equilibradas estão em constante desenvolvimento e buscam equilibrar suas tendências. Pessoas que fazem a diferença constroem equipes que fazem a diferença. E equipes que fazem a diferença ajudam as pessoas e as organizações a encontrarem saídas inteligentes para as crises.

> **A equipe começa dentro de cada pessoa.**

Cabe a pergunta: Eles realmente formam uma boa equipe?

C) MONSTROS QUE DESTROEM AS EQUIPES

Os verdadeiros líderes ensinam as pessoas a fazerem grandes coisas. E, quando o trabalho está feito, elas dizem: Nós é que fizemos.

LAO-TSÉ

Ninguém é suficientemente sábio sozinho.

TITO MACCIUS PLAUTUS, 200 A.C.

> A postura dos dirigentes sempre me causou preocupação: a impressão que fica é de arrogância e desconsideração em relação ao trabalho realizado

> Após essa grande vitória, o que, no mínimo, nós, Gestores, esperávamos seria um reconhecimento em espécie e verbal da diretoria por essa vitória, mas este ótimo resultado ficou nas entrelinhas e nenhuma manifestação foi oficializada, gerando em todos que participaram deste processo um misto de desapontamento e conformismo com a seguinte frase: "Sempre foi assim: trabalha-se e cumprem-se as metas e recebe-se em troca apenas um 'não foi mais que sua obrigação'!"

> Há muita competição no local em que trabalho, o que prejudica o trabalho em equipe

> Meu chefe é arrogante pretensioso, e leva as coisas para o lado pessoal

Só conseguimos excelência nos resultados organizacionais e encantar nossos clientes, internos e externos, com um bom trabalho em equipe. Equipes são compostas de pessoas que podem, a qualquer momento, ser "atacadas por monstros", que arrasam as equipes. Rubem Alves, em seu livro *Sobre demônios e pecados*, foi nosso inspirador e nos fez refletir sobre como esses "monstros" podem destruir uma equipe. Sabemos que uma equipe de alto desempenho demanda união e integração. Mas sabemos que entre a intenção e a realidade existe um grande espaço...

Já vimos que numa equipe de alto desempenho integram-se o foco em resultados, o clima motivador e a abertura para a inovação. Nessa desejada equipe, vamos encontrar:

- Visão e valores comuns, o que leva à coerência entre o discurso e a prática, entre o falar e o fazer.
- Decisão por consenso, alto comprometimento e resolução de conflitos.
- Cooperação e confiança, reconhecendo a interdependência entre as pessoas.
- Boa comunicação: ouvir ativamente, falar com clareza e transparência.
- Bom humor, leveza e descontração.
- Reverência pela diversidade.
- Bom processo na equipe: responsabilidades compartilhadas, definidas e flexibilizadas.

Faz parte da natureza humana ter de lidar com aspectos sombrios, que aqui denominamos de "monstros", ligados, na tradição cristã, aos pecados. São eles, com seus respectivos antídotos:

Monstros	Antídotos
Ira	Serenidade/Paciência
Inveja	Suspender comparações
Gula e luxúria	Moderação
Arrogância	Humildade
Avareza	Generosidade
Preguiça	Disciplina

Vamos avaliar o impacto de cada monstro no trabalho em equipe:

Ira. Também conhecida por raiva, indignação ou ódio; pode ser também a impaciência. A ira se manifesta com palavras, gestos e ações raivosos, que, de alguma forma, visam destruir os outros, ou quando as coisas não estão exatamente como gostaríamos que estivessem. Quando a ira está a serviço de uma causa maior, como, por exemplo, combater a mentira, a corrupção, a tortura, essa é a "ira santa", que mobiliza as pessoas pelo amor a uma causa justa; quando resolvida essa causa, a ira acaba. Quando a ira é motivada pelo medo, a pessoa fica tomada por ela. No trabalho em equipe, a ira se manifesta na forma de comentários velados e irônicos sobre os colegas ou o líder da equipe, sobre o andamento das atividades ou sobre as características de suas personalidades, e isso tem um efeito devastador sobre o "espírito de equipe". A serenidade e a paciência ao lidar com situações adversas representam um bom antídoto.

Inveja. É o fruto da comparação, do *o que eu tenho* versus *o que o outro tem*, o que, em geral, leva a *o que eu sou* versus *o que o outro é*. E sempre teremos alguma coisa a menos que alguém, o que pode levar a um profundo rebaixamento da autoestima, independentemente de quanto eu tenha. E aí têm início ações para rebaixar ou destruir o que o outro tem. Isso acaba com uma equipe. Por exemplo, um colega (e não eu) é escolhido para apresentar o trabalho da equipe para a diretoria. Esse colega tem mais prestígio que eu. E então a inveja pode destruir tudo o que foi alcançado. Focar-se no que você é e suspender os julgamentos e comparações é uma boa forma de solução.

Gula e luxúria. A gula é o monstro que precisa ser satisfeito periodicamente, pois não se sacia nunca. A gula significa engolir e ter para si alguma coisa. Tradicionalmente, está ligada a comer em excesso, mas podemos ser gulosos na busca de prazeres, poder e dinheiro. Pessoas gulosas numa equipe buscam a satisfação própria e estão "se lixando" para a satisfação das necessidades dos outros. Obviamente, a gula cria um desequilíbrio entre o que cada um acha que dá e o que os outros dão, e o que cada um acha que recebe e o que os outros recebem. Os gulosos recebem muito e dão pouco, e aí a destruição da equipe começa. Enquanto a gula se liga mais à comida, a luxúria se liga ao sexo e aos prazeres sensuais. Algumas pessoas podem ingressar numa equipe buscando favores sexuais de algum (ou alguma) colega. A mistura de aspectos profissionais com emocionais costuma criar os chamados "emaranhamentos", que destroem a equipe. A moderação é o antídoto que minimiza os efeitos negativos da gula e da luxúria.

> **O grande monstro é a criação de obstáculos para si mesmo e para os outros.**

Arrogância. Também é conhecida por vaidade, orgulho, soberba. Quando o arrogante se manifesta, por sua suposta beleza ou inteligência, é visto como o "bobo da corte", um tolo exibicionista, enfim, um "chato". Na equipe, é o famoso "sabe-tudo". Mas o monstro da arrogância se torna perigoso e destrutivo quando se instala em quem tem poder, por exemplo, no dirigente da equipe. Essa arrogância destrói os outros, humilha-os, rebaixa seu desempenho. O arrogante inspira desejos de morte, de vingança, de violência. As decisões devem ser as dele, e de ninguém mais. O arrogante julga que sabe tudo e não tem a humildade de aprender, de dizer "me ensina, eu não sei". Humildade é também reconhecer que outra pessoa pode ter uma solução melhor que a nossa.

Avareza. É a pessoa que busca o dinheiro em tudo. É movida por esse desejo, que transforma tudo em valores monetários. Assim, aspectos como amizade, dedicação, confiança, se não puderem ser monetarizados, não têm valor para o avarento. Para quem é dominado pela avareza, a busca por dinheiro (poder) torna-se um obstáculo ao bom trabalho em equipe. Ser generoso é o antídoto.

Preguiça. Pode ser entendida como desmotivação, baixo desempenho, desinteresse, falta de disciplina, no sentido de cumprir o combinado, de zelar pelo cumprimento dos processos estabelecidos. No trabalho em equipe, significa baixo comprometimento com os objetivos da equipe. Mas também pode ser um indicador de que o consenso não foi tão bom, de que algum arrogante impôs objetivos, e então a consequência é o "corpo mole", o "peso morto", "acomodado". A disciplina, o seguimento dos processos e o cumprimento do que foi prometido eliminam esse monstro.

O grande monstro, o maior de todos, é a criação de obstáculos para si mesmo e para os outros, o que impede que o potencial existente em cada um seja plenamente realizado. A aplicação dos antídotos depende de autoconhecimento e determinação de não se deixar envolver pelas artimanhas dos monstros.

D) OS DESAFIOS DAS EQUIPES VIRTUAIS

> *Temos estampados no rosto os deuses que adoramos.*
> **RALPH WALDO EMERSON**

> *Em nossa vida, as pessoas vêm e vão, mas nunca vêm em vão.*
> **ANÔNIMO**

> *Se você quiser construir um navio, não chame os homens para buscarem madeira, prepararem as ferramentas e distribuírem os trabalhos. Ensine-os a almejar a infinidade do mar.*
> **ANTONIE DE SAINT EXUPERY**

O ambiente da empresa está ficando muito "seco" e "duro", ao contrário das empresas concorrentes. O controle de dados da Internet é paradoxal em uma empresa que investe no uso do ambiente virtual e incentiva os funcionários a se atualizarem

Por que não nos liberaram acesso à Internet? Por quê?

Há gerentes que passam o dia todo ligados num notebook sem fazer nada, apenas navegando na Internet, sem analisar o comportamento de sua equipe nem contribuir de forma efetiva

A coordenação retirou nosso acesso à Internet, impossibilitando a pesquisa científica. Isso nos prejudica, pois, ao surgir uma dúvida técnica, não podemos sequer consultar. Temos que ficar limitados a um período só porque alguns não utilizam bem esta ferramenta

Já vimos o quanto o bom trabalho em equipe é essencial ao sucesso de todas as organizações. Os clientes, internos e externos, percebem instantaneamente as pessoas que estão sintonizadas com o "espírito de equipe", se são pessoas que querem fazer a diferença.

Com o crescimento e expansão geográfica de muitas organizações em escala planetária, a visão tradicional de um líder e sua equipe, todos juntos no mesmo espaço, vai sendo ampliada, abrindo lugar para equipes virtuais, com pessoas espalhadas geograficamente: o tamanho das salas de um departamento dá lugar ao tamanho do planeta Terra. A Tecnologia da Informação possibilita acesso imediato a qualquer pessoa em qualquer lugar. A dificuldade não é a tecnologia, mas sim a dimensão humana. Pessoas em diferentes locais, culturas, línguas e fusos horários representam um novo e grande desafio ao atingimento de bons resultados em equipe.

> **Uma equipe é um grupo reduzido de pessoas coletivamente comprometidas com o atingimento de objetivos.**

Uma equipe constitui-se num grupo reduzido de pessoas interdependentes, coletivamente comprometidas com o atingimento de objetivos. O trabalho em equipe será tanto melhor quanto mais essas pessoas tiverem a consciência de que possuem estilos e competências que se complementam para se alcançarem os bons resultados de seu trabalho conjunto. Isso pode ser visto na tabela a seguir:

Tipo de equipe	Características
Tradicional (por exemplo, um departamento ou unidade de trabalho)	■ Contato face a face frequente. Comunicações em reuniões presenciais, por e-mail e por telefone. ■ Relações de muita proximidade – as pessoas se conhecem profissional e pessoalmente. ■ É uma equipe relativamente estável, que trabalha junto por muito tempo. ■ As divergências podem ser resolvidas de imediato – é fácil detectar insatisfações e dar *feedback*.
Espalhada (por exemplo, pessoal de vendas em diversas filiais)	■ Contato face a face esporádico. Comunicações em reuniões presenciais (por exemplo, trimestrais ou semestrais), por e-mail, telefone, celular e conference call. ■ Relações de média proximidade – as pessoas se conhecem mais profissionalmente. ■ É uma equipe relativamente estável, que trabalha junto por muito tempo. ■ As divergências são resolvidas de tempos em tempos – certa dificuldade em detectar insatisfações e dar *feedback*.
Virtual (por exemplo, pessoal de diversos países preparando um projeto inovador)	■ Contato face a face inexistente. ■ Relações sem proximidade, as pessoas se conhecem pouco. ■ Reuniões presenciais inexistentes (ou raras). ■ Comunicações por conference call e e-mail. Raro uso de telefone ou celular. ■ É uma equipe temporária, cujos membros trabalham em conjunto pelo período do projeto. ■ As divergências são resolvidas quando já atingiram um nível crítico, pois é mais difícil detectar insatisfações e dar *feedback*.

A construção de laços de proximidade e de confiança entre os membros da equipe mostra-se muito importante em todos os casos, mas é crítica nas equipes virtuais, nas quais a interação física inexiste. Um recurso para estimular essa confiança e proximidade essenciais é encontrado nos princípios sistêmicos das Constelações Organizacionais, ou seja:

- Ordem – nas equipes, há hierarquia e importância relativa das áreas.
- Equilíbrio no dar e receber – para evitar sentimentos de injustiça e de aproveitadores.
- Inclusão – para que todos se sintam integrantes plenos da equipe.

Diferenças de cultura, hábitos e crenças, que existem nas diversas regiões de nosso país e em diferentes países devem ser respeitadas com muita atenção pelos líderes e membros das equipes: o hábito, por exemplo, de ser direto e franco no *feedback* pode ser símbolo de competência numa região e sinal de grosseria em outra. Outro cuidado são os valores e as prioridades da Geração Y.

E) ROTEIRO 11: INDICADORES DO TRABALHO EM EQUIPE

Considere sua equipe de trabalho e sua atuação como líder (ou como membro da equipe). Avalie os 12 indicadores a seguir e coloque um "x" na coluna que melhor reflete a situação atual de sua equipe:

- Verde: muito bom, excelente o indicador
- Amarelo: razoável, o indicador precisa de ações
- Vermelho: atenção, o indicador exige ações imediatas de melhoria

INDICADOR	Verde	Amarelo	Vermelho
1 – Visão e valores comuns			
2 – Decisão por consenso			
3 – Alto comprometimento			
4 – Interdependência			
5 – Resolução de conflitos			
6 – Ouvir ativamente			
7 – Cooperação e confiança			
8 – Comunicação			
9 – Bom humor, leveza e descontração			
10 – Reverência pela diversidade			
11 – Responsabilidades compartilhadas, definidas e flexibilizadas			
12 – Coerência entre falar e fazer			

- Quais conclusões você tira das percepções anteriores? Elas estão alinhadas com o que outras pessoas pensam?

- Há algo a ser melhorado em seu comportamento que possa melhorar o sentido de equipe?

- Qual é seu plano de ação?

Respostas ideais

Se buscamos uma atuação sustentável dos líderes, algumas respostas são desejadas dentro de nossa cultura nacional. O que consideramos genericamente os posicionamentos mais adequados são respostas do *verde*.

CAPÍTULO 9

COMUNICAÇÕES, FOFOCAS E REUNIÕES

Neste capítulo, o líder sustentável encontra possibilidades de melhorar as comunicações em sua organização com um toque humano e caloroso; tratamos também de fofocas e de reuniões de trabalho eficientes e produtivas.

A) O TOQUE HUMANO NAS COMUNICAÇÕES

A sabedoria vem do escutar. Do falar, vem o arrependimento.
PROVÉRBIO ITALIANO

O maior problema com a comunicação é a ilusão de que ela foi bem realizada.
GEORGE BERNARD SHAW

> Em geral, percebo que há pouco "feedback" dos chefes em minha unidade. Não há um retorno sobre a qualidade do seu trabalho nem com relação às ideias a ele relacionadas. Também percebo, infelizmente, alguns casos de favorecimento pessoal e decisões arbitrárias sem haver sequer uma justificativa

> Dentro do setor existe uma panela muito ruim entre os líderes, pois eles usam seu poder para fazer ameaças e chantagem. Com isso, os funcionários têm medo de opinar, falar e até mesmo pedir alguma coisa, pois só vale a palavra deles no final. E também não há motivação, nem um obrigado ou bom dia pela manhã

> Os chefes primam pelos interesses de curtíssimo prazo. Não se dedicam ao planejamento e ao desenvolvimento do setor. Mostram-se completamente despreparados para entender a complexidade e a importância de nossa organização

> Há uma distância entre chefia e empregado

As carências nas comunicações

Observamos, nas estatísticas das Pesquisas de Clima Organizacional, que as comunicações sistematicamente são mal avaliadas. As pessoas sempre relatam muitas carências nas comunicações quando participam de *workshops*, palestras ou *coaching*. Carências nas comunicações prejudicam o trabalho em equipe e os relacionamentos, causando desmotivação, perda de eficiência e irritações. E há reflexos imediatos nos resultados organizacionais.

> **As comunicações sistematicamente são mal avaliadas.**

As pessoas não se sentem informadas de aspectos essenciais de seus trabalhos e têm grande dificuldade de dar e em receber *feedback*; assim, fofocas, boatos e rumores são intensos. As reuniões, planejadas para suprir essas dificuldades, geralmente são vistas como pouco eficientes e grandes desperdiçadoras de tempo.

Quando se apresentam esses dados à direção das organizações, há muita perplexidade, pois grandes investimentos ocorreram em sistemas como Intranet, Internet, TV Corporativa, quadro de avisos, informativos, conference calls, café da manhã com a diretoria, reuniões de todos os tipos.

As causas das dificuldades

Constatamos que as dificuldades de comunicação têm sua origem em diversos aspectos da vida organizacional, entre elas:

- **Estrutura e processos:** indefinição ou falta de clareza de responsabilidades, do poder decisório de cada um. As pessoas, muitas vezes, não sabem se devem ou não enviar certos tipos de informação, nem quando, como ou para quem.
- **Liderança:** estilos centralizadores implicam dificuldades de comunicação. Há exagero no canal "de cima para baixo".
- **Habilidades nos relacionamentos:** quando não existe a consciência do estilo próprio e dos outros, as comunicações não fluem com naturalidade.
- **Temor de dar e receber *feedback* claro:** muito influenciado por nossa cultura, onde falta clareza nas mensagens. Tendência a ser genérico, a ficar "dourando a pílula" ou "dando voltas" ou ainda falar "nas entrelinhas".
- **Cultura da organização:** manifesta-se na ênfase nos aspectos técnicos em detrimento dos humanos, em políticas de gestão de pessoas que incentivam a desconfiança ou, ainda, na impossibilidade de "falar a verdade", com receio de represálias.
- **Momento da organização:** épocas de crise tendem a prejudicar as comunicações.

Cabe lembrar que o sucesso nas comunicações se deve mais ao como é dito (o tom de voz, onde e quando é falado, a postura corporal), do que ao o que é dito (conteúdo).

Excelentes processos tecnológicos não substituem o contato, o "toque humano", que precisa existir nos relacionamentos interpessoais. Nas reuniões virtuais, cada vez mais frequentes no mundo globalizado, é desejável haver um canal de voz e de imagem para minimizar os efeitos da distância e superar barreiras como idioma, fuso horário, cultura e sobrecarga de trabalho.

Ações que melhoram as comunicações

Mas, afinal, o que pode ser feito para que as comunicações deixem de ser um problema monumental nas organizações?

Já vimos que a comunicação entre pessoas não funciona como gostaríamos. Muitas vezes não se tem certeza de que o outro entendeu aquilo que transmitimos, e o recurso mais usado é terminar a frase com o clássico: "Você entendeu?"

A esperança de quem pergunta isso é ouvir a resposta: "Entendi, sim!"

E aí, geralmente, começa um verdadeiro drama, onde quem transmite a mensagem fica com a ilusão de que o outro tenha entendido e quem recebeu a mensagem fica tentando adivinhar o que foi transmitido.

Isso custa muito dinheiro para as organizações! Comunicações malfeitas, truncadas ou incompletas inevitavelmente representam tarefas realizadas pela metade, fora dos padrões esperados, entregas equivocadas. Isso sem falar nos "custos emocionais" dessa transação.

Sempre que perguntarmos "Você entendeu?", em 99,9% das vezes teremos uma resposta automática – "Entendi, sim!" –, mesmo que o interlocutor não tenha entendido nada. Além do mais, ninguém quer fazer papel de bobo, alegando que não entendeu (e quantas vezes o transmissor é uma pessoa confusa!).

Como sair dessa situação?

1. Prometa que não usará o "Você entendeu?" (ou seus similares: Está claro? Tudo bem? Ok?)
2. Assegure-se de que você tenha sido claro em sua mensagem (e não se o outro entendeu). Isso joga para você a responsabilidade de comunicar bem.
3. Pedir diplomaticamente que a pessoa repita a informação, ou assegurar-se dos próximos passos, são formas de garantir que a informação chegue completa e correta.

Com isso, investimos uns poucos minutos a mais na comunicação, mas poupamos muitas horas e muito dinheiro evitando retrabalhos, prejuízos e mal-estar emocional.

As pessoas querem a comunicação "quente", olho no olho, em duas vias, em que possam ouvir e também possam falar, em que haja um tempo sem interrupções, e a pessoa possa ter um receptor que ouve ativamente e que utilize uma linguagem compreensível. Isso não significa que recursos tecnológicos não possam e não devam ser utilizados com intensidade, mas o toque humano é essencial para o sucesso das comunicações. Esse cuidado é mais intenso com os *Baby Boomers* e a Geração X, mas mesmo as pessoas da Geração Y têm muitos ganhos com esse toque humano.

B) AS FOFOCAS E O LÍDER SUSTENTÁVEL[1]

> *Saber não basta. Arrisque unir o conhecimento à ação e então saberá se é genuíno, se é pretensão ou apenas informação.*
> SRI GURUDEV CHITRABHANU

> *Temos dois ouvidos e apenas uma língua, para podermos ouvir mais e falar menos.*
> DIÓGENES

> Não é possível confiar nos colegas de forma genérica ou aberta. Apenas um ou outro mais próximo. Há muita fofoca maldosa lançada com o intuito de prejudicar o outro, no afã ou de tomar-lhe o lugar ou de colocar um amigo da panela no lugar de quem não é do grupo

> Nossa empresa é um bom lugar para se trabalhar, um bom ambiente de convivência, porém as fofocas e os apadrinhamentos prejudicam o desempenho de nossa organização. Temos funcionários treinados e preparados para atuarem no gerenciamento da empresa, mas as indicações acabam atrapalhando essas atuações

> Há muita fofoca e muitas atitudes são tomadas pelos chefes em razão delas. Tudo na organização é sinistro e posso afirmar que a empresa não goza de credibilidade entre seus colaboradores

> Esse clima de "panelinha", fofoca, boato etc. muitas vezes resulta da fraca atuação da chefia direta e indireta

> Existem muitos boatos na empresa, devido a pouca liberdade de expressão, reconhecimento e motivação dos colaboradores

---

[1] Texto inspirado em palestra conduzida na ABRH (Associação Brasileira de Recursos Humanos) Seccional Santa Catarina. Fontes consultadas: Wikipedia, Aurélio, Rossnow & Fine, Allport & Postman – Public Personnel Management, Gluckman; Nevo & Nevo, Social Issues Research Center, Ricardo A. P. Xavier.

O que são fofocas e boatos?

> **As fofocas podem determinar o sucesso ou o fracasso de equipes.**

Fofoca é um tema muitas vezes relegado a uma posição de pouco destaque nas organizações e nas discussões gerenciais: é como se ela fosse um "mal necessário", como se fizesse parte do comportamento humano, como se pouco pudesse ser feito com ela.

Na realidade, as fofocas podem determinar o sucesso ou o fracasso de equipes, de projetos e de atividades no mundo organizacional. Se perguntarmos para 100 organizações se existem dificuldades com as comunicações, a resposta será *sim* em 100% dos casos. Exagero? Afirmamos que não.

Fofoca é o ato de disseminar informações sem base concreta, fazendo especulações sobre fatos futuros ou a vida alheia. São notícias sobre comportamentos de outra pessoa ou grupo, ou ainda qualquer informação que comece com *estão dizendo que*... As fofocas podem ser verbais ou escritas. Fofoca é sinônimo de mexerico, intriga, bisbilhotice.

Enquanto a fofoca verbal costuma envolver duas pessoas, a eletrônica pode envolver muita gente (é assemelhada ao *bullying eletrônico*, usando redes sociais). Por sua vez, o boato é uma notícia anônima que corre publicamente sem confirmação. Equivale ao "zunzunzum" e ao "balão de ensaio".

Muitos estudiosos estabeleceram a relação entre estilos autoritários nas organizações e as fofocas. O certo é que, se o clima for de insegurança, se o que prevalece é o *manda quem pode, obedece quem tem juízo*, as fofocas prosperarão nesse solo fértil.

Os sistemas formais de comunicação no trabalho costumam comunicar *fatos*, de forma lógica, fria e muitas vezes transmitida por meios impressos ou eletrônicos. Mas as pessoas no trabalho querem muito mais do que isso: querem ter espaço para falarem de seus sentimentos, de suas reações e emoções frente a fatos comunicados, querem, de alguma forma, participar dos processos decisórios, querem, enfim, se sentir gente, e não apenas recursos tratados de forma impessoal e burocrática. As pessoas querem a comunicação olho no olho, em que possam sentir-se agentes de comunicação.

Dados de estudos revelam que as fofocas são precisas em 75% a 90% dos casos. É a confirmação dos ditos populares de que *onde tem fumaça tem fogo*, ou *a fofoca aumenta, mas não inventa*. A fofoca atende a um desejo humano de se sentir parte, de poder influenciar.

Fofocas e clima organizacional

As fofocas podem arruinar uma carreira, excluir pessoas, ter efeito perverso sobre o ambiente e até mesmo acabar com a reputação de uma organização. E isso só pode ser minimizado com uma excelente atuação dos líderes, construindo um clima organizacional favorável.

Podemos afirmar que, **"quanto melhor for o clima organizacional, menos fofocas e boatos existirão"**. Detalhamos a relação entre ambiente e fofocas e verificamos que o mesmo acontece na relação entre a boa atuação das lideranças e a eficiência dos sistemas formais de comunicação. O gráfico a seguir mostra a relação do I.S. (Índice de Satisfação) Geral, que mede o quão bem está o "clima geral da organização" com a "comunicação informal" (fofoca). Quando o clima melhora, as fofocas diminuem. Quando o clima piora, as fofocas aumentam. As duas curvas são praticamente "espelhadas".

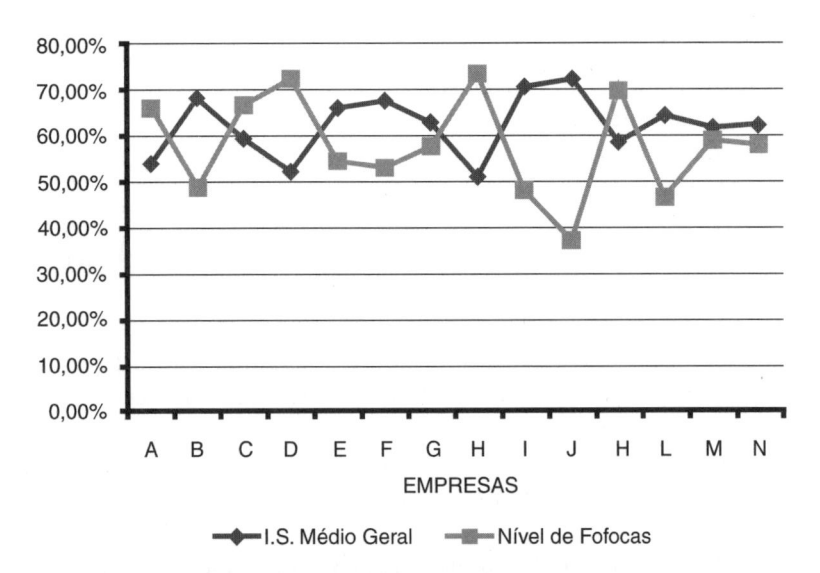

Disso, conclui-se que a atuação dos líderes é fundamental para que as fofocas sejam minimizadas.

Fofocas, rádio peão, rádio corredor, corredor *press*

A fofoca é parte inevitável do comportamento organizacional, consequência natural da interação entre pessoas. A grande verdade é que conhecemos pouco sobre as características e o funcionamento da rede informal de comunicações. Segundo a Public Personnel Management, cerca de 70% de toda comunicação organizacional ocorre com as fofocas e 92,4% das organizações pesquisadas não têm uma política definida para lidar com elas.

Na vida das organizações, alguns temas são especialmente sensíveis, podendo facilmente transformar-se em fofocas:

- Compra ou venda de uma organização
- Transferência de sede
- Troca de altos executivos
- Lançamento de um novo produto e/ou marca
- Retirada do mercado de uma marca
- Demissões
- Contratações
- Mudanças na política de benefícios
- Relacionamentos pessoais
- "Puxadas de tapete"
- Nepotismo

Segundo Allport & Postman, a fofoca tende a ter maior força, dependendo:

- da importância do assunto para as pessoas: as pessoas não fofocam sobre assuntos que não sejam importantes de alguma forma para elas. Está implícito que deve haver um clima de certa "cumplicidade" para que as fofocas se disseminem;
- da ambiguidade da situação associada à comunicação: quando atribuímos uma possível credibilidade ao fofoqueiro.

Adicionalmente, as fofocas tende a ser mais importantes se:

- as pessoas se sentem ameaçadas ou inseguras, por exemplo com a perda de emprego ou mudanças na organização;
- as pessoas estiverem sob estresse;
- houver uma mudança pendente, principalmente se for nebulosa ou mal definida;
- as pessoas sentirem que os gestores se comunicam de forma inadequada ou incompleta;

As mensagens das fofocas circulam mais rapidamente que as dos canais formais. O fato é que os gestores não controlam as fofocas, que se constituem num canal de comunicação forte, que não pode ser desprezado. Como ilustração: os canais oficiais formais são uma transmissão em FM e as fofocas, em AM.

O lado positivo das fofocas

Segundo Gluckman e Nevo & Nevo, as fofocas têm seu lado positivo, na medida em que preenchem necessidades sociais, pois:

- trazem os membros de um grupo para alguma interação social;
- dão algo em comum para falar;
- aliviam a rotina, principalmente em tarefas repetitivas;
- aumentam a coesão grupal, criam mais identificação e clarificam os limites, ao falarem dos membros de outros grupos.

As fofocas, de alguma forma, ajudam as pessoas a entenderem as regras "não escritas" da organização e dão um significado ao porquê de estarem trabalhando juntas. A fofoca é o espaço para o politicamente incorreto, para a descrença na informação oficial e para comunicar sem a liturgia do cargo.

Fofocas masculinas e femininas

Homens fofocam sobre o ambiente de trabalho, sobre possibilidades de promoção dos colegas e dos chefes e também sobre suas gafes e comportamentos inadequados. O que está em jogo: quem vai vencer na carreira e quem vai ficar no meio do caminho. As mulheres preferem fofocar com amigas e familiares, e seus temas prediletos são os relacionamentos, tanto os próprios quanto os alheios.

Como ter mais comunicações positivas e menos fofocas?

Para a boa gestão das fofocas, alguns pressupostos são importantes:

- *Gestores são os comunicadores*. A comunicação é responsabilidade indelegável dos gestores. Mesmo que haja uma área de comunicações dentro da organização, cabe a ela criar sistemas, assegurar treinamento, estimular a comunicação entre áreas e níveis, e nunca ser a comunicação. Em especial, os gestores devem comunicar adequadamente e não esconder as más notícias, assim como agir rapidamente quando houver informações distorcidas.
- *Respeitar as necessidades do pessoal*. As pessoas precisam estar adequadamente informadas do que se passa a seu redor e respeitadas quanto a essa necessidade. Os diferentes níveis de gestão têm percepções diferentes quanto às fofocas, e os níveis mais próximos das operações se mostram mais sensíveis. Nas Pesquisas de Clima Organizacional encontramos excelentes indicadores de essas necessidades estarem de fato sendo respeitadas ou não.
- *Gestores devem usar estilo participativo*. Estilos autocráticos tendem a gerar fofocas, além de uma série enorme de outras disfunções organizacionais.

- *A comunicação deve ser planejada.* Como qualquer atividade organizacional, as comunicações precisam ser planejadas, estruturadas e acompanhadas periodicamente quanto à sua eficácia.

As comunicações podem ser melhoradas com diversas ações concretas, que necessitam ser ajustadas ao momento e à cultura de cada organização. Entre elas, destacamos:

- *Desenvolvimento das lideranças.* Se os líderes são os elos vitais nos processos de comunicação, é fundamental que sejam preparados para esse papel. Competências de gestão de pessoas e equipes, tais como papel do gestor, liderança, equipe, comunicações, reuniões, falar em público, são críticas ao sucesso.
- *Bom-Dia, Equipe!* Processo diário de comunicação entre os níveis da organização, com reuniões curtas e altamente eficazes, assegurando um canal "quente" de comunicações, em que as informações de cima para baixo e de baixo para cima fluam com facilidade, eliminando barreiras.
- *Reuniões de* Feedback. Nelas, sistematicamente, discutem-se as percepções sobre os acontecimentos e desempenhos, de forma construtiva. Semestralmente, essas reuniões assumem a formatação de processo de avaliação de desempenho.
- *Pesquisa de Clima Organizacional.* Periodicamente, são quantificados indicadores críticos ao sucesso da organização, apresentando um raio X completo do clima motivacional da organização. Podem também ser realizadas "enquetes" sobre temas relevantes a determinado momento, fornecendo dados essenciais à boa gestão do clima.
- *Mapeamento 360°.* Um excelente instrumento de gestão, em que são confrontadas percepções da própria pessoa com as do chefe, liderados, colegas, trazendo uma base sólida para ações de desenvolvimento.

Para lidar melhor com as fofocas, os gestores precisam deixar de serem chefes e evoluir para líderes sustentáveis, apoiando-se em programas de desenvolvimento. As fofocas fazem parte da natureza humana, não podem ser eliminadas "por decreto", mas, com líderes preparados para uma boa comunicação, as fofocas ocuparão um lugar menor na vida das organizações.

Uma mensagem aos chefes e líderes: as pessoas procuram por informação assim como procuram por oxigênio. Se pudermos prover boas comunicações, espaço para os sentimentos, possibilidade de influir decisões, teremos colocado um sorriso nos lábios de cada liderado e as fofocas se evaporarão.

Comunicações, fofocas e reuniões **147**

C) COMUNICANDO MELHOR COM O "BOM-DIA, EQUIPE!"

Comunicação não é só o que você diz, mas o que os outros entendem.
ANÔNIMO

A arte de gerenciar é ora ouvir os outros, ora insistir nas próprias ideias.
A sabedoria consiste em saber quando usar uma e outra.
ANÔNIMO

> Acredito que a falta de comunicação e a omissão de vários assuntos desmotivam grande parte dos funcionários

> Creio que seria importante haver um canal efetivo de comunicação entre o pessoal e a administração, a qual se mostra distante e, de certa forma, indiferente às necessidades do pessoal

> Só teremos de fato uma empresa digna e com orgulho quando acabarmos com esta hipocrisia das palavras bonitas, discursos vagos... muita teoria e pouca prática. É um absurdo que a empresa trate seus funcionários de forma tão opressora e injusta

> Sugiro um canal de comunicação para ideias de melhorias ou críticas, para os colaboradores

> A comunicação é ruim. A diretoria se dirige aos funcionários apenas para apresentar discursos demagógicos, mas nada de inovador. Há um tratamento desigual entre os funcionários novatos e os antigos

Já vimos que comunicações deficientes são uma dificuldade que encontramos na maior parte das organizações: o pessoal se sente pouco informado e até excluído do fluxo de informações; chefes reclamam que o pessoal não traz dados corretos sobre o que está acontecendo; relações entre áreas independentes muitas vezes são cheias de conflitos, amarguras e posturas defensivas, o que resulta em excesso de rumores, boatos e fofocas.

Buscar tratar esses sintomas apenas com sistemas baseados em Tecnologia da Informação, bem como com quadros de avisos ou boletins internos, mostra-se insuficiente e às vezes até inadequado. É preciso estimular a **comunicação quente**, o olho no olho, a face a face.

A verdadeira comunicação ocorre entre pessoas, e o lado técnico/conteúdo da informação deve, necessariamente, ser integrado à forma. A eficácia da comunicação depende muito menos de "**o que é dito**" e muito mais de "**como é dito**". Colocando

> **A razão deve estar integrada à emoção para que o processo de comunicação seja eficaz.**

de outra forma: a razão deve estar integrada à emoção para que o processo de comunicação seja eficaz.

Muitas organizações têm dinamizado suas comunicações com o sistema "Bom-dia, equipe!". São reuniões diárias e curtas de 5 a 10 minutos, envolvem 100% do pessoal da organização em reuniões encadeadas e realizadas no início do expediente, em geral no próprio local de trabalho, reunindo o líder e sua equipe. O "Bom-dia, equipe!" reforça um poderoso canal de duas vias: o líder fala e ouve, a equipe fala e ouve. Os temas abordados são os de interesse direto do grupo (ocorrências do dia anterior, dificuldades com clientes, como lidar com uma ameaça de greve nos transportes públicos, sugestões para melhorar a produtividade etc.), assim como são uma oportunidade de transmissão e discussão das políticas da organização. Cada gestor torna-se mais eficaz como um gestor de pessoas. Tem sido interessante colocar um "tema do mês", em que uma parte das reuniões necessariamente aborda esse assunto, por exemplo, organização e limpeza do local de trabalho, foco no cliente, desperdícios etc. O "Bom-dia, equipe!" tem uma agenda própria em que ficam registrados os fatos relevantes e pendências. Os resultados mensais do "Bom-dia, equipe!" são discutidos pela equipe dirigente e divulgados à organização. É comum ocorrerem premiações e celebrações de feitos relevantes alcançados por pessoas ou equipes.

O "Bom-dia, equipe!" é um sistema simples, de baixo custo de implantação e de operação, que traz resultados expressivos. O sistema se integra a toda a estratégia de comunicação da organização. Alguns cuidados são fundamentais para o sucesso:

- Os líderes devem ser treinados e estimulados para desempenhar esse papel de "comunicadores": nossa experiência mostra que a maioria das pessoas tem séria dificuldade em conduzir reuniões e falar em público. Há tecnologia simples e eficaz para conduzir reuniões, bem como para apoiar emocionalmente a superação desses receios.
- Temas comportamentais de liderança, equipe e comunicação complementam as competências necessárias para o "Bom-dia, equipe!".
- Deve haver apoio de agendas e registros, sem burocracia.
- **Todos** os níveis devem participar do "Bom-dia, equipe!", **todos os dias**. O exemplo dos níveis de direção é fundamental ao sucesso. A qualidade da persistência é básica.
- O "Bom-dia, equipe!" busca reforçar as comunicações em dois sentidos: posturas autoritárias e centralizadoras devem ser flexibilizadas. Todas as sugestões geradas precisam de respostas no curto prazo. Melhoras decorrentes do sistema devem ser reconhecidas, recompensadas e, se possível, celebradas.

D) LIDERE REUNIÕES QUE FUNCIONAM!

> *Nunca duvide de que um pequeno grupo de pessoas conscientes e engajadas possa mudar o mundo. De fato, sempre foi somente assim que o mundo mudou.*
> MARGARET MEAD

> *Para se fazer entender, você precisa repetir uma mesma ideia até cansar. Por mais óbvia que ela seja.*
> JOELMIR BETING

- Há quase dois anos não temos uma reunião. Assuntos de interesse de todos os funcionários são tratados às escondidas. As regras não valem para todos

- Acho que o meu supervisor deveria fazer mais reuniões com seus funcionários, para saber suas opiniões e receios

- O que se diz nas reuniões não é aplicado. Os problemas são discutidos, porém as propostas para resolução não são devidamente aplicadas

- Poderiam marcar uma reunião mensal para que todos os funcionários estivessem presentes, pois, assim, não existiriam as famosas fofocas: todos saberiam o que ocorreu

- Não deveria haver algumas posturas inadequadas: por duas vezes, um "chefe" reuniu sua equipe e disse que para ele só existiam quatro profissionais bons, desmerecendo os demais

Reuniões na vida real

As frases a seguir soam familiares? Você já ouviu isso ou já falou algo parecido?

- Reuniões são perda de tempo!
- Reuniões não servem para nada!
- É muito blá-blá-blá e pouca decisão!
- A reunião terminou e eu não entendi nada!
- Reuniões são muito longas!
- Nunca começam na hora!
- Nunca têm hora de terminar!
- Tem gente demais!
- Muita conversa paralela!
- Já estava tudo decidido...
- Muitas interrupções!
- Por que estou nesta reunião?

Sem objetivos e processos claros, as reuniões são momentos improdutivos e desagradáveis. De fato, são uma enorme perda de tempo. Com objetivos e processos claros, as reuniões podem e devem transformar-se em momentos produtivos.

As reuniões são o mais importante fórum para a tomada de decisões, a fim de informar às pessoas ou coletar opiniões. Elas são o local para o exercício do gerenciamento participativo, da liderança sustentável, o local por excelência para o bom trabalho em equipe. Mas reuniões sem um processo adequado para sua realização tornam-se um flagelo na vida das pessoas e das organizações.

As reuniões que funcionam são o ponto de equilíbrio entre as necessidades individuais e as grupais. Para que funcionem, elas precisam de clareza de objetivos e de um bom processo em sua condução. Os condutores de uma reunião são os responsáveis por isso! No checklist a seguir, encontram-se as bases para as boas reuniões.

E) ROTEIRO 12: CHECKLIST DAS BOAS REUNIÕES

Seguem os itens para ajudá-lo a transformar as reuniões em momentos produtivos, descontraídos e decisivos. Assinale sua escolha nas alternativas, some e confira os resultados.

1. As reuniões que conduzo têm objetivos claros.
   a) quase sempre
   b) às vezes
   c) quase nunca

2. As pessoas que vêm para as reuniões que eu lidero conhecem bem esses objetivos e têm o tempo necessário para se preparar.
   a) quase sempre
   b) às vezes
   c) quase nunca

3. Na abertura da reunião, eu coloco o grupo à vontade, com algum "quebra-gelo".
   a) quase sempre
   b) às vezes
   c) quase nunca

4. Logo no início da reunião, deixo bem claro se a reunião é informativa, de coleta de opiniões ou de tomada de decisões.
   a) quase sempre
   b) às vezes
   c) quase nunca

5. Na apresentação do assunto, os fatos são apresentados com objetividade, se possível com ilustrações e recursos de apoio.
   a) quase sempre
   b) às vezes
   c) quase nunca

6. Quando assuntos adicionais são trazidos à tona, e a reunião foge de seu objetivo, eu trago a discussão de novo ao seu foco.
   a) quase sempre
   b) às vezes
   c) quase nunca

7. Nos momentos de troca de ideias, encorajo a participação de todos, de forma amistosa, distribuindo a atenção.
   a) quase sempre
   b) às vezes
   c) quase nunca

8. Ao final da reunião, sempre chegamos a uma conclusão e decidimos as providências, datas e responsáveis.
   a) quase sempre
   b) às vezes
   c) quase nunca

9. As reuniões que lidero iniciam e terminam nos horários combinados.
   a) quase sempre
   b) às vezes
   c) quase nunca

10. Antes do início da reunião, eu me preparo estruturando o roteiro: objetivos, tópicos a serem abordados, tempo para cada item e eventual intervalo.
    a) quase sempre
    b) às vezes
    c) quase nunca

11. No convite aos participantes, tenho especial cuidado com o tamanho do grupo e as diferenças de conhecimento e de hierarquia.
    a) quase sempre
    b) às vezes
    c) quase nunca

12. Principalmente nas reuniões de tomada de decisão, envio aos participantes com antecedência dados e informações relacionados ao objetivo.
    a) quase sempre
    b) às vezes
    c) quase nunca

13. Costumo informar, com boa antecedência, dia, local e hora de início e término da reunião.
    a) quase sempre
    b) às vezes
    c) quase nunca

14. Tenho especial cuidado prévio com a instalação e o teste dos equipamentos necessários, com o material da reunião e com a preparação do local.
    a) quase sempre
    b) às vezes
    c) quase nunca

15. Tenho cuidado em adquirir conhecimento completo dos assuntos a serem discutidos na reunião.
    a) quase sempre
    b) às vezes
    c) quase nunca

16. Estudo e conheço previamente as características do pessoal que vai participar da reunião.
    a) quase sempre
    b) às vezes
    c) quase nunca

17. Procuro predeterminar o modo de manter o máximo interesse e entusiasmo por parte do grupo.
    a) quase sempre
    b) às vezes
    c) quase nunca

18. Busco antecipar as situações e as dificuldades que possam surgir.
    a) quase sempre
    b) às vezes
    c) quase nunca

19. Na condução da reunião, procuro ouvir mais do que falar e uso o humor de forma adequada.
    a) quase sempre
    b) às vezes
    c) quase nunca

20. Uso trajes adequados ao perfil do grupo.
    a) quase sempre
    b) às vezes
    c) quase nunca

Some seus resultados, considerando:
a = 2 pontos; b = 1 ponto; c = 0 ponto

Respostas ideais

A seguir, veja as faixas de respostas:

Entre 31 e 40 pontos: Você é um excelente líder de reuniões. Suas reuniões são produtivas, agradáveis e resultam em intensa participação das pessoas.

Entre 16 e 30 pontos: Suas reuniões estão "mornas" em termos de objetivos e processo, e podem ser melhoradas. Em alguns aspectos, suas reuniões já estão sendo conduzidas com muito bom nível, mas em outros pontos suas reuniões ainda podem melhorar muito.

Entre 0 e 15 pontos: Suas reuniões são um horror! Além de não produzirem os resultados esperados, as pessoas só estão indo a elas por obrigação. Você tem tudo para melhorar! Faça isso com prioridade máxima e desfrute de sua transformação.

CAPÍTULO 10

MOTIVAÇÃO

A motivação para se realizarem tarefas é o combustível para o bom desempenho. O líder sustentável faz a diferença ao conhecer os fundamentos do processo motivacional, ao estimular as pessoas de sua equipe com sua atuação e estilo positivo e ao lidar com os inimigos da motivação.

A) MOTIVAÇÃO: ISSO FAZ A DIFERENÇA!

> A viagem indica uma insatisfação que leva à busca e à descoberta de novos horizontes.
> CARL G. JUNG

> Todos nascem gênios; a sociedade é que os transforma em medíocres.
> BUCKMINSTER FULLER

> Explicar a alguém exatamente o que se espera dele é o mesmo que abrir a válvula de uma represa de motivação.
> ANÔNIMO

Estou tão decepcionada que nem sei se tem jeito

Não posso fazer nada para mudar, porque não depende só de mim

Meu chefe costuma prometer que seremos reconhecidos, mas, na verdade, ele só quer ganhar tempo, pois nada do que ele promete realmente é feito. Se ele não pode fazer, que não fale nada!

É a verdadeira premiação do bajulador, que verdadeiramente só almeja o benefício pessoal e a escalada corporativa ao cume sem medir esforços, danificando irremediavelmente o maior patrimônio da empresa, que são os colaboradores

A busca da motivação

As citações transcritas ao início deste capítulo mostram desalento, desmotivação, irritação e sentimento de impotência – sentimentos, infelizmente, bastante comuns em tantas organizações.

A demanda nas organizações é por resultados organizacionais sustentáveis. As pessoas querem contribuir com suas organizações, mas também querem ser respeitadas em sua busca por sentido de vida. Com margens cada vez mais apertadas, uma competição feroz, com ameaças que podem vir de qualquer lugar do planeta, assegurar faturamento, margens e boa posição de mercado são requisitos fundamentais. Recentemente, lemos uma frase atribuída ao presidente americano Harry Truman, que diz: "Liderança é a habilidade de motivar outros a trabalhar e de fazer com que gostem do trabalho." O líder pode e deve promover o alinhamento de interesses da organização e de seu pessoal.

De tempos em tempos, todos buscam meios de elevar a própria motivação, de ter melhor desempenho e comportamento positivo. E isso faz toda a diferença, tanto em nossa vida profissional como na pessoal. Como é estar junto a alguém desmotivado? Muito ruim, e bastante contagioso.

Sabemos que ser competente significa uma enorme vantagem no mercado de trabalho, pois é o potencial para atingir cada vez mais e melhores resultados. A competência é a integração de conhecimentos, habilidades e motivação.

O processo motivacional

A motivação é o processo que leva as pessoas à ação. O próprio nome diz:

MOTIVO + AÇÃO

A motivação pode ser estimulada, e compete ao líder inspirar, encorajar, impelir as pessoas para que tomem as ações, realizem as tarefas que são necessárias. A motivação é uma porta que se abre apenas por dentro. O líder pode estimular, mas a motivação deve brotar no interior de cada um.

A busca por estimular as pessoas é uma responsabilidade não delegável de todo líder. Cabe a ele conhecer profundamente as pessoas com as quais trabalha e encontrar meios de incentivar bons desempenhos, que façam sentido. Como cada pessoa é diferente das demais, o que motiva uma pode ser diferente para outra.

No processo de motivação, muitas vezes busca-se fragmentar as diversas dimensões do ser humano, separando a parte pessoal da parte profissional. Não funciona esperar que as pessoas, ao entrarem no trabalho, sejam só profissionais e deixem do lado de fora seus aspectos pessoais. Isso é impossível, pois as pessoas manifestam a inteireza do ser em todas as ocasiões. Se essa pessoa for obrigada a "esquecer" seu lado pessoal no trabalho, com certeza sua motivação ficará prejudicada: irá trabalhar estritamente pelo salário que recebe, não trará nada além do contratual e com certeza não estará interessada em fazer a diferença.

Como diz Leonardo Boff, somos seres de desejos ilimitados, mas encontramos sempre recursos limitados para atender às nossas necessidades. Como pessoas, necessitamos dos aspectos materiais, do "pão", mas precisamos também de aspectos mais sutis, como a comunicação, o encontro e a espiritualidade.

A hierarquia das necessidades de Maslow

Somos seres de muitas carências, que Abraham Maslow classificou em cinco níveis: básicas, segurança, sociais, autoestima e autorrealização. Observem que a sequência dessas necessidades é importante, como se vê no esquema a seguir:

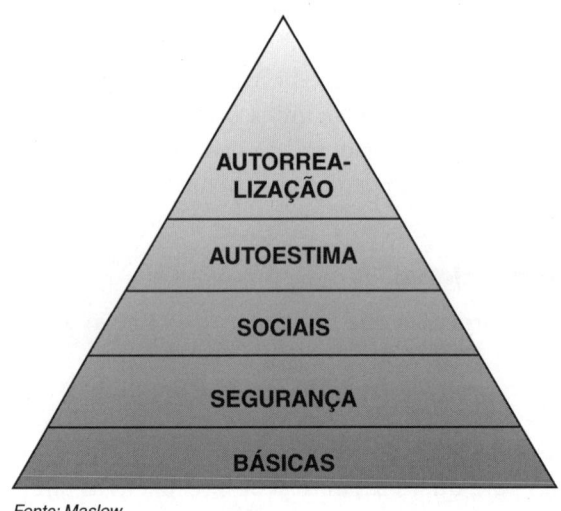

```
           AUTORREA-
           LIZAÇÃO
         AUTOESTIMA
          SOCIAIS
         SEGURANÇA
          BÁSICAS
```

Fonte: Maslow

A motivação surge das "necessidades insatisfeitas". Quando estamos satisfeitos, por exemplo, após um belo almoço, não temos a mínima motivação para comer mais nada, pois essa necessidade está atendida. Assim, a chave, o código, para se entender a motivação vem da identificação das necessidades insatisfeitas. Isso vale tanto para o líder, que deve conhecer as necessidades de seu pessoal, como para a análise que fazemos de nós mesmos.

> **A motivação surge das necessidades insatisfeitas.**

As necessidades mais fundamentais, ligadas à nossa sobrevivência, são denominadas de básicas. Incluem alimento, água, ar, sono, abrigo etc. Sem estarem atendidas, a pessoa morre.

Quando as necessidades básicas estão razoavelmente satisfeitas, surgem as de segurança, que visam assegurar o atendimento continuado das necessidades básicas. Incluem as "reservas" de alimento, de poupança etc. As necessidades básicas e de segurança são individuais.

Quando essas estão atendidas, surgem as necessidades sociais, ou seja, a pessoa quer fazer parte de um grupo, de uma comunidade, sentir-se membro de uma organização, de uma família, de uma escola, de uma religião, de um time de futebol.

E, quando já se faz parte desses grupos, surge um novo degrau: querer ser reconhecido como membro destacado. Essa é a necessidade de prestígio, status e autoestima. A pessoa quer ser a melhor.

E, finalmente, quando a nossa autoestima está atendida, surge a autorrealização, que é a utilização plena dos potenciais como ser humano. De todas as necessidades, essa é a única que não se preenche totalmente.

Motivação e desempenho humano

O desempenho humano depende de vários fatores que precisam integrar-se para que se manifeste plenamente. Ausências ou carências em qualquer um dos aspectos prejudicam o resultado final.

Motivação: é o querer fazer. É influenciada por:

- *necessidades individuais*: são as básicas, segurança, sociais, autoestima e, finalizando, autorrealização.
- *cargo em si*: define o grau de utilização do potencial de cada um.
- *clima e cultura organizacional*: atuação das lideranças, forma de trabalho em equipe, atuação de sindicatos, estrutura da organização, valores e políticas de gestão de pessoas.

Capacidade: é o saber fazer. É influenciada por:

- *conhecimentos*: educação, experiência e treinamento
- *habilidades*
- *atitudes*

Fatores técnicos: é o poder fazer. É influenciado por:

- *processos*
- *condições físicas, equipamentos e tecnologias*

Podemos visualizar graficamente os fatores que influenciam o desempenho humano:

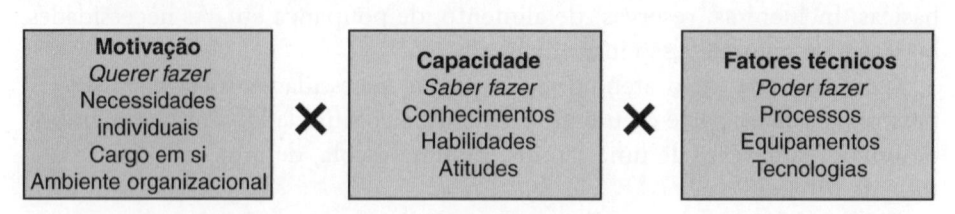

Motivação *Querer fazer* Necessidades individuais Cargo em si Ambiente organizacional	×	Capacidade *Saber fazer* Conhecimentos Habilidades Atitudes	×	Fatores técnicos *Poder fazer* Processos Equipamentos Tecnologias

Note que o que une cada um dos fatores acima é um sinal de multiplicação. Sendo assim, um fator pode potencializar os demais. Mas também, se um dos fatores for nulo, o produto final será nulo.

A cultura do medo

Agora, conhecemos melhor as dinâmicas que envolvem a motivação, os códigos que indicam aos líderes os caminhos e as soluções. Mas sabemos que a condição de "estar motivado" é algo instável, muito volúvel, algo que escapa pelos dedos. Quem é líder sabe o quanto oscila o nível de motivação de cada um, ao longo de poucas horas. Por onde se perde a motivação?

Mais uma vez citando Boff, vivemos no que podemos chamar de "a cultura do medo", onde reina a insegurança, que afeta a motivação no trabalho, na família e na vida comunitária. Hoje, encontramos muitos sintomas dessa cultura no ambiente organizacional:

- Gente cansada, desencorajada, sobrecarregada, com longas jornadas de trabalho que impossibilitam uma vida mais equilibrada.
- Alto nível de estresse, principalmente nas grandes cidades: as pessoas são demandadas com prazos e custos reduzidos.
- Existência de atos sem consequências, gerando um desmotivador sentido de impunidade.
- Uma avalanche de informações: o e-mail consome de 1 a 2 horas por dia de cada um, as pessoas se sentem sós, sem apoio, com um sentimento de incapacidade de lidar com tudo ao mesmo tempo.

Em resumo, a motivação é um processo dinâmico, um caminho a ser percorrido, uma conquista que se renova a todo instante. A motivação não é um estado que se atinge, no qual poderíamos dizer "agora estou motivado". Isso se desfaz em pouco tempo. A motivação é como andar se equilibrando numa corda bamba. Temos de caminhar, pender ora para um lado, ora para outro, e assim mantemos o nosso equilíbrio.

Nessa busca por motivação, é importante saber que só temos controle efetivamente de uma parte de nossa vida, pois dependemos de forças e conjunturas que estão fora de nosso controle. Um líder acabou de criar excelentes condições para a motivação de todos os membros de sua equipe. Tudo corre 100%. Mas surge um fato novo, por exemplo, a notícia de que uma parte da organização foi incorporada a outra. A equipe, que estava no nível

> **Só temos controle de uma parte de nossas vidas.**

de autorrealização, se desloca rapidamente para o nível de segurança, exigindo do líder um novo conjunto de ações.

As adversidades, as pedras do caminho, com certeza surgirão. Isso é inevitável e totalmente previsível.

A motivação é um caminho

Uma grande ajuda como fator motivador é a lembrança e a conexão com o fato de estarmos a serviço de uma causa maior, algo que faça sentido para cada um. É como estarmos num caminho, buscando a chegada, e sabermos que esse ponto tem grande significado para nós.

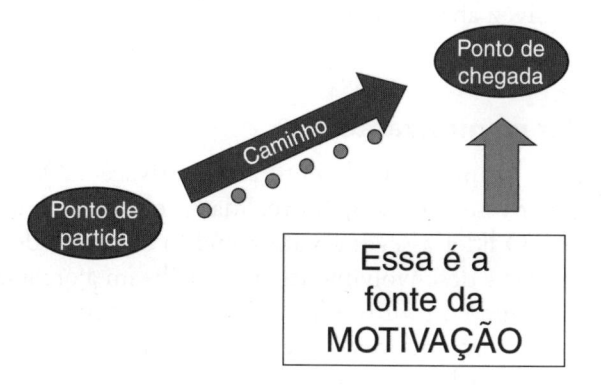

Se a motivação é um caminho a ser percorrido, é bom destacarmos as partes que a compõem:

- O ponto de partida
- O ponto de chegada
- O caminho
- Os pontos intermediários

A grande fonte de motivação é o ponto de chegada. Não se esqueça de que o caminho também deve ser "curtido" e aproveitado. Trazendo a metáfora do caminho para o ambiente organizacional: uma meta desafiadora de aumentar o faturamento em 5% num período de seis meses, com serviços que encantam aos clientes. O "ponto de chegada" tem um forte componente de motivação, pois é algo que empolga, que serve ao bem comum, que é ético e realizável.

Se esse objetivo comum foi estabelecido de forma participativa, tanto melhor, pois assegura o envolvimento e o comprometimento de todos. O sentido de coletividade faz com que as "agendas pessoais" possam ser integradas à "agenda coletiva", ou seja, o objetivo maior tem prioridade sobre os objetivos individuais. Sempre que pudermos conciliar esses fatores, teremos uma equipe de alto desempenho: motivada, competente e buscando a superação de metas.

Se a motivação é um caminho, e há diversos caminhantes no percurso, é importante lembrar que as pessoas são diferentes, têm habilidades e potenciais diferentes, têm seus pontos fortes e seus pontos a melhorar. Cada um tem seu ritmo, e está bem assim. O que importa é que todos caminhem e contribuam para os objetivos coletivos. As pessoas podem ingressar ou se retirar do caminho a qualquer tempo. Mas tudo tem seu preço...

A opção por um caminho implica que temos de abrir mão de outros caminhos, de outras opções. Essa é uma ininterrupta tomada de decisão que, a todo instante, precisamos fazer: precisamos decidir se quereremos deixar uma opção por outra, talvez abrindo mão do conforto do conhecido para ingressar na seara do desconhecido.

O papel do líder na motivação

Toda motivação é fundamentalmente automotivação. Os gestores, os líderes, podem apoiar esse processo. Na realidade, eles devem apoiá-lo, como parte de seu papel. O líder assegura o atingimento de resultados, e cria oportunidades de inovação e desenvolvimento que fertilizam a organização e a movem para frente, focando o futuro. Ele cuida da organização e promove ações de aprendizado, de reforço positivo e elevação da autoestima.

Algumas ações que os líderes podem realizar, com impacto extremamente positivo na motivação das pessoas da equipe, são:

- Dar um sentido de finalidade, de visão de futuro, de propósito.
- Oferecer treinamento para as tarefas que as pessoas executam.
- Fornecer informações e equipamentos que gerem um bom desempenho, pois gente mal informada e com equipamentos precários nunca pode oferecer o melhor que tem.
- Dar reconhecimento emocional, reforço positivo, o elogio na hora e na proporção certas. Apesar de isso não custar nada, é bem pouco praticado.
- Oferecer recompensa material: salários, bônus e benefícios na medida da contribuição de cada um e da equipe.
- Estimular com oportunidades de desenvolvimento, de poder inovar e influenciar o ambiente de trabalho.

- Criar e estimular um trabalho de integração e de equipe, gerando alto desempenho.

O melhor indicador da motivação é o sorriso franco, aberto, autêntico. O exemplo das organizações que operam num nível de excelência mostra, de forma inequívoca, que as organizações que investem na dimensão humana obtêm melhores resultados de negócios. O fator que, individualmente, corrói a motivação é o imediatismo, que, num primeiro momento, desgasta a dimensão humana e, depois, a sustentabilidade dos resultados.

O líder deve lembrar-se de que:

- *Não podemos curar o mundo sem nos curarmos primeiro* – isso vale para a motivação. Se nos faltam entusiasmo, alegria, orgulho de pertencer a uma organização ou satisfação de estar a serviço de uma causa, como querer cobrar isso dos que estão à nossa volta? A "autoridade moral" se conquista com o exemplo.
- *Nunca é tarde para fazer a coisa certa* – ou seja, a qualquer tempo, podemos corrigir a rota.
- *Motivação é contagiante* – assim como a desmotivação o é. A motivação do líder engaja as pessoas para colaborar com os objetivos e metas do trabalho.
- *Que serviços você prestou? O que você fez para ajudar?* – essa é a cobrança que faremos a nós mesmos em algum ponto de nossa vida. Por que não responder desde já positivamente a esses questionamentos?

Sugestões para o líder estimular a motivação

- Tenha visão clara do que quer alcançar: esse é o ponto de chegada, a fonte da motivação.
- O caminho é longo, portanto estabeleça pontos intermediários de apoio.
- Uma grande caminhada começa com um simples passo. E é um passo de cada vez, com o ritmo certo a cada instante.
- Para a boa caminhada, é preciso estar preparado, treinado, ser competente.
- Na caminhada, existem as equipes, que precisam de muita conversa, muito relacionamento para se tornar equipes de alto desempenho.
- No caminho, surgirão vales e picos, pedras, chuvas e sol. Supere os medos.
- Saiba o que é essencial e o que é supérfluo em sua caminhada.
- Lembre-se de que você está a serviço de uma causa maior.
- E, pare de falar, vá lá e... faça!!!

B) OS OLHOS DO DONO ENGORDAM O BOI

> *A realidade é invisível aos olhos. Somente com o coração podemos vê-la claramente.*
>
> ANTOINE DE SAINT-EXUPÉRY

> De 12 meses para cá, desde que mudou a diretoria, não só eu, mas também meus colegas de trabalho estamos desmotivados. Quando levanto para trabalhar e lembro que tenho que ver um monte de líderes que só estão ganhando dinheiro fácil, me dá dor de cabeça e de estômago de nervosismo. Eles só existem para inglês ver, como diz o ditado. Vou resumir o restante: você só cresce na nossa divisão se for amigo do chefe

> No ano em que entrei na empresa, tinha uma vontade extrema de participar com opiniões e ações. Hoje não tenho a mesma empolgação, pois minhas ações no passado, além de ridicularizadas, não foram valorizadas

> Estão adotando no RH uma política de redução de custos que está desmotivando os funcionários

> Meu chefe demonstra ter elevado nível de conhecimento. Entretanto, apresenta dificuldade em organizar, ouvir e motivar pessoas, por mais que seu discurso seja em sentido oposto

> Na empresa existe injustiça sim, e o favorecimento pessoal é descarado. Sofro com isso, porque meu chefe apoia muito mais meu colega de trabalho do que a mim, e isso está me causando uma desmotivação muito grande. Infelizmente tenho que conviver com isso todos os dias!

As discussões que se seguem a *workshops*, palestras e conferências são sempre riquíssimas, pois, em geral, abrem questões que antes não foram formuladas, ampliando a compreensão de cada tema. Num recente evento, em que discutíamos sobre como a liderança pode ajudar a construir o capital intelectual, emocional e espiritual das organizações, maximizando a gestão dos talentos, um participante pediu que eu comentasse o provérbio *os olhos do dono engordam o boi*. Foi uma pergunta um tanto quanto inusitada, mas que nos conectou com o papel do líder e o da equipe.

Se meu modelo mental é de "engordar os bois", na base do custe o que custar, provavelmente exerço um estilo de liderança "manda quem pode, obedece quem tem juízo". Nessas condições, obviamente, apenas meu olho de dono é que vai engordar os bois: cabe a mim zelar para que cada pessoa faça suas tarefas no padrão, ritmo e qualidade especificados, que tudo seja muito bem controlado e acompanhado (o pessoal não é muito confiável... tudo deve andar em rédeas curtas). Nesses casos, cabe lembrar outro provérbio: "Quando o gato sai, os ratos fazem a festa." Ou seja, eterno controle, vigilância. Assim os bois engordam. Mas o clima da fazenda...

Mas se meu modelo mental é de uma liderança sustentável, que constrói confiança e desenvolvimento, em que existe motivação para se atingirem os resultados, obviamente não cabe apenas a mim buscar que eles engordem. Cada uma e todas as pessoas da equipe são responsáveis, interessadas e comprometidas com os resultados a atingir. Há necessidade de coordenação, mas cada pessoa é adulta, integrada e profundamente comprometida. É claro que deve haver oportunidades de desenvolvimento das competências e um sistema de reconhecimento e recompensa para a agregação de valor. Não será mais preciso que o gato fique vigilante para assegurar que as pessoas trabalhem e não fiquem apenas fazendo festa. Aliás, quando existe equipe pra valer, o próprio ambiente de trabalho reduz a distância entre as atividades do trabalho e o mundo da satisfação pessoal.

Talvez o provérbio possa ser reescrito: quando todos se sentem donos, os bois engordam.

C) OS INIMIGOS DA MOTIVAÇÃO

Ninguém pode ferir você sem o seu consentimento.

ELEANOR ROOSEVELT

Anos executando, sem o hábito de pensar, torna as pessoas descrentes do próprio potencial de contribuição em todos os aspectos da vida. Falar em motivação para elas causa tristeza e angústia.

ANÔNIMO

A força de cada motivo e o padrão de motivos influem na maneira como vemos o mundo, nas coisas em que pensamos e nas ações em que nos empenhamos.

MURRAY

> O que faço é incentivar meus colegas a continuar a trabalhar sem ficar esperando algo em troca, pois o reconhecimento chega sem aviso e depende exclusivamente de nós, pode ser até de outra empresa

> Meu gerente é um ignorante, nos fez trabalhar no Natal e no Ano-Novo. Eu não consigo esquecer, é uma falta de consideração com o funcionário e com a família. É uma humilhação, ainda tive de trabalhar sendo ameaçado

> O abuso de autoridade seria o primeiro e mais grave, ainda mais pelo fato de o gestor geral não conhecer na prática nenhum dos serviços executados pelo setor, e o não reconhecimento dos trabalhos executados pelos funcionários. Na hora da apresentação para qualquer diretoria, leva somente o seu nome, em vez de incluir toda a equipe

> Os gestores nunca elogiam o desempenho; pelo contrário, acabam desmotivando

> No nosso setor não temos motivação para trabalhar; não temos líderes e, sim, chefes. Sempre somos chamados de ociosos e o reconhecimento praticamente não existe, e muitos menos a flexibilidade

Quais são os inimigos da motivação?

Esta é uma pergunta instigante, cujas respostas têm aplicações práticas e imediatas em nosso dia a dia: lidar bem e manter os inimigos da motivação "domados" é fundamental para nossa própria motivação, nosso desempenho, nosso bem-estar e nossa felicidade. No ambiente organizacional, no papel de líderes, temos a oportunidade de influenciar e sermos influenciados por fatores que afetam diretamente a motivação, a nossa e a das pessoas que nos cercam.

Nesta época de grandes desafios, a capacidade de lidar com os inimigos da motivação é fundamental, pois, quando estamos motivados e alinhados com as metas organizacionais, os resultados são mais facilmente alcançados, há mais descontração e eficácia, menos desperdícios e retrabalhos. E isso faz toda a diferença, tanto no âmbito profissional como no pessoal. A motivação é algo extremamente contagioso, assim como a desmotivação.

> A motivação é algo extremamente contagioso, assim como a desmotivação.

As queixas ligadas à motivação

A falta de atenção à dimensão humana faz com que os inimigos da motivação se manifestem e causem sérios prejuízos às organizações e às pessoas que nelas trabalham. São comuns queixas tanto da organização como de seu pessoal:

- *Pessoas pouco comprometidas com as metas organizacionais*: quando o comprometimento é frágil, as metas podem ser estabelecidas, mas os resultados reais ficam muito afastados do esperado.
- *Baixo entusiasmo e dedicação*: é o famoso "corpo mole", expresso em caras fechadas, andar lento e pesado, falta de iniciativa. Quando o inimigo ataca, as pessoas ficam torcendo para o expediente acabar logo e irem embora.
- *Não se sentir devidamente reconhecido e recompensado*: a falta de reconhecimento é uma queixa muito comum. São chefes que não dão *feedback* sobre trabalhos benfeitos, não celebram e agem como se a pessoa "não tivesse feito mais que sua obrigação". A recompensa vem da remuneração, muitas vezes incompatível com as competências e o desempenho.
- *Excesso de individualismo e dificuldade no trabalho em equipe*: aí prevalece o que é "o melhor para mim", sem consideração pelas necessidades e contribuições dos outros. No individualismo, a pessoa não se sente responsável pelos resultados do todo.
- *Conflitos nos relacionamentos*: causados por processos ou estruturas mal definidas, bem como por diferenças individuais na percepção de prioridades, alternativas de solução, velocidade de decisão etc.

- *Sentir-se isolado e excluído*: quando prevalece o sentimento de não fazer parte de uma equipe, de não se sentir membro aceito pelos demais.
- *Estilos de liderança excessivamente rígidos*: em geral, focados exclusivamente nos resultados a serem alcançados, desconsiderando as nuances e situações individuais, o que gera resistência e sabotagens às determinações nos níveis mais elevados.
- *Resistência às mudanças*: quando se exagera no conservadorismo, no pensamento "não se mexe em time que está ganhando", ocorre uma paralisia na flexibilidade e na inovação que os tempos atuais exigem.
- *Sentir-se mal informado*: essa é uma das queixas mais comuns, um fértil território para os inimigos da motivação, em especial as fofocas.
- *Incertezas quanto ao futuro*: gera inseguranças e medos de toda natureza, rebaixamento da autoestima e perda de confiança.
- *Baixa qualidade de vida*: as dimensões pessoais e profissionais ficam desequilibradas, uma contaminando a outra.

Se olharmos com atenção a todo o prejuízo e mal-estar pessoal e organizacional, veremos um elemento comum: o reflexo da falta de motivação, que é gerada, na maioria dos casos, por dificuldades emocionais de cada pessoa e nos relacionamentos interpessoais das organizações.

Disso, já se extrai uma primeira conclusão:

> **A desmotivação custa MUITO dinheiro para as organizações.**
> **A motivação decorre de um bom clima organizacional.**

Mas há uma segunda e importante conclusão: motivação tem muito pouco a ver com lógica e razão. Antes, é um processo de dimensão emocional. Muitos profissionais procuram lidar com os inimigos da motivação com argumentações, números, relações de causa e efeito, mas isso não funciona. Os níveis lógico e emocional são como duas frequências vibratórias diferentes.

Os quatro inimigos

Motivação significa estar inspirado e encorajado para realizar as ações. Os inimigos que influenciam a motivação estão agrupados em quatro grandes blocos:

- *O inimigo da falta de significado:* se você quer "matar" a motivação de alguém, dê-lhe uma tarefa simples, repetitiva, e não lhe atribua significado algum para o que faz. O significado "acende" em nós a vontade de agir, pois vemos na ação uma contribuição, uma visão mais elevada.

- *O inimigo da falta de ordem:* os relacionamentos devem respeitar as ordens e a hierarquia estabelecidas, pois, se ferirmos isso, sistemicamente, teremos como resultado a desmotivação.
- *O inimigo do desequilíbrio no dar e receber:* sempre que esse desequilíbrio surge, há risco de rompimento entre a pessoa e a organização, pois, sem reciprocidade, os relacionamentos não se mantêm.
- *O inimigo da não inclusão:* é o não se sentir parte, é o não se sentir reconhecido como membro, é o ser excluído.

[Diagrama: Motivação ao centro, com setas apontando para Falta de significado, Falta de ordem, Desequilíbrio no dar e receber, e Não inclusão]

Devemos reconhecer que as pessoas são diferentes e, com isso, os motivos também o são. Para alguns tipos de pessoas, ter metas de curto prazo a serem alcançadas é altamente motivador. Outros poderão achar esse motivo irrelevante, inadequado ou até irritante. Outras pessoas valorizam os relacionamentos, o estar disponível ao outro. E isso as motiva. Mais uma vez, para outros essa atitude é considerada perda de tempo e de eficiência.

Portanto, nos relacionamentos dentro das organizações, cabe ao líder conhecer profundamente as pessoas com as quais trabalha e se relacionam, e encontrar seus motivos, para gerar as ações, os desempenhos que são esperados e necessários. Os líderes podem estimular, encorajar, mas a motivação deve brotar de dentro de cada um.

Nossa motivação é a automotivação, e deriva da forma como lidamos com nossas emoções, com nossa inteligência emocional. Quando colocamos nosso foco nos outros, manifesta-se nossa inteligência social: aí podemos ser inspirados por outros, por exemplo, por nossos líderes ou colegas, assim como também podemos inspirar as pessoas à nossa volta. Os exemplos costumam falar muito mais alto que as palavras.

O inimigo da falta de significado

Somos seres que buscam significado em tudo. Dê uma tarefa simples a uma pessoa e não fale nada sobre o que significa. Em pouco tempo, essa pessoa perderá a motivação e, se puder, não realizará a tarefa, ou buscará algum tipo de sabotagem. Talvez até continue a fazê-la, apenas pelo salário que virá ao final do mês. Mas o entusiasmo, a dedicação, a contribuição para melhorar o processo se perdem. O sorriso se esvai.

Portanto, esse inimigo atua quando os significados não são adequadamente informados às pessoas. E essa é uma necessidade vital.

Dificilmente, encontraremos tarefas totalmente independentes de outras tarefas. Vivemos em organizações com altíssimo grau de interdependência, e é importante se ter em conta o quanto somos dependentes das atividades e dos resultados dos outros, e o quanto os outros dependem de nossas tarefas bem realizadas. Quando a consciência dessas inter-relações está presente, a motivação flui novamente.

Como podemos lidar com esse inimigo?

A motivação encontra um forte aliado quando há objetivos individuais e coletivos a serem alcançados, que tenham significado para as pessoas: deve causar empolgação por serem para o bem comum, além de ético e realizável e estabelecido de forma consensual.

Na busca por motivação, é importante saber que algumas adversidades ocorrerão. Dependemos de algumas forças e conjunturas que estão fora de nosso controle. São as "pedras do caminho" com as quais teremos de lidar.

Quanto mais nosso perfil de atuação e nossas formas prediletas de agir estiverem alinhados com as exigências das tarefas, maior será a probabilidade de termos significado e motivação.

O inimigo da falta de ordem

Bert Hellinger, criador da abordagem sistêmica das Constelações Familiares e Organizacionais, definiu três princípios que regem os sistemas, os relacionamentos e, portanto, a motivação. São eles: Ordem, Equilíbrio no Dar e Receber, e Inclusão. O primeiro princípio, o da ordem, estabelece que há um lugar seguro e confiável para cada pessoa dentro do sistema, seja ele um departamento, uma equipe de projeto ou uma organização. No princípio da ordem, estão: a clareza dos papéis a serem exercidos, as regras de conduta e a atuação das lideranças.

Os fundadores de uma organização têm prioridade sobre os que vierem depois; os mais antigos têm preferência sobre os mais novos; os de melhor desempenho têm prioridades sobre os de pior desempenho. As diversas áreas da organização também têm importâncias diferentes: num hospital, a área médica é a mais importante, assim como os engenheiros o são numa construtora ou o pessoal de criação numa agência de publicidade e propaganda. Todos têm um papel a exercer, mas é preciso reconhecer que as contribuições são diferentes.

O princípio da ordem prevê que os líderes efetivamente liderem, devendo criar um clima ordenado e positivo para que a motivação ocorra; devem prover os equipamentos, materiais e treinamento necessários ao desempenho. Se isso não é respeitado, a motivação despenca.

O líder deve ser uma pessoa que efetivamente faça a diferença. Toda motivação é fundamentalmente automotivação, e os líderes podem e devem apoiar e estimular esse processo. A liderança positiva tem impacto fundamental na motivação, a ponto de cada um e todos se sentirem realizadores das tarefas.

O inimigo do desequilíbrio no dar e receber

Damos para a organização nosso tempo, experiências, aprendizado e conhecimentos, além de nossa dedicação e nosso desempenho; o que recebemos é uma remuneração pelo trabalho, o reconhecimento pelas tarefas bem realizadas, a segurança, as oportunidades de desenvolvimento profissional e de carreira, as possibilidades de realização profissional.

Quando o dar e receber estão equilibrados, temos motivação. Quando ocorre desequilíbrio, o inimigo atacou. Para que haja motivação, precisamos dar e receber *feedback*, pois temos a necessidade de conhecer nosso posicionamento, nosso progresso, as áreas a serem desenvolvidas, nossas possibilidades de carreira. Esse é um elemento especialmente crítico nas pessoas que estão na Geração Y. Todos temos necessidades de reconhecimento, de elogio na hora e na medida certas. Esse é o nosso "salário psicológico", extremamente importante para assegurar a motivação. A recompensa também é muito necessária, pois precisamos ser práticos e termos uma justa retribuição pelo tempo, conhecimento, experiência e dedicação que oferecemos às organizações.

A motivação vem não apenas do equilíbrio no aqui e agora, mas também de nossas perspectivas quanto às oportunidades futuras, por exemplo, de carreira.

Finalmente, todos temos uma dimensão pessoal, que deve ser muito bem cuidada. Quando isso ocorre, temos a qualidade de vida bem equilibrada. Todos podemos tolerar, por um período, desequilíbrios entre o dar e o receber, mas a perspectiva de um desequilíbrio continuado acaba com qualquer possibilidade de motivação

O inimigo da não inclusão

Todos temos a necessidade de fazer parte de diversos grupos, e os primordiais são a família e o trabalho.

Quando a pessoa se sente excluída, há um sentimento pesado e negativo, e a motivação cessa. Queremos fazer parte de nossa equipe, de nossa divisão, de nossa organização. Quando surgem subgrupos, muitas vezes com atitudes competitivas, o trabalho em equipe se desfaz e a motivação se volta para derrotar os outros, e não para atingir os resultados que os clientes estão esperando.

Dificuldades nas comunicações podem gerar exclusões e criar vítimas de rumores, boatos e fofocas.

O presidente do Grupo Fiat para a América Latina, Sr. C. Belini, que dirige a organização considerada a Empresa do Ano 2008 pela revista *Exame*, declarou no livro C*on-viver em equipe*: "Para ter realmente foco no cliente, uma organização precisa de um sólido trabalho de equipe, baseado na confiança e na visão compartilhada de futuro." Nessa frase, vemos que os inimigos da motivação não têm lugar.

O que significa estar motivado e fazer a diferença

Com certeza dois elementos estão presentes. Quando estamos motivados,

- superamos as expectativas, buscamos encantar nossos clientes externos e internos e
- acreditamos e despertamos o potencial dos que estão à nossa volta

Quando isso é alcançado, aproximamo-nos da maestria pessoal e profissional. Esse é o caminho para se lidar com os inimigos da motivação.

Em resumo, por tudo que vimos até aqui, toda motivação é fundamentalmente automotivação e, quanto mais você domar os inimigos, mais motivado estará e mais estimulará a motivação de sua equipe.

D) ROTEIRO 13: COMO LIDAR COM OS INIMIGOS DA MOTIVAÇÃO

A seguir, estão algumas perguntas essenciais para a motivação, ligadas à forma como lidamos com os inimigos. Essas perguntas são um guia que apoia a busca de motivação, ajudando a perceber em que grau o líder fornece estímulo a seus liderados.

1. Você oferece significado para as atividades realizadas por sua equipe? Esse significado se alinha com os valores e potenciais de cada um? Gera paixão?

   _____
   _____
   _____

2. Quais áreas de sua atuação precisam de mais ordem?

   _____
   _____
   _____

3. Como está o equilíbrio entre o dar e receber?
___
___
___

4. Você inclui ou exclui pessoas? Você se sente incluído ou excluído?
___
___
___

5. O que você pode fazer a respeito?
___
___
___

CAPÍTULO 11

INOVAÇÃO E FLEXIBILIDADE: OS DESAFIOS DAS MUDANÇAS

Neste capítulo, vamos tratar das mudanças no ambiente organizacional: a integração do pensar, sentir e querer e as crises, quando transformamos problemas em projetos, e perdas em ganhos.

A) ACEITAÇÃO E MUDANÇA

As coisas não mudam; nós é que mudamos.
HENRY DAVID THOREAU

Não há nada permanente, exceto a mudança.
HERÁCLITO

> Estou na empresa porque tenho esperança de uma mudança, mas minha esperança está no fim

> Espero que os senhores já tenham maturidade para aceitar críticas e sugestões sem mágoas ou rancores, e sim como contribuição. Eu confio, por isso colaboro

> Nossa empresa deve ter mais flexibilidade com algumas características regionais, considerando que uma situação pode ter diferentes interpretações ou resultados em diferentes regiões do país

> Eu quero trabalhar em uma empresa que me motive a inovar... a fazer tudo o que faço hoje de um jeito diferente!

Inovar, ter flexibilidade e mudar são fatores intimamente ligados à sustentabilidade, na medida em que devemos mudar de paradigmas obsoletos para novos. Para que isso aconteça devemos ter o poder pessoal de realizar mudanças.

Esse poder pessoal é ter nas mãos as rédeas da própria vida. É ter autoestima elevada. É estar harmonizado e em equilíbrio. É sair do papel de vítima. É aceitar as coisas como são. E agir em cima disso. Essa definição, apresentada e discutida com centenas de pessoas, é a afirmação do **"eu posso"**.

> **Aceitar não quer dizer que eu possa fazer as coisas voltarem a ser como eram.**

A definição é bem aceita, mas a parte "aceitar as coisas como elas são" gera discordâncias: Como posso ter poder pessoal e aceitar as coisas como são? Aceitar não significa ficar parado e passivo? Como mudar se eu aceito? Aceitar é confundido com passividade, paralisia, falta de interesse ou falta de ação; o conceito, na realidade, é exatamente o inverso, pois, quando aceito as coisas como são, resgato minha força e o poder de transformação.

Aceitar não quer dizer que eu possa fazer as coisas voltarem a ser como eram. Aceitar não significa estar feliz e contente com os acontecimentos. Aceitar não é aprovar o ocorrido ou o estado atual. Aceitar significa ficar aberto às mudanças, a rever referenciais e formas de perceber e agir. Quando isso ocorre, saímos do papel de vítimas das circunstâncias para realizar, com disposição, as mudanças que precisam ocorrer.

Quando não aceitamos integralmente, com a mente e o coração, tentamos restaurar o padrão ou a situação anterior, que talvez se mostrassem cômodos e confortáveis. Aceitar significa abrir-se à mudança.

No livro *Um dia minha alma se abriu por inteiro*, é trazida uma citação de James Baldwin, que diz "Você não consegue consertar o que não consegue encarar." Essa é uma verdade grande e fundamental: muitas organizações investem fortunas em programas que conduzem a poucos resultados, pois seus dirigentes não conseguem encarar a realidade de suas organizações e as verdadeiras causas de suas dificuldades. Processo assemelhado pode ocorrer no *coaching*, quando o cliente fica "rodeando" os temas centrais, não querendo ou não podendo olhar de frente as causas de suas dificuldades.

Esse encarar é o primeiro e decisivo passo para tomar as decisões certas no sentido das mudanças. Numa época como a nossa, de rápidas e profundas mudanças, deixar de aceitar a realidade é abdicar do direito de fazer escolhas conscientes. Aceitar uma realidade é como ingressar num rito de passagem: deixar o velho e ingressar no novo. A aceitação é um aviso que nos diz que agora é preciso mostrar fibra e coragem. É o presente que nos convida a agir.

Cynthia Athina Kemp Scherer, terapeuta e pesquisadora de florais nos Estados Unidos, tem afirmado muitas vezes que "tudo está perfeito" (*everything is perfect*). A perfeição não significa "obra acabada", mas o fato de que a pessoa está passando pela experiência que tem de passar, com a oportunidade de decidir o que tem de ser decidido, e agir, realizando as ações que precisam ser tomadas. Essa é a sabedoria de que todos os momentos são perfeitos. Quando se diz "tudo está perfeito", significa você aceitar totalmente a experiência pela qual está passando e agir

> **Deixar de aceitar a realidade é abdicar do direito de fazer escolhas conscientes.**

em cima disso, mobilizando as ações que precisam ser tomadas. Aceitar a realidade como ela é significa olhar para o futuro, para as transformações que precisam ser concretizadas. Só assim, as pessoas, equipes e organizações se desenvolvem; a não aceitação significa ficar patinando em busca de soluções que, no máximo, resolverão momentaneamente os efeitos, mas não solucionar as causas.

É da natureza do ser humano gostar de ver mudanças nos outros e resistir a fazer mudanças em si mesmo. Quando somos confrontados com mudanças e transformações, vemos que algumas dimensões do ser humano podem ficar apegadas ao passado, causando enorme sofrimento. É a "não aceitação".

O desafio de aceitar as coisas como são, e não como gostaríamos que fossem, talvez seja uma das lições mais difíceis. Aceitar a realidade é percebido pela maioria das pessoas como fraqueza, conformismo, inatividade e passividade. Mas, como vimos, o sentido da aceitação é muito mais amplo.

Aceitar a realidade significa reconhecer um erro ou uma imprevisibilidade, mas, acima de tudo, agir em cima da nova realidade, definir o que será feito como próximo passo e agir conforme a decisão. Em situações organizacionais, quantas vezes encontramos saudosistas que ficam repetindo as mesmas frases – como era bom meu chefe anterior, que saudade do tempo em que os clientes nos procuravam – ou sentindo-se vítimas das circunstâncias. Isso não agrega valor!

Aceitar uma realidade não significa gostar da nova situação. Significa reconhecer que aquele momento é especial, perfeito, pois está nos mostrando uma lição nova que precisamos aprender. Há uma frase de Donald Pachuta, que dizia que *todos os meus problemas vêm de meus apegos*. Nas mudanças precisamos deixar o conhecido e mergulhar de cabeça no novo. Nos momentos de transição, o roteiro é aceitação e ações. Chorar pelo passado ou sonhar pelo que as coisas poderiam ter sido não leva a nada.

B) ACEITAR, SONHAR E PERSEVERAR: TRÊS VERBOS QUE GARANTEM AS MUDANÇAS

> *Nós devemos ser a mudança que desejamos ver no mundo.*
> MAHATMA GANDHI

> *A mudança não é apenas um processo intelectual; é também um processo psicológico.*
> PETER DRUCKER

> *Se você se recusar a aceitar qualquer coisa, exceto o melhor da vida, terá isso com frequência*
> W. SOMERSET MAUGHAM

> *Hoje, em nossa organização, o pessoal antigo chegou a tal ponto que não quer assumir responsabilidades. Isso porque são pessoas que ganham bem, não aceitam mudanças e não querem aprender nada novo, além de não admitirem alguém mais novo gerenciando-os*

> *Na prática, pouco resultado será alcançado, pois a vontade dos gestores é que determina se haverá ou não mudança, e os gestores são os mesmos, sempre, imutáveis, e conhecemos bem a vontade deles*

> *Para a realização dessas mudanças, a comunicação foi muito falha, a informação, na maioria das vezes, sempre chegava depois de as decisões terem sido tomadas e entrado em vigor*

Por que tantas mudanças não dão certo, principalmente no mundo organizacional? O cemitério de mudanças mal conduzidas é enorme e, nele, jazem ideias grandiosas ou modestas, vindas de organizações prestigiadas ou anônimas.

É clássico o conhecimento de que todo processo de mudanças tem três etapas:

- **Situação atual**: Onde estamos hoje? É o "raio X" da situação.
- **Situação desejada**: Aonde queremos chegar? É a nossa visão de futuro
- **Ações**: O que devemos fazer para chegar lá? É o planejamento das atividades, prioridades e recursos.

> **As mudanças poderiam ocorrer de forma linear, tranquila e sem imprevistos. Mas todos nós sabemos que na prática as coisas não são bem assim...**

Essa é a lógica das mudanças, que, assim descritas, parecem ocorrer de forma linear, tranquila e sem imprevistos. Mas todos sabemos que, na prática, as coisas não são bem assim... O senso comum diz que as pessoas resistem às mudanças. Isso é especialmente verdadeiro quando as mudanças são impostas. Se as pessoas participam, se envolvem e se comprometem com as mudanças, aceitam a realidade, sonham com o futuro e agem com perseverança, as mudanças progridem rapidamente.

Visão ocidental, visão oriental

No Ocidente, de forma geral, tendemos a ser rápidos nos processos decisórios: poucos são os envolvidos, a pressão de tempo é grande, a urgência requer decisões que acabam não considerando os vários pontos de vista. Na hora da implantação, contudo, surgem resistências às mudanças, mais veladas ou mais abertas, que muitas vezes terminam em sangrentas batalhas pelo poder; as pessoas que tomam as decisões muitas vezes planejam as mudanças de forma incompleta, levando a dificuldades de coordenação, pois aspectos peculiares dos envolvidos não foram adequadamente considerados, inviabilizando a implantação. O que se ganhou na decisão rápida perde-se na implantação lenta.

No Oriente, a tendência é de processos decisórios mais lentos, que envolvem os setores afetados. O planejamento de mudanças tende a ser mais completo, os diversos aspectos e peculiaridades são considerados, alternativas e ideias complementares são agregados: com isso, todos se sentem pais e mães do processo, as resistências são minimizadas e a implantação é rápida. O tempo total de decisão mais implantação tende a ficar mais reduzido.

A grande lição a tirar dessa comparação de modelos é que o envolvimento e o comprometimento de todos são cruciais para o sucesso. Mudanças conduzidas "goela abaixo" não têm sustentabilidade e se deterioram em pouco tempo.

O que fazer para as mudanças darem certo?

As carências em colocar em prática três verbos são fatais para qualquer mudança:

- Não aceitar
- Não sonhar
- Não perseverar

No diagnóstico da situação atual, muitas vezes há diferentes percepções do que seja "o nosso raio X". Áreas de atuação como marketing, operações, gestão de pessoas, Tecnologia da Informação e jurídico veem a situação de formas diferentes. O mesmo ocorre se considerarmos as percepções dos acionistas, diretores, gerentes e supervisores. O tipo de atuação rei, guerreiro, mago, amante também influencia fortemente esse processo. Portanto, integrar todas as diferentes percepções é vital ao sucesso das mudanças.

A expressão-chave é "aceitar a realidade como ela é", e não mesclar com aquilo que as pessoas gostariam que fosse. A crítica e o julgamento devem ser substituídos pela aceitação. Nós só podemos mudar aquilo que realmente aceitamos.

Todos os empreendimentos humanos, desde uma enorme corporação até uma casa, um carro ou uma carreira, iniciaram com um sonho. O sonhar nos conduz à polaridade inversa de aceitar a realidade. Sonhar nos conecta com o futuro, com a visão daquilo que desejamos. Sonhar nos liberta das limitações do estado atual, gerando energia. Sonhar nos conecta com a visão, a missão e os valores. Devemos ter sonhos grandes e ousados. Pessoas e organizações tristes não sonham. Como todo empreendimento coletivo, a organização precisa de sonhos que unam as pessoas, e é aí que as lideranças têm papel fundamental, ao estimular e propiciar sonhos significativos ao seu pessoal.

Para nos movermos concretamente da aceitação da realidade para o futuro sonhado, é preciso perseverar na ação competente. Ter um ótimo e preciso diagnóstico, bem como os sonhos bem definidos, não basta. Para mudarmos nossa realidade e tornarmos nossos sonhos uma nova realidade, é preciso agir com competência e perseverança. No caminho rumo ao sonho, existem estações intermediárias, paradas para descanso e para reabastecimento, existem momentos fáceis e alegres, mas também pedras e espinhos. E é aí que a perseverança, a tenacidade, o não desistir se mostram fundamentais. A ação orientada para o sonho o torna uma realidade.

E é assim que as mudanças ocorrem.

C) ROTEIRO 14: OS TRÊS VERBOS

Como eu e minha organização lidamos com os verbos?

	Eu	Minha organização	Algo a fazer?
Aceitar			
Sonhar			
Perseverar			

D) A INTEGRAÇÃO DO PENSAR, SENTIR E AGIR NAS MUDANÇAS

É bom pensar bem; é sábio planejar bem e melhor e mais sábio do que tudo é fazer bem.
PROVÉRBIO PERSA

Nada do que foi será de novo do jeito que já foi um dia.
LULU SANTOS/NELSON MOTTA

De forma geral, somos ouvintes necessitados de nossos próprios discursos, que nem sempre estão alinhados com as práticas. Falamos sobre temas que são nossos desafios pessoais de desenvolvimento, que representam sonhos, que indicam limites e resistências, que demandam ações efetivas para se tornar realidade. É parte de nossos processos de desenvolvimento pessoal, que

> *Tudo demora exageradamente a ser colocado em prática*

> *Às vezes há muito discurso e pouca prática. Eu, sinceramente, não vejo nossa empresa caminhando no rumo das empresas dos tempos atuais*

> *No ano passado, eu perguntei ao meu coordenador quais seriam os planos que ele teria para me apresentar e qual foi a resposta: "Sinceramente, não tenho nada em mente", e eu apresentei alguns projetos para melhorar o desempenho e a qualidade de serviço, e até hoje, passado um ano, não tive resposta, nem mesmo uma reflexão*

busca alinhar o discurso com a prática. Somos todos campeões em falar e discutir como o mundo deveria ser, como um líder deve tratar seu pessoal, como os clientes deveriam ter mais fidelidade, como os colegas deveriam manter sua palavra, enfim, como tudo deveria ser. E a prática? E a efetivação das mudanças?

Os consultores e *coaches* têm o papel de assessorar e facilitar processos de mudança nas organizações e de transformações individuais. Os temores do novo, do desconhecido, são grandes. E é maior ainda a dificuldade de desapegar-se do conhecido: a organização quer mudar sua estratégia, mas não quer deixar os conhecidos caminhos que sempre trilhou. O executivo quer ouvir seu pessoal de forma mais aberta, ser mais flexível e gentil em suas relações, mas tem medo de abrir mão do controle de tudo e de todos. São organizações e indivíduos que querem mudar, pagam para profissionais os auxiliarem, mas estão numa enorme dissonância entre o que pensam, o que sentem e o que agem. Como obter resultados diferentes se sempre fazemos as mesmas coisas?

Por exemplo, uma organização quer voltar-se mais para resultados, quer que as pessoas sejam responsáveis pelo alcance de suas metas, que o desempenho e a competência sejam os referenciais para o comportamento. Aí vem a seguinte pergunta: *O que acontece quando alguém tem um péssimo desempenho?* E, quando a resposta é *nada!*, é porque existe a discrepância entre o que se diz e o que se pratica, e é exatamente aí que estão os caminhos para o desenvolvimento.

Muitas organizações têm missão, visão e valores bem definidos, que estão no *pensar*. Mas isso faz parte, está incorporado nas emoções, na motivação das pessoas, que estão no *sentir*? Isso está efetivado nas ações do dia a dia, que estão no *agir*? É nessa diferença que está o processo de desenvolvimento, como organização, equipe ou indivíduo.

Sempre que o pensar, o sentir e o agir estão alinhados, abre-se caminho para resultados positivos e sustentáveis. Quando estão divergentes, vêm a confusão e os conflitos. Tudo se inicia com o pensar, e nós somos o que pensamos. É como se a cabeça, que pensa, que tem ideias, desenvolvesse teorias, traçasse planos, estratégias. Discute com os outros e corrige distorções. Busca significados, conecta-se com a dimensão espiritual. E tudo isso é bom e necessário. Mas é só um passo inicial...

> **Sempre que o pensar, sentir e agir estão alinhados, vêm resultados sustentáveis.**

A etapa seguinte é o sentir, centrado simbolicamente no coração (e também no estômago), a dimensão da alma: quais são as emoções e os sentimentos decorrentes do pensar? Sentimos medo? Vergonha? Raiva? Rejeição? Amor? Entusiasmo? Ânimo ou desânimo? Todos esses aspectos precisam ser considerados; é na força interior do sentir que se abre o espaço para que o pensar torne-se uma realidade. O discurso e a prática começam a se alinhar.

E aí vem o próximo passo, o agir, centrado simbolicamente nas mãos e nos pés, a dimensão material que precisa lidar com as questões práticas, com os recursos, o tempo e as prioridades para assegurar que a ideia se torne efetiva e concreta. Aí é a hora do esforço, da persistência, do não desistir, do lutar. Com o alinhamento do pensar, do sentir e do agir, a ideia se torna concreta.

Esses são os passos para mudar com sucesso. Não é possível queimar etapas. Esse processo se torna mais exigente e complexo quando falamos de mudanças coletivas, em que o pensar, o sentir e o agir de muitos precisam ser alinhados e integrados. Conseguir esse alinhamento é um dos principais papéis dos líderes, pois conseguir mudanças, inovações e transformações nos dias de hoje é fator crítico ao sucesso de todas as organizações e pessoas.

E) ROTEIRO 15: INTEGRANDO PENSAR, SENTIR E QUERER

Faça uma reflexão de seu pensar, sentir e agir em mudanças individuais (que dependam só de você), que tenham sido bem-sucedidas ou que ainda não se concretizaram (por exemplo, a decisão de ser menos sedentário, de parar de fumar ou de melhorar seu desempenho em outro idioma). O que é diferente nas bem-sucedidas e nas que ainda não se concretizaram? Quais são suas conclusões?

_____

_____

_____

Faça uma reflexão do pensar, sentir e agir em mudanças coletivas (que dependam de um grupo de pessoas), que tenham sido bem-sucedidas ou que ainda não se concretizaram (por exemplo, a decisão de aumentar a segurança de um condomínio, de fazer uma reforma no prédio, de mudar estilos de liderança na organização, de melhorar a motivação das pessoas da equipe ou de aumentar a eficiência de um processo de trabalho de vários departamentos). O que é diferente nas bem-sucedidas e naquelas que ainda não se concretizaram? Quais são suas conclusões?

_____
_____
_____

F) PROBLEMAS OU PROJETOS?

> Nenhum problema pode ser resolvido pelo mesmo estado de consciência que o criou. É preciso ir mais longe. Eu penso 99 vezes e nada descubro. Deixo de pensar, mergulho num grande silêncio e a verdade me é revelada.
>
> **ALBERT EINSTEIN**

> A vida é cheia e transbordante do novo. Mas é necessário esvaziar o velho para dar espaço à entrada do novo.
>
> **EILEEN CADDY**

Muitas decisões são tomadas sem levar em consideração quem de fato conhece e convive com o problema. As decisões são extremamente lentas e, muitas vezes, não favorecem o devido resultado

Orgulho-me muito de trabalhar nesta casa. Acho que existem problemas de natureza gerencial. Vejo alguns colegas pouco motivados ou que pouco produzem, principalmente os mais antigos de casa

É visível que a liderança se tornou obsoleta e incapaz de acompanhar a nova fase da empresa

Em tempos de crises e de mudanças profundas, o que mais se ouve são frases do tipo: **eu estou com um problema** ou **tenho de resolver urgentemente um problema**. A já citada terapeuta Cynthia Athina Kemp Scherer disse, com muita sabedoria, que devemos mudar a palavra *problema* por *projeto*. Parece apenas um jogo de palavras, mas, com isso, a perspectiva muda totalmente.

Um problema é algo que aconteceu e não deveria ter ocorrido. É algo que deveria estar funcionando e quebrou. Usualmente, está ligado a um clima emocionalmente carregado, gerando estresse. E, assim, a pessoa que gostaria de estar dedicando seu tempo a outra coisa tem de parar tudo para "resolver o problema". Tem de, compulsoriamente, consertar aquilo que está quebrado, e colocar na rota aquilo que está desviado.

Uma metáfora que revela muitas de nossas posturas frente aos problemas: imagine que tenhamos uma torneira em casa, que começa a pingar muito, desperdiçando grande quantidade de água. Como resolver esse problema? Há diversas alternativas, tais como:

- Ignorar o vazamento e deixar como está.
- Colocar um balde embaixo da torneira e ir trocando de tempos em tempos.
- Colocar um tubo que desvie a água para outro lugar.
- Fechar o registro de água da casa.
- Consertar a torneira.
- Trocar a torneira inteira por outra igual.
- Trocar por uma torneira de melhor qualidade.
- Contratar um encanador para realizar o serviço.
- Verificar um eventual excesso de pressão da água no encanamento.

Algumas dessas opções atacam os efeitos, outras não fazem nada e outras ainda vão às causas. Algumas soluções são sustentáveis, outras não. Elas podem ser realizadas de forma isolada ou combinada, com prioridades diferentes: na emergência, coloco o balde ou fecho o registro (efeito), depois vou à loja e troco a torneira defeituosa (causa) e, posteriormente, posso verificar o excesso de pressão (causa primeira).

O dicionário define "problema" como *questão não sabida e que é objeto de discussão, em qualquer domínio de conhecimento; qualquer questão que dá margem a hesitação ou perplexidade, por difícil de explicar ou resolver*. Tudo é negativo nos problemas!

Quando mudamos **problema** por **projeto**, o estado de espírito muda. Trocamos a recriminação de algo que "deu errado" por "vamos construir algo novo". Trocamos o consertar por cuidar. Transformamos o problema da torneira num projeto para assegurar um bom abastecimento de água para a casa, ou ainda cuidar desse líquido tão precioso à vida. Se nos valermos da frase *tudo está perfeito exatamente do jeito que está agora*, veremos que há uma razão de ser para tudo o que acontece conosco. Nós somos 100% responsáveis pelos acontecimentos que nos afetam, e sempre há uma lição a aprender.

> **Quando mudamos problema por projeto, o estado de espírito muda.**

A palavra "projeto" significa *lançado para frente; ideia que se forma para executar ou realizar algo, no futuro: plano, intento, desígnio*. Se ampliarmos nossa visão de tempo e colocarmos nossos projetos num processo, que é *uma sequência de estados de um sistema que se transforma e evolui*, veremos resultados muito mais compensadores e sustentáveis.

G) CRISES E MUDANÇAS[1]

Todas as crises geram oportunidades de renascimento.
NENA O'NEIL

Os seres humanos podem alterar sua vida simplesmente mudando suas atitudes.
WILLIAM JAMES

> Existe na cultura da empresa uma coisa muito forte, que é criticar antes mesmo de saber o que está acontecendo... reagir antes mesmo de saber se o que se propõe é bom ou ruim... existe um clima de impulsividade... falta amadurecimento

> O pessoal morre de medo de errar, porque os chefes chamam a atenção mesmo, não deixam passar nada, procuram quem errou, em detrimento de corrigir o erro e orientar. Dificilmente elogiam

> As ideias só são aceitas quando o chefe oferece a própria ideia. Nós não temos autoridade alguma

Nos dias de hoje, no ambiente organizacional prevalecem a pressa, o imediatismo, a busca de resultados de curto prazo, a pressão do tempo, a sobrecarga de trabalho, os gestores que são mais técnicos que líderes. Isso leva as pessoas e as equipes para mares turbulentos, gerando crises, que têm inúmeras origens e muitas formas de manifestação: podem ser pessoais (relacionamentos), profissionais (carreira), de valores (questionamentos), sociais (posicionamentos), econômico-financeiras (dinheiro) ou planetárias (sobrevivência).

As crises indicam que a forma pela qual resolvíamos as situações, e que dava sempre certo, não funciona mais. As crises nos convidam, ou melhor, nos empurram para algum tipo de ação, nos fazem sair do imobilismo. Crise, em latim, significa "ponto de mutação" e, em geral, é um ponto crucial no curso de um projeto ou atividade. Crises são a repentina ruptura de um aparente equilíbrio, gerando tensão e conflitos.

Os momentos de crise não são obrigatoriamente negativos, pois podem trazer dentro de si aspectos muito positivos. Quando estamos em crise, tudo o que queremos é sair dela, mas a grande diferença que existe, conduzindonos para o lado positivo ou o negativo, é a forma como lidamos com as crises. O ideograma chinês que representa o conceito de crise tem duas partes: uma representa o risco; a outra, a oportunidade. A crise sempre traz em si a oportunidade de construir algo novo. Nas crises, os riscos vêm prontos, grandes

---

[1] Texto inspirado em entrevista concedida a Patrícia Bispo, jornalista responsável pelo site www.rh.com.br e organizadora do CONVIRH (Congresso Virtual de RH).

e avassaladores, e as oportunidades são sementes que podem transformar-se em grandes árvores, mas que necessitam de tempo, esforço e dedicação para germinar e crescer.

> **As crises fazem parte do dia a dia de todos.**

As crises fazem parte do dia a dia de todos. As crises afetam países, organizações, equipes e pessoas, e ninguém está imune a elas. As crises, apesar de serem duras, em geral representam momentos de intenso crescimento e aprendizagem. As pessoas relatam crises pessoais e profissionais pelas quais passaram, e, em geral, dizem que foram momentos decisivos para o crescimento e o desenvolvimento.

Depois de uma crise bem administrada, há melhora no ambiente de trabalho. Há sentimento de superação de uma dificuldade, de sair fortalecido, de que fatores obsoletos foram removidos. O perigo é exagerar nisso e se achar imbatível, pois a próxima crise virá logo, logo. Em momentos de crise, há uma tendência de centralização decisória, mas não é possível generalizar, pois cada crise tem suas características próprias. Em geral, equipes de maior maturidade podem resolver, por si próprias, suas crises. Quando uma crise é aguda ou persistente, recomenda-se que uma parte neutra, por exemplo, um consultor, ajude os envolvidos a encontrarem a melhor solução.

Quando o próprio líder é aquele que causa a crise, o ideal é que ele, que causou o "estrago", se responsabilize pelas ações de correção. Quando isso não é possível ou adequado, é o líder do líder que deve intervir, pois essa é uma responsabilidade não delegável. Quando as crises saem do âmbito profissional/organizacional e começam a ter dimensões pessoais/emocionais, indica-se a intervenção de uma terceira parte, pois as pessoas envolvidas na crise perderam as condições de administrá-la de forma eficaz. Como as crises nos obrigam a repensar nossos modos de agir, o estilo de vida, a escala de prioridades e valores, a ajuda externa geralmente se faz necessária. Em algumas crises, o "RH" pode ser a parte neutra que ajuda a equacionar uma crise. Mas devemos lembrar que o "RH" é também parte do sistema organizacional, e a condição de neutralidade muitas vezes não acontece.

As crises nos fazem sentir sobrecarregados, e a primeira tendência é nos esforçarmos mais, fazermos mais do mesmo, tentarmos nadar contra a correnteza. Algumas recomendações ajudam a superar as crises:

- Reconhecer que estamos numa crise e que as soluções usuais não levarão a nada, e que, portanto, ações novas precisarão ser tomadas.
- Na medida do possível, ficar de "cabeça fria", pois a situação exige análise racional, e decisões importantes precisam ser ponderadas.
- "Sentir" a situação, o emocional de cada um dos envolvidos e afetados pela crise pode dar uma dimensão nova e ampliada do que está ocorrendo.

- Ter disposição para agir e não ficar postergando ações, que, muitas vezes, poderão ser não muito simpáticas.
- Estar aberto à ajuda externa. As crises cobram de nós coragem, pois nos convidam a dar um passo no escuro. Com certeza, quanto maiores a rigidez e o apego ao conhecido, maior será a dificuldade de sair da crise.

Medidas preventivas ajudam a evitar que os momentos de crise ocorram, ou, pelo menos, a minimizar seus efeitos. Antes de uma crise, em geral há muitos indicadores de que as coisas não vão bem, mas as pessoas tendem a ver isso como algo temporário, que tudo voltará à normalidade. Quanto mais atentos estivermos aos sinais, mais chances de não termos de enfrentar uma crise.

H) GANHOS E PERDAS: COMO SUPERAR AS CRISES E ABRIR-SE A NOVAS OPORTUNIDADES

Os anos deixam rugas na pele, mas a perda do entusiasmo deixa rugas na alma.

ANÔNIMO

Tempos difíceis têm um valor científico. Eles são as oportunidades que um bom aprendiz jamais esquece.

RALPH WALDO EMERSON

> Gostaria de ter a oportunidade de me tornar um grande profissional. Obrigado!!!

> Esta é uma empresa muito boa; só que eu sinto que as mudanças que vêm ocorrendo não são pensadas com antecedência, e tudo é imposto, e no meio disso tudo cria muitos problemas de relacionamento, pois parece que o funcionário está mais para fazer e nunca para pensar. Muitas vezes o funcionário é tratado como culpado, antes mesmo de serem esclarecidos os fatos

> Muitos chefes esquecem que o sucesso de uma empresa depende do esforço coletivo. Esquecem que dentro da estrutura organizacional todos são interdependentes

> Nosso sucesso tem sido um barco à deriva, que chega a algum lugar, objeto de orações e pseudointenções, não de nossas remadas, objeto de uma viagem planejada

As crises estão aí, e não há como fugir delas: basta abrir o jornal, assistir ao noticiário na televisão ou no rádio, ver notícias na Internet, falar com os amigos. Ficamos sabendo de outras crises por outros meios: algum relacionamento está ruindo; um *tsunami* se abateu em seu trabalho; o número de clientes diminuiu e as margens de lucro estão sumindo; as coisas sempre feitas de determinado jeito começam a perder o significado; a relação com familiares está "por um fio".

A pessoa começa a ficar muito assustada, embora já tenha passado por muitas crises anteriormente, sobrevivendo a todas elas (é importante não se esquecer disso!!!).

Podemos dizer que estamos em crise no momento em que descobrimos que o que pensávamos já não funciona mais para o momento presente. As soluções que adotávamos, que antes resolviam determinadas situações, parecem não trazer mais os resultados esperados. Nossa tendência é continuar tentando, tentando, com os métodos conhecidos, mas... não dá mais certo!

As crises nos convidam, geralmente de forma incisiva e até dramática, a nos colocar novamente em movimento. São atitudes próprias da natureza humana a inércia, a tendência de repetir antigas rotinas conhecidas, mesmo que sejam entediantes ou ineficazes. As crises nos impelem a transformar esse estado de paralisia em movimento. Elas nos obrigam a repensar nossos modos de agir, nosso estilo de vida, nossas prioridades e valores.

Não temos controle sobre o desenvolvimento das crises, porque isso não depende só das decisões que possamos tomar. Somos afetados pelas ações praticadas por outras pessoas, e provavelmente pouco ou nada poderemos fazer a esse respeito, além de alguma eventual atitude preventiva. Estamos sujeitos a ações governamentais que afetam nossas economias, aos sabores do mercado, a oscilações da economia mundial e cortes de pessoal que ocorrem na organização em que trabalhamos. Sobre essas coisas, não temos controle. No máximo, podemos diversificar nossas aplicações, enviar o currículo a outros empregadores ou buscar uma atividade autônoma.

> **As crises nos convidam a nos colocar novamente em movimento.**

A maneira como reagimos às crises é totalmente determinada por nossas formas de perceber e agir. O modo como agimos é que vai definir o que irá acontecer nos momentos seguintes. Toda crise traz riscos e oportunidades: é a nossa postura pessoal que vai, em grande parte, determinar os novos rumos. Podemos ter domínio sobre a nossa forma de agir com relação a eles.

As crises são, em geral, o melhor momento para se investir. Essa decisão concretizará a oportunidade que só alguns veem. Quem faz isso sai na frente, pois a crise vai passar, e quem investiu certo sairá fortalecido. O investimento em pessoas, na dimensão humana e nas organizações é o que traz as mais altas taxas de retorno. Ter líderes preparados e alinhados com as estratégias da organização é vital e crítico ao sucesso das organizações, principalmente nos momentos de crise. São as pessoas que vitalizam as organizações e as ajudam a sair das crises. As lideranças nas organizações têm um papel especialmente importante, e precisam ser preparadas e recicladas para se lidar bem nesses momentos de drásticas mudanças. Com isso, há fortalecimento das equipes, melhora nas comunicações, redução de desperdícios e, principalmente, excelência no atendimento às necessidades dos clientes, o bem mais valioso e buscado nas crises.

Há uma inspirada frase de Margaret Wheatley que diz: "Quando buscamos conexão, restabelecemos o mundo da totalidade. Nossas vidas, aparentemente separadas, tornam-se cheias de significado, à medida que vamos descobrindo quão realmente necessários somos uns para os outros."

Uma agenda mínima para superar as crises

A grande questão que as organizações vivem é como sobreviver e se desenvolver, alternando períodos de abundância e de "vacas magras", apostando no futuro e construindo tempos melhores. A grande saída é dar foco correto no negócio, gerando perspectivas compartilhadas com as equipes, numa visão do futuro possível, com pessoas que saibam aproveitar oportunidades e tenham motivação e perseverança para continuar firme em suas atuações. É claro que isso não substitui investimentos em máquinas e equipamentos, em ampliação da capacidade produtiva, mas é muito mais fácil de conseguir do que contar com gente competente e motivada.

Vimos que investir em capital humano nas organizações é algo que não só traz retornos imediatos, como extremamente elevados.

Uma agenda mínima para se investir na dimensão humana das organizações, a ser ajustada considerando as peculiaridades de cada uma, é:

Ação	Como implantar	O que se ganha?
Definir uma visão de futuro da organização: clara, entendida e compartilhada	▪ Team Building para a definição ▪ Reuniões da alta direção com todo o pessoal para difundir	Pessoal participante, conectado e orgulhoso dos propósitos da organização
Definir uma visão de futuro e metas da área de trabalho (departamento, unidade de negócios): clara, entendida e compartilhada		Pessoal participante, conectado e orgulhoso dos propósitos de suas áreas de trabalho
Treinamento de vendas, atendimento, foco nos clientes	*Workshops* e palestras: técnicas e motivacionais	Pessoal capacitado e motivado

Ação	Como implantar	O que se ganha?
Desenvolvimento de habilidades de gestão de pessoas e equipes: liderança, equipe, comunicações, reuniões	▪ *Workshops* e palestras que sejam técnicos e motivacionais ▪ Apoio de *coaching*	Pessoal de gestão capacitado e motivado para agir, saber mobilizar esforços, dar direção, treinar, reconhecer desempenhos
Estímulo à inovação e à criatividade	*Workshops* e estímulos concretos	Novas ideias emergindo, valorizadas e implantadas
Programa de Qualidade de Vida no Trabalho	Ações localizadas que atenuem efeitos e causas	Redução do estresse e aumento da motivação

Essa agenda mínima deve ser apoiada por sistemas que assegurem sua continuidade. Para tanto, devem ser consideradas:

- Gestão de Competências
- Gerenciamento por Resultados
- Avaliação de Desempenho
- Mapeamento 360°
- Estrutura, diretrizes, práticas de Gestão de Pessoas e Equipes ("RH")

O que sobra em sua organização se for excluído o elemento humano? Provavelmente, quase nada, será a resposta. Assim, cuidar bem da dimensão humana no trabalho, além de ajudar a superar as crises, gera resultados que virão muito rapidamente.

I) COMO GARANTIR O SUCESSO DAS MUDANÇAS

A esperança é o melhor remédio que conheço.
ALEXANDRE DUMAS

A mudança de um simples comportamento pode afetar outros comportamentos e, assim, modificar muitas coisas.
JEAN BAER

Quando um homem responsabiliza os outros por seus fracassos, é bom começar a responsabilizá-los também por seus sucessos.
MARK TWAIN

> Até hoje, minhas ideias não foram colocadas em prática. Eu corri atrás de alguma resposta, mas não obtive sucesso!

> As mudanças não ocorrem tão rapidamente quanto necessário

> Os gerentes, de modo geral, deveriam aprender a gerenciar!!! Geralmente são os primeiros a descumprirem as regras e a desestimularem os subordinados!!! Muitos não têm nem mesmo ética e se comportam de forma imatura e tirana!

Quer gostemos ou não, lidar bem com mudanças é essencial ao nosso sucesso e bem-estar pessoal e profissional. Caso contrário, somos atropelados pelas mudanças. E quem é atropelado precisa correr atrás do prejuízo...

A maior parte das mudanças fracassa: ou não dá certo ou só é parcialmente implantada. E a maior parte da causa desse fracasso se deve à pouca atenção aos aspectos emocionais das mudanças. Apesar de haver grandes diferenças nas pessoas na forma de reagirem às mudanças, elas tendem a preferir ficar na zona de conforto que o conhecido proporciona. O novo, o incerto, o desconhecido geram ansiedade, pois, com certeza, obrigam a rever formas de pensar, de sentir e de agir. E disso, a maior parte das pessoas não gosta. E sempre fica a dúvida: *como eu me sairei nestes novos desafios? Será que darei conta do recado?*

Como gerenciar mudanças de forma mais eficaz?

Quando a "zona de conforto" começa a ficar desconfortável, como decorrência de uma crise, as pessoas mudarão se o grau de desconforto na situação atual for maior que o custo percebido de se ingressar na nova situação. Nas mudanças organizacionais, deve haver uma mudança coletiva, que, obviamente, é muito mais complexa que a individual. Se as percepções individuais sobre os custos e benefícios da mudança são diferentes, vê-se o quanto é importante a comunicação para assegurar o sucesso do processo.

Toda mudança tem três fases bem marcantes:

- O velho morreu
- Transição
- Viva o novo!

Na fase "O velho morreu", as soluções tradicionais que sempre funcionaram não apresentam mais resultados. Mas muitos tendem a não querer ver isso. "O velho morreu", mas nos recusamos a enterrá-lo e a emitir o atestado de óbito. Nessa fase, é comum buscarmos culpados para a falta de resultados das soluções tradicionais.

Após várias tentativas que não dão certo, ingressamos na fase da transição, que é uma etapa em que o discurso é novo, mas a prática ainda é antiga, o que gera interpretações distorcidas e angústias devido à falta de coerência. O *pensar–sentir-agir* obedece a uma sequência: o pensar já mudou, mas o sentir e o agir demoram um pouco mais. Nessa fase, é muito importante buscar a segurança internamente, pois, externamente, tudo está caótico.

Ao final dessa fase, quando as forças inovadoras se sobrepõem às antigas, podemos dizer: "Viva o novo" – agora o discurso e a prática estão coerentes, os novos rumos estão claros e a mudança se estabiliza... até que um novo ciclo de mudanças tem início.

Algumas "dicas" de como lidar com esses desafios:

- Reconhecer que o emocional do processo é mais importante que o racional.
- Mudanças "goela abaixo" geram resistências ativas e passivas, que se manifestarão mais tarde com força redobrada, sabotando o processo e conduzindo ao fracasso.
- Reconhecer que existe um tempo de assimilação das mudanças.
- Investir muito em comunicação: conversas, reuniões e papos formais e informais são extremamente importantes.
- Definir a visão do futuro, com o maior grau possível de envolvimento e comprometimento de todas as pessoas envolvidas.
- Mudanças geram ansiedade: abra um espaço para as pessoas desabafarem. Procure apoio profissional, se necessário.

CAPÍTULO 12

GESTÃO DE PESSOAS: INTEGRANDO AS MÚLTIPLAS DIMENSÕES

Este capítulo aborda a gestão de pessoas como responsabilidade indelegável do líder sustentável, com o apoio da área que, em algumas organizações, ainda é denominada "RH" (Recursos Humanos). É uma área em transição, o que se reflete em muitos nomes atribuídos, tais como Pessoas, Talentos Humanos, Capital Humano, Desenvolvimento Humano e Organizacional, entre outros. Nesse trabalho em parceria – líder e "RH" –, o resultado esperado é que a organização e as pessoas se relacionem de forma muito efetiva. Serão abordados aspectos gerais da gestão de pessoas, dando-se destaque ao tema da aprendizagem nos projetos de treinamento e desenvolvimento.

A) O RESGATE DA DIMENSÃO HUMANA

> *Porque gado a gente marca, tange, fere, engorda e mata... mas com gente é diferente.*
> **GERALDO VANDRÉ**

> *Homens de todo o mundo: não sois máquinas. Homens é que sois.*
> **CHARLES CHAPLIN**

Vivemos num ambiente de trabalho que é praticamente a antítese de tudo o que se prega nos Manuais de Gestão de Pessoas. Valorização por mérito, empenho e boas ideias – nada disso existe na nossa realidade. Trabalhamos num sistema quase amador, em que práticas mais eficientes e modernas são ignoradas

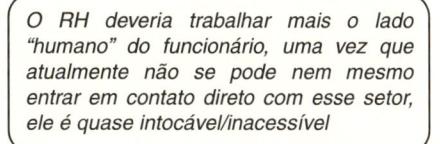

O RH deveria trabalhar mais o lado "humano" do funcionário, uma vez que atualmente não se pode nem mesmo entrar em contato direto com esse setor, ele é quase intocável/inacessível

Precisamos de um RH de verdade

O pesquisador americano Leon Martel, autor do livro *High Performers – how the best companies find and keep them*, define uma nova época, a "pós-materialista", para as organizações, numa forte mudança de valores no mundo do trabalho. "Não basta dinheiro para manter os funcionários." As melhores organizações, que são também as mais lucrativas, "olham para seus funcionários como pessoas por inteiro, não apenas como trabalhadores".

Isso é totalmente convergente com o tema da sustentabilidade: organizações de alto padrão praticam a inclusão, e isso se reflete não só na prática da responsabilidade social e comunitária, mas também e principalmente na inclusão interna.

Se uma organização pratica e acolhe a exclusão, muitas chefias dizem a seu pessoal: *você é pago para executar o que eu mando, e não é pago para pensar!* Isso é praticar uma corrosiva exclusão, para a qual a direção superior muitas vezes é omissa ou faz "vista grossa".

> **Quando se exclui deixamos de reconhecer a unidade do ser humano.**

Na falta de alternativas no mercado de trabalho ou por medo de represálias desse "simpático" chefe, talvez a pessoa humilhada "engula o sapo". Mas o impacto fica marcado e não se apaga, e certamente afeta negativamente o desempenho dessa pessoa e do grupo ao qual pertence. Como ficam seus colegas que presenciaram essa cena? Como fica a avaliação dos critérios das melhores organizações: segurança e confiança na gestão? Orgulho do trabalho e da organização? Clareza e abertura na comunicação interna? Camaradagem no ambiente de trabalho?

Quando se exclui, deixa-se de reconhecer a unidade do ser humano, que tem múltiplas dimensões profissionais e pessoais, com níveis físico, metabólico, emocional e espiritual, com cérebro, coração, mãos e pés. A organização é o lugar por excelência no qual esses aspectos podem e devem ser integrados.

Sustentabilidade

As organizações querem e precisam melhorar seus resultados de negócio. Como fazer isso de forma sustentável?

De forma (muito) simplificada, resultado significa faturamento menos custos/despesas. Para melhorar os resultados, temos de aumentar o faturamento e/ou diminuir os custos/despesas. A solução de corte de pessoal é o "caminho fácil" trilhado por muitas organizações, o que costuma gerar resultados positivos no curto prazo e negativos num horizonte de tempo mais amplo.

O papel do "RH"

Na medida em que cada líder passa a ser também gestor de pessoas, o "RH" se transforma, num processo de descentralização que exige novas habilidades, tanto do "RH" como de seus gestores. Na medida em que se dá a devida importância à dimensão humana, melhores e mais sustentáveis serão os resultados organizacionais. O desenvolvimento de competências de gestão de pessoas e equipes passa a ser um foco central.

Quando se avaliam os critérios que estabelecem que uma organização figura entre as melhores, veremos diversos indicadores que podem ser sintetizados num único: são organizações em que a dimensão humana é considerada em sua verdadeira e total amplitude e cada gestor é efetivamente um gestor de pessoas. É *apenas* e *simplesmente* isso! Esse já é um discurso de muitos anos, e os números têm confirmado que as organizações que realmente o praticam estão colhendo bons resultados.

B) COMO AS PESSOAS E AS ORGANIZAÇÕES PODEM RELACIONAR-SE MELHOR

Quem dá um tapa esquece; quem recebe não esquece jamais.

ANÔNIMO

Escolha o trabalho que você ama e nunca terá de trabalhar um dia na sua vida.

CONFÚCIO

> Os chefes devem fazer cursos de relações humanas para serem menos estúpidos com seus subordinados

> Ele tem de saber que está lidando com seres humanos, não com animais. Ele pensa que somos trouxas

> O maior problema da empresa são os gerentes e as atitudes do RH contra o funcionário

> De 100 pessoas, 90 incluem seus currículos na Internet, por não estarem felizes e não se sentirem valorizados, falta de informações, problemas sem solução e indefinição

Já usamos a imagem do iceberg neste livro e vamos usá-la mais uma vez: as pessoas e as organizações são como icebergs: têm partes visíveis e partes invisíveis, e todas as partes são importantes e indivisíveis.

Quando alguém faz parte de uma organização, há um fluxo contínuo entre o que dá e o que recebe dela. Na parte visível, a pessoa dá seu tempo, conhecimentos e experiências, e, em troca, recebe remuneração, oportunidades de carreira e algum grau de segurança. Essa é a conexão visível, contratual, e seu elemento de troca é o "salário material". Mas há também a conexão menos visível, em que a pessoa dá sua dedicação, sua motivação, seu entusiasmo, ações que fazem a diferença, e, em troca, recebe reconhecimento, oportunidades de desenvolvimento, o sentido de pertencer e de estar contribuindo para uma causa maior. Nessa conexão, o elemento de troca é o "salário psicológico", em que a transação ocorre no nível emocional. Como em todas as conexões que buscam manter-se ao longo de tempo, ou seja, aquelas sustentáveis, é mandatório haver equilíbrio entre o que cada parte dá e o que recebe. Sem isso, o relacionamento definha e termina.

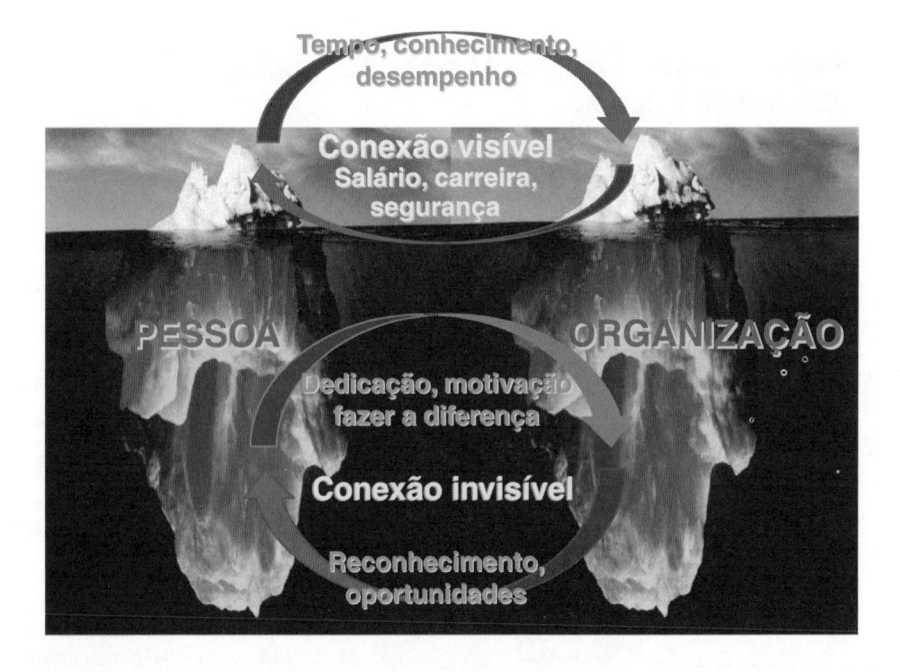

> As pessoas e as organizações são como icebergs: têm partes visíveis e partes invisíveis.

Tempo, conhecimento, desempenho

Conexão visível
Salário, carreira, segurança

PESSOA — **ORGANIZAÇÃO**

Dedicação, motivação fazer a diferença

Conexão invisível

Reconhecimento, oportunidades

A tendência é dar muita atenção ao que é visível e menor prioridade ao invisível, o que é um erro. A parte visível é mais facilmente mensurável e baseia-se no desempenho; a menos visível é mais emocional e intuitiva e baseia-se no empenho. Diversos processos e instrumentos nos ajudam a lançar foco e luz na parte submersa do iceberg, tornando tangível o intangível e, assim, possibilitando o reconhecimento do que deve ser mudado e aperfeiçoado. Entre esses processos e instrumentos, podemos destacar a Pesquisa de Clima Organizacional, a identificação da cultura e valores, o Mapeamento 360° e as Constelações Organizacionais.

Outro aspecto a ser destacado é que, para a pessoa, a figura abstrata da organização se materializa em seu chefe imediato. Ou seja, minha organização tem a feição do meu chefe. Para as pessoas, seus chefes são os embaixadores, os representantes da organização. O que eles falam e fazem tem peso de lei. Chefes inadequados podem pôr a perder toda a estratégia da organização, se estiverem despreparados. Por isso, os programas de desenvolvimento de gestores devem gerar alinha-

> **Minha organização tem a feição do meu chefe.**

mento nos comportamentos dos gestores e são uma peça fundamental, essencial e crítica para o sucesso e o desenvolvimento da organização. Existe altíssimo grau de correlação entre a atuação das lideranças e os resultados de negócios, o clima organizacional e motivacional, entre tantos outros indicadores. As lideranças têm o papel de orientar as pessoas de suas equipes, mobilizando seus esforços e habilidades para atingir resultados, criando oportunidades de inovação e desenvolvimento, com aprendizagem, reforço positivo e elevação da autoestima.

A área Gestão de Pessoas ("RH") tem o papel de ser um "construtor de pontes" que liguem as pessoas e a organização. Trata-se de uma ponte que une as visíveis e as invisíveis, pois ambas são essencialmente importantes. Essa área tem grande contribuição ao apoiar as lideranças a exercerem seu papel, disseminando tecnologias para que elas saibam lidar bem com as pessoas e as equipes.

Quanto mais considerarmos a totalidade do iceberg, ou seja, a totalidade das pessoas e das organizações, mais teremos bases sólidas para um relacionamento positivo e sustentável entre as partes.

C) COMO GERENCIAR RESULTADOS E AVALIAR DESEMPENHO

> *Insanidade é fazer as mesmas coisas do mesmo modo e esperar resultados diferentes.*
> ANÔNIMO

> *Nossas dúvidas são traidoras, e nos fazem perder o bem que sempre poderíamos ganhar, por medo de tentar.*
> WILLIAM SHAKESPEARE

Não recebo feedback do trabalho que desenvolvo, ou seja, não sou elogiada nem criticada. Dessa forma, fico sem saber onde posso melhorar, fica a sensação de que o meu trabalho é insignificante para a empresa. Sinto que posso dar muito mais

Eu seria mais claro no relacionamento entre chefe e subordinados. Não esconderia nada do que acontece em relação ao profissional, informando o que o funcionário não está realizando corretamente, mas também mostraria os pontos positivos do profissional com maior frequência.

Não temos um programa de avaliação de desempenho

Nas avaliações de desempenho realizadas, a promoção por merecimento sempre foi por sorteio, em que bons e maus são colocados no mesmo saco

Nunca tive uma conversa sequer sobre meu desempenho

Muitas organizações não estabelecem com clareza o que esperam de cada pessoa e de cada equipe. E não acompanham esses resultados, deixando indefinido como está sendo o desempenho das pessoas. Na medida em que são definidas as metas da organização, de preferência como fruto de um processo participativo, as pessoas saberão o que fazer para concretizar essa meta. As pessoas têm a capacidade de auto-organização, mas é preciso um mínimo de estruturação para que ocorra um alinhamento de esforços e o processo seja eficaz.

Metas quantitativas e qualitativas claras são essenciais para a avaliação do desempenho. Denominamos esse processo de SIGRAD (Sistema de Gerenciamento por Resultados e Avaliação de Desempenho), que tem como característica a melhoria da qualidade da gestão de pessoas da organização.

Gerenciar por resultados passa a ser a forma básica de planejamento e controle da organização. Com base nas definições estratégicas de objetivos amplos a atingir, a Gerência por Resultados se torna o principal elemento de referência para o planejamento e o controle das ações gerenciais e operacionais. A Gerência por Resultados é implantada de forma integrada com o Processo de Avaliação de Desempenho, principalmente em nível gerencial. Esse sistema deve estar ligado ao atingimento de objetivos nas dimensões de:

- Resultados
- Pessoas
- Inovação

Os pressupostos básicos do Sistema são:

- Ser simples de implantar e de operar.
- Trazer resultados tangíveis em curto prazo.
- Possibilitar a integração com o Sistema de Informações Gerenciais.
- Ser desburocratizado.
- Envolver gradativamente os diversos escalões hierárquicos, a partir do topo.
- Ter a apresentação dos dados uniformizada.

As metas passam a ser um "contrato" entre o líder e o liderado, que se compromete a alcançar as metas negociadas. O líder, por sua vez, garante os recursos necessários e oferece apoio, também negociados. Dessa forma, o processo de delegação encontra forte impulso. Uma vez definidas as metas pela via da negociação, cabe ao líder acompanhar seu progresso, como parte de seu papel. Nesse acompanhamento, devem ser tomadas as ações preventivas e corretivas necessárias, dentro da autonomia decisória do liderado.

> **As metas passam a ser um "contrato" entre o líder e o liderado.**

Periodicamente, deve ser conduzida uma entrevista formal de acompanhamento, em que se renegociam as metas e se avalia o desempenho em seu atingimento, nos aspectos de "o que atingiu" e "como atingiu". Nessa reunião, devem-se abordar aspectos ligados a necessidades de treinamento e desenvolvimento, gerenciamento de carreira, indicação de sucessores etc. O conjunto dessas informações se constituirá na "avaliação de desempenho".

D) JUSTIÇA NO AMBIENTE DE TRABALHO

Conquistar a si mesmo é uma vitória maior que conquistar milhares numa batalha.
BUDA

Paz no mundo exige justiça no mundo. Nenhum de nós pode escapar da responsabilidade de agir pelo nosso próprio futuro.
JULIUS NYERERE

Nós nos transformamos naquilo que praticamos com frequência. A perfeição, portanto, não é um ato isolado. É um hábito.
ARISTÓTELES

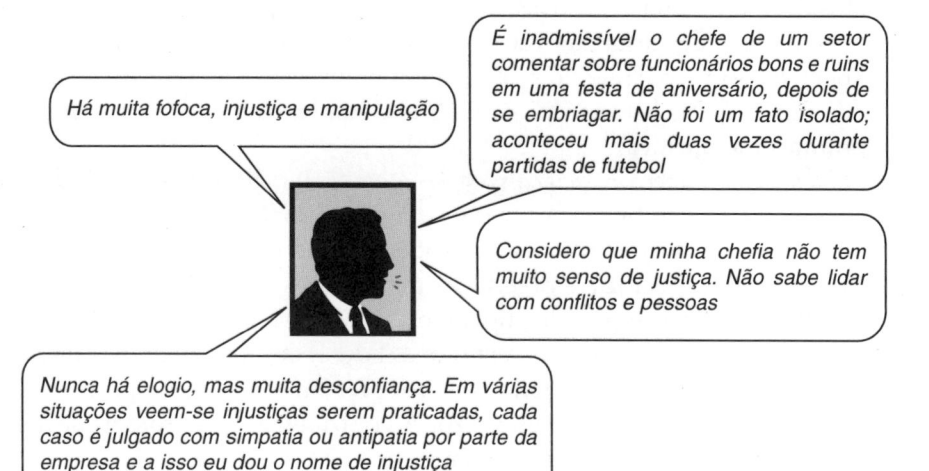

- Há muita fofoca, injustiça e manipulação
- É inadmissível o chefe de um setor comentar sobre funcionários bons e ruins em uma festa de aniversário, depois de se embriagar. Não foi um fato isolado; aconteceu mais duas vezes durante partidas de futebol
- Considero que minha chefia não tem muito senso de justiça. Não sabe lidar com conflitos e pessoas
- Nunca há elogio, mas muita desconfiança. Em várias situações veem-se injustiças serem praticadas, cada caso é julgado com simpatia ou antipatia por parte da empresa e a isso eu dou o nome de injustiça

No local de trabalho deve prevalecer a justiça. Num artigo de Maria Amália Bernardi, publicado no jornal *Valor Econômico*, fizemos uma boa reflexão sobre esse tema. A WBA-World Business Academy preconiza que as organizações são as instituições mais poderosas do planeta, e que é nelas que está ocorrendo e se espalhando um profundo e intenso processo de transformação pelo planeta. Então, isso deve ocorrer de forma justa.

Para promover a justiça no ambiente de trabalho, responsabilidade indelegável de todos os líderes e liderados, alguns aspectos a observar são:

1. *Premiar quem merece*: o prêmio deve vir do atingimento de resultados, sem preferências pessoais e sem subjetividade. O prêmio deve ser sempre proporcional aos resultados atingidos e deve equilibrar as contribuições da equipe com as individuais. Um prêmio pode ser uma recompensa, algo tangível e material, como dinheiro, uma viagem, ações etc., mas pode ser também um reconhecimento, algo mais sutil, como, por exemplo, um elogio, uma distinção. São dois "salários": o material e o psicológico, que devem estar sempre bem equilibrados. As celebrações, ainda pouco praticadas nas organizações, reconhecem esforços extras, dedicação excepcional, num saudável "reforço positivo" que energiza as pessoas.

   > **No local de trabalho deve prevalecer a justiça.**

2. *Situações iguais devem ser tratadas de forma igual; situações diferentes devem ter tratamento diferente*: problemas surgem quando damos tratamentos diferentes a situações iguais ou tratamento igual a situações diferentes. Essa forma perpetua a injustiça de "dois pesos, duas medidas", ou "aos amigos, tudo, aos inimigos a lei". Não aceitar a existência de privilégios e de privilegiados.

3. *Punir ou (permitir que se puna) só com real possibilidade de defesa*: todos os atos devem ter consequências. Ninguém deve ser punido sem que tenha a possibilidade de expor sua versão e apresentar seus argumentos de defesa. Poder recorrer ao chefe do seu chefe ou a outras instâncias para se defender, sem ficar "na lista negra", é um direito fundamental. Negar isso implica promover a injustiça.

4. *O líder só permanece em seu cargo se for mais competente que o melhor de seus liderados*: isso significa promover um saudável rodízio de lideranças (situações e projetos diferentes exigem líderes diferentes); para liderar numa circunstância específica, é preciso ter maior sabedoria, experiência, conhecimentos ou informações, legitimando a posição de liderança.

5. *Permitir o progresso dos mais talentosos*: os líderes devem cuidar para que um aparente maravilhoso resultado no curto prazo não esteja comprometendo os resultados em médio/longo prazo. A contribuição aos projetos deve levar em conta a integração de três fatores:
   - Quanto isso contribuiu para os resultados de negócio?
   - Quanto isso contribuiu para o clima interno da organização?
   - Quanto isso contribuiu para a inovação e a flexibilidade?

6. *Tratar bem liderados e pares*: o líder que promove justiça deve ter "tolerância zero" com pessoas (quem quer que sejam) que, de alguma forma, maltratem os outros. Todos os tipos de discriminação, de assédio, de fornecimento de informações errôneas, de sabotagem, de omissão e de humilhação são profundas injustiças.

7. *Ouvir e aceitar ideias*: um estilo de gestão aberto e participativo leva ao comprometimento de todos, além de tornar o ambiente mais descontraído e incentivador ao desempenho. Permitir que as pessoas se expressem promove senso de participação e justiça. Nada fica calado!

E) ROTEIRO 16: MINHA ORGANIZAÇÃO É UM BOM LUGAR PARA SE TRABALHAR?

Dê uma nota de 0 (péssimo) a 10 (excelente) para cada um dos oito fatores que caracterizam as melhores organizações:

Fator de avaliação	Como é em minha organização?	Como é em minha área de trabalho?
1. Remuneração		
2. Benefícios		
3. Treinamento e oportunidades de carreira		
4. Segurança e confiança na gestão		
5. Orgulho do trabalho e da organização		
6. Clareza e abertura na comunicação interna		
7. Camaradagem no ambiente de trabalho		
8. Responsabilidade social		
TOTAL		

- O que deve ser feito para se melhorar ou manter essa posição em minha área de trabalho? E em minha organização como um todo?
  _____
  _____
  _____

- Qual é minha contribuição pessoal a esse processo?
  _____
  _____
  _____

F) OS CINCO DESAFIOS DO TREINAMENTO E DESENVOLVIMENTO NAS ORGANIZAÇÕES[1]

> *Não há nada que o treinamento não possa fazer. Nada está além de seu alcance. Pode transformar a moral ruim em boa; pode destruir maus princípios e recriar os bons; pode elevar homens a anjos.*
>
> **MARK TWAIN**

> *A principal esperança de um país está na educação adequada de sua juventude.*
>
> **ERASMO**

Deveria existir exame psicológico daqueles que exercem cargo de chefia, bem como treinamento no que se refere ao tratamento de pessoas

A organização oferece muitos treinamentos, mas, em muitos casos, os cursos são distribuídos sem critério, e muitos nunca utilizam o conhecimento adquirido. Com isso, muitos que precisam fazer determinado curso ficam sem fazer por falta de vaga

A área de RH tem deixado muito a desejar, principalmente no que diz respeito ao plano anual de treinamento

Baseado no Manual de Treinamento e Desenvolvimento (T&D) sintetizamos "Cinco Desafios do T&D". São desafios com os quais o líder sustentável precisa lidar no exercício de seu papel de educador.

Desafio 1: Conciliar tempo de aprender com tempo de produzir

O líder sabe que deve oferecer oportunidades de aprendizagem e desenvolvimento às pessoas de sua equipe. Mas deve também buscar resultados, atingir metas. E aí vem a necessidade de se equilibrarem demandas que são conflitantes por sua natureza: é preciso produzir e também aprender o novo. Produção é essencial à sobrevivência; aprendizagem é essencial à longevidade. Mas o tempo é cada vez mais escasso:

- O mundo, o chefe, o cliente demandam soluções imediatas, de curto prazo. Tudo é urgente, mas os processos de aprendizagem demandam tempo de maturação.

---

[1] Para mais detalhes, ver Manual de Treinamento e Desenvolvimento, volumes 1 e 2 (coordenação de Gustavo e Magdalena Boog).

- Os referenciais tradicionais estão desmoronando rapidamente: tudo muda muito, de forma veloz e radical. Aprender o novo é uma competência essencial.
- Organizações são pressionadas por redução de custos, mas querem programas sob medida, específicos para as suas necessidades. Isso tem um custo mais alto, mas os orçamentos são reduzidos.

> **O líder deve oferecer oportunidades de aprendizagem e desenvolvimento às pessoas. de sua equipe.**

- Devido à sobrecarga, está cada vez mais difícil conciliar tempo de produzir com tempo de aprender.

Como lidar com esse desafio?
- Reconhecer que processos de aprendizagem, de mudanças de comportamento, têm um ritmo que precisa ser respeitado.
- Ser rápido nas respostas. Ir direto ao ponto. Focar-se no essencial.
- Buscar formas inovadoras de reduzir custos.
- Dividir custos fixos com programas cooperados, que envolvam diversas organizações.
- Usar tempo fora da sala de treinamento para leituras/questionários/tarefas via Internet, reduzindo, assim, o tempo das atividades presenciais.

Desafio 2: Resgatar a dimensão humana do T&D

Cada participante de programas de treinamento e desenvolvimento quer, cada vez mais, ser tratado como um ser integral, com dimensões racionais, emocionais e espirituais.

- A aprendizagem precisa abordar o ser integral: ninguém mais quer só informações técnicas e lógicas. O desafio é conciliar e alinhar nos programas:
    - razão com emoção
    - teoria com prática
    - discurso com ação
    - sala de treinamento com mundo real
    - energia Yang com energia Yin
    - dimensão humana com dimensão empresarial
    - saber com fazer
- As pessoas precisam resgatar seu "poder pessoal"

Como lidar com esse desafio?

- Construir uma "ponte" entre a sala de treinamento e o mundo real dos participantes.
- Criar formas inovadoras de T&D: muitas vivências, trabalhos práticos, abordagens alternativas, treinamentos outdoor etc., que tratem o participante como um ser adulto, complexo e completo.
- Rever paradigmas, pois as energias Yang e Yin precisam estar equilibradas e presentes nas organizações.

Desafio 3: Focar resultados e mudanças concretas

T&D amplia sua atuação, devendo assegurar contribuições tangíveis aos resultados da organização e dando apoio para que mudanças comportamentais efetivamente ocorram. T&D contribui nesse processo com o desaprender, o aprender e o reaprender, integrando-se às estratégias de negócio das organizações.

- Quanto T&D agrega de valor, para as pessoas e para a organização? Como T&D afeta as metas? Qualidade? Tempo? Retorno financeiro?
- T&D passa a ser ferramenta estratégica para os objetivos da organização:
  o Desaprender o obsoleto.
  o Aprender o novo.
  o Reaprender quantas vezes for necessário.
- T&D amplia sua atuação, integra intervenções e assegura que as mudanças ocorram de fato: "Qual melhoria será implantada?", e não apenas "Qual é o programa que vamos desenvolver?"

Como lidar com esse desafio?

- Criar indicadores que mensurem a contribuição do T&D. Quando isso não é possível, usar medidas indiretas, como Pesquisa de Clima Organizacional, Mapeamento 360° e comparação entre grupos.
- Estimular a postura de "eterno aprendiz".
- Criar uma linguagem que seja inteligível aos executivos organizacionais.
- Nem sempre T&D é a solução, pois podem existir diversos outros fatores organizacionais, gerenciais e técnicos que impeçam melhores desempenhos.

Desafio 4: Usar cada vez mais a Tecnologia da Informação (TI)

Treinamentos virtuais que usam a Tecnologia da Informação são realizados cada vez com mais intensidade, com o alargamento do uso do E-Learning, que é todo e qualquer aprendizado viabilizado pela TI, em geral envolvendo

Internet ou Intranet. Gerenciar equipes virtuais passa a ser competência crítica em organizações geograficamente distribuídas.

- Integrar o processo de T&D aos avanços da TI.
- E-Learning representa um investimento inicial e, após, grande redução de custos.
- Com a dispersão geográfica das operações, gerenciar equipes virtuais e treinamentos virtuais passa a ser competência essencial aos líderes e aos profissionais de T&D. Os aspectos de idioma, culturas regionais e fusos horários precisam ser levados em consideração.

Como lidar com esse desafio?
- Preparar o T&D para os rápidos avanços que ocorrem na área de TI.
- Investir em programas-piloto de E-Learning para incorporar o conceito.
- Preparar os líderes para gerenciarem equipes virtuais e terem maior domínio na diversidade.

Desafio 5: Preparar-se para que a aprendizagem corporativa não seja mais monopólio do T&D

Todo líder tem o papel indelegável de ser um líder de treinamento, um líder *coach*. Temas como sustentabilidade, ética, espiritualidade, ecologia e responsabilidade social fazem cada vez mais parte dos treinamentos.

- Os líderes precisam ser preparados para este papel, pois é conhecido o fato de que profissionais são promovidos a cargos de gestão por suas competências técnicas e, posteriormente, demitidos pela carência de competências de relacionamentos, de gestão de pessoas e equipes.
- O treinamento *on the job* passa a ter importância crescente, e os líderes precisam estar preparados para isso.
- Sustentabilidade passa a ser uma palavra-chave nos treinamentos.

Como lidar com esse desafio?
- Programas de Desenvolvimento Gerencial, focando principalmente competências de gestão de pessoas e equipes, tornam-se essenciais, em especial em temas como papel dos gestores, liderança, trabalho em equipe, motivação, comunicações, mudanças e reuniões.
- A área de T&D deve rever e atualizar seus referenciais, para ter nos líderes parceiros (e não concorrentes) no processo de aprendizagem.
- Sustentabilidade de resultados, de clima interno e de posturas inovadoras passa a ser o foco central nos treinamentos.

G) TREINAMENTO: CONEXÃO COM RESULTADOS

> *Desenvolver pessoas significa dar o ombro amigo, nunca o colo infantil.*
> **MARLUCE DIAS DA SILVA**

> *O problema essencial da educação é dar o exemplo.*
> **TURGOT**

> *Educação pelo medo deforma a alma.*
> **COELHO NETO**

A respeito do treinamento, para muitos ele sequer existe!

A maioria do pessoal que trabalha na fábrica tem vontade de fazer curso, mas a empresa não ajuda nem com a metade, e muitos são pais de família que não vão tirar da boca dos filhos e de sua família para estudar

Quando foram delegadas funções, eu não tive o treinamento adequado para essas tarefas. Estou chateado e sinto que o excesso de trabalho está influenciando minha vida particular

Jeannie Johnson, diretora internacional da ASTD, apresentou, numa palestra, as tendências mundiais do treinamento e desenvolvimento. Com muita habilidade, Jeannie estimulou os participantes a se posicionarem frente às tendências, o que resultou numa rica troca de experiências. As tendências são:

Aprendizagem como estratégia organizacional: ficou demonstrado que as organizações que aprendem bem e rápido, as que posicionam o "RH" "realmente" num nível estratégico, conseguem desempenhos de negócio muito melhores que aquelas que não fazem isso.

E-Learning: com os recursos da Tecnologia da Informação, o treinamento derruba os limites da sala de aula, dos horários e dos custos.

Treinamento está se transformando em Consultoria de Desempenho: em vez de focar as atividades (o que você faz), o treinamento pode resolver uma grande parte dos problemas de desempenho das pessoas, equipes e organização (os resultados que você atinge). O treinamento, apesar de não ser a solução para todas as situações que afetam o desempenho, é um dos mais poderosos instrumentos para aumentar as competências e os resultados de negócio.

A liderança começa a valorizar o estilo *coaching*: a transição de estilos mais técnicos e fechados para uma atuação mais humana e participativa exige que os líderes invistam em seu autoconhecimento e na disponibilização do *coaching* para suas equipes, em aspectos como o diálogo face

> **Lideranças centralizadoras aniquilam o espírito de aprendizagem.**

a face, o exercício do dar e receber *feedback*, a discussão de ações que prejudicam a carreira, os relacionamentos e o melhor desempenho.

O papel do profissional de T&D está se modificando: em vez de se restringir a oferecer cursos e *workshops*, o profissional de T&D está agora no centro do processo de inovação e aprendizagem da organização: pode ajudar a organização e seu pessoal a crescer e atingir sucesso, estando alinhado com programas voltados para estratégia de negócios.

Essas cinco tendências não nos deixam surpresos, não são exatamente uma novidade, pois as pessoas estão conectadas com o que está acontecendo no mundo. O desafio é que não conseguimos ainda transformar essas tendências numa prática concreta do dia a dia, em muitas organizações.

Quais são as dificuldades que o painel dos participantes apontou?

Lideranças centralizadoras: que ainda praticam o "manda quem pode, obedece quem tem juízo", o que aniquila o espírito de aprendizagem.

E-Learning: uma promessa fantástica, mas que ainda se encontra "solta" em muitas organizações, deixando, assim, de realizar seu imenso potencial.

Profissional de T&D: muito júnior, sem lugar de decisão nas organizações, o que o coloca muitas vezes "a reboque" dos processos de desenvolvimento da organização.

Mensuração das contribuições de T&D: apontada ainda como uma dificuldade nas organizações brasileiras. Há contribuições facilmente mensuráveis, mas há aspectos intangíveis que não podem ser ignorados.

Estratégias de negócios: como T&D pode agregar valor se as estratégias estão mal definidas, ou se são desconhecidas ou mal comunicadas?

Imediatismo/sobrecarga: posturas de imediatismo não favorecem os investimentos e o retorno do T&D. A grande sobrecarga de trabalho, o excessivo tempo em frente aos computadores respondendo a e-mails e a busca frenética por resultados de curto prazo, do tipo "custe o que custar", na prática dificultam que se possa ter o tempo necessário para treinar e para receber o treinamento, reforçando, assim, um perverso ciclo negativo.

H) SÓ VOU INVESTIR NAQUILO DIRETAMENTE LIGADO À PRODUÇÃO

> *A riqueza é o produto da capacidade de pensar do homem.*
> AYN RAND

> *Da minha aldeia, vejo o quanto da terra se pode ver do universo. Por isso a minha aldeia é tão grande como outra terra qualquer. Porque eu sou do tamanho que vejo, e não do tamanho da minha altura.*
> FERNANDO PESSOA

> *A mente humana que se alarga para uma nova ideia jamais retorna às suas antigas dimensões.*
> OLIVER WENDELL HOLMES

> Não vejo treinamentos eficazes na minha área. Cobra-se conhecimento, mas investimento jamais. Também não vejo meus colegas sendo treinados. Somente a área de vendas tem treinamento; o resto é resto

> Não podemos ter a escola com uma visão materialista: formamos seres humanos, seres pensantes, precisamos de amor, afeto, amizade, valorização pessoal, profissional

> Treinamento precário; algumas áreas são treinadas demais, enquanto outras ficam sem a atenção devida. Enfim, muito me preocupa a falta de preparo para atuar na minha área, onde as mudanças são constantes

Existe uma falsa noção de que investir em gente não é prioridade numa empresa. Na realidade, o discurso sempre é bonito, destacando a importância do elemento humano na organização. Mas, na hora de colocar a mão no bolso, na hora de designar uma verba para a gestão de pessoas e equipes, para o treinamento dos profissionais, para rever processos de avaliação de desempenho ou melhorar a atuação dos gestores, a conversa é outra. O discurso fica vazio e os recursos para tanto são "adiáveis" ou "não prioritários".

A frase *"Só vou investir naquilo diretamente ligado à Produção"* foi dita por uma profissional de liderança de "RH", visivelmente chateada com a pouca prioridade que os dirigentes de sua empresa estavam dando aos investimentos de gestão de pessoas. É exatamente nesses momentos de crise que tais investimentos se fazem mais necessários. A frase revela a incapacidade de enxergar longe.

> **Há também a responsabilidade de alguns profissionais de "RH", que realizam investimentos não focados.**

A miopia vem principalmente dos níveis de decisão de algumas empresas, que não reconhecem as enormes e lucrativas contribuições que os investimentos em pessoas trazem. Só para citar uma das fontes, nos resultados de pesquisas realizadas nas melhores empresas para se trabalhar, há uma associação direta entre bom ambiente de trabalho (fruto de investimentos na boa gestão e no desenvolvimento de pessoas) e a lucratividade dessas organizações. É sabedoria empresarial investir em gente, pois isso representa altas taxas de retorno. As melhores ganham muito mais dinheiro! Há estudos internacionais, principalmente da Universidade de Chicago (focada no conceito de "capital humano"), mostrando esse retorno. As Pesquisas de Clima Organizacional que conduzimos mostram forte correlação entre motivação e desempenho (os efeitos esperados pelos gestores) e as boas práticas de gestão de pessoas e equipes.

Se, por um lado, há miopia dos níveis de decisão, há também a responsabilidade de alguns profissionais de "RH", que realizam investimentos não focados, que geram desembolsos sem retorno, e também pouco se preocupam em mostrar resultados visíveis de seus programas. Quando há um foco concreto e os resultados são visíveis, o reconhecimento acontece e a miopia se vai, num saudável ganha-ganha.

Se os profissionais de "RH" mostrarem com mais ênfase os resultados de seus programas, fica muito mais fácil comprovar o atingimento dos resultados finais esperados: pessoal motivado, clientes e acionistas encantados, faturamento e lucratividade em alta, meio ambiente preservado. Portanto, se sua opção é "só investir naquilo diretamente ligado à Produção", investir em gente é a melhor opção.

I) INDO ALÉM DO TREINAMENTO[2]

A aplicação das leis é mais importante que a sua elaboração.
THOMAS JEFFERSON

Sê plural como o Universo.
FERNANDO PESSOA

---

[2] Em coautoria com Magdalena Boog.

> Em quatro anos de empresa, nunca vi uma desmotivação tão grande de todos os colaboradores, além de despreparo

> Os investimentos em treinamento têm aumentado bastante, embora não seja explorado o conhecimento adquirido ao longo do curso, agregado pelo funcionário

> Porém, o que vemos infelizmente é o total despreparo de pessoas que ocupam cargos de gestão, e utilizam esses cargos para obter benefícios pessoais

É muito comum encontrarmos participantes de seminários de Desenvolvimento Gerencial dizendo, algum tempo depois do programa: *"O treinamento foi ótimo, eu aprendi muito. Mas meu dia a dia me sufoca e não consigo aplicar quase nada do que aprendi!"*

Uma grande parte dos participantes consegue por seus próprios recursos colocar em prática o que aprendeu. Mas uma parte simplesmente não atinge esses resultados, permanecendo estagnada em seus comportamentos usuais, o que impede o retorno do investimento feito.

Por que acontece isso?

Esses participantes geralmente têm dificuldades pessoais em determinadas áreas, o que os impede ou dificulta que coloquem em prática o que aprenderam. Por exemplo:

- Nas comunicações, é muito comum pessoas terem medo de falar em público, de se sentir inadequadas em suas mensagens, de se esquecer o que iriam falar, de se atrapalhar na condução de tema, de se expor diante dos colegas, subordinados e chefias ou de perder o controle da situação. Esses receios se aplicam tanto a uma palestra para centenas de clientes de uma organização como a uma apresentação ao Conselho de Administração ou até mesmo uma simples reunião semanal com alguns liderados.
- Nas organizações, é necessário que os líderes ajustem seus estilos a cada situação, com naturalidade. Uma pessoa excessivamente "coração" terá dificuldade de ser mais assertiva com seus subordinados na hora de estabelecer metas e cobrar os resultados, assim como chefes demasiadamente duros serão verdadeiros "tratores" passando por cima das pessoas ao seu redor.
- Para o trabalho em equipe, pessoas individualistas precisam desenvolver maior sensibilidade às necessidades dos outros membros. Por outro lado, pessoas excessivamente centradas no

Uma grande parte dos participantes consegue por seus próprios recursos colocar em prática o que aprendeu.

bem-estar dos outros, esquecem-se de seus posicionamentos individuais.

> **O *coaching* é uma solução que oferece alta relação benefícios x custos.**

- Sentimentos de amargura e ressentimentos são comuns quando a relação de confiança é quebrada, o que dificulta ou quase impossibilita o trabalho conjunto, se esses aspectos não forem tratados. Muitas resistências à mudança são uma retaliação a atos percebidos como negativos.
- Se a pessoa é muito ansiosa, isso se reflete em todas as áreas de sua atuação profissional e pessoal, criando a seu redor um clima de instabilidade e insegurança. Esse é um fenômeno moderno, muito ligado à cobrança de fazermos tudo muito rápido. Ninguém está livre, de tempos em tempos, de passar por momentos de ansiedade, mas isso se torna um problema se for um estado constante: um pouco de ansiedade é positivo, e melhora nosso desempenho, mas, em excesso, a ansiedade tem efeitos destrutivos no comportamento.
- Outras áreas de dificuldades pessoais que colocam muitos num atoleiro paralisante: crises de carreira, medo de perder o emprego, sentimentos de ter sido tratado sem o devido respeito, excesso de carga de trabalho, rebaixamento da autoestima, medos generalizados, desmotivação, baixa qualidade de vida, falta de integração entre trabalho e família, falta de serenidade, doenças físicas ou emocionais etc.

É claro que, muitas vezes, o que ocorre é que não houve a construção adequada da conexão entre o *workshop* e o cotidiano dos participantes, criando uma verdadeira "ilha da fantasia". É possível que o participante encontre também discrepância entre o que foi falado e as práticas organizacionais, não havendo exemplos ou incentivos em seu dia a dia para aplicar o que aprendeu.

As dificuldades pessoais ocorrem com tanta frequência que, na maioria dos casos, representam um forte obstáculo à aplicação dos conceitos e ferramentas tratados no treinamento.

Como resolver a situação? Como eliminar essas barreiras e incentivar as pessoas a mudarem seus comportamentos?

O *coaching* é uma solução que oferece alta relação benefícios x custos. É uma intervenção extremamente eficaz, que consiste no atendimento personalizado para os participantes melhorarem suas áreas de dificuldade. O *coaching* é conduzido em entrevistas num ambiente seguro em que a pessoa pode falar de suas dificuldades, de orientações específicas e de um local onde as alternativas podem ser debatidas sem receio de críticas. É, enfim, um recurso que leva ao crescimento profissional e pessoal, onde a organização e o profissional ganham.

Para o sucesso do *coaching*, é preciso que a pessoa queira enfrentar e resolver suas áreas de dificuldade, bem como a organização esteja disposta a investir nessa mudança. Ele vai mostrar a real situação da pessoa, seus potenciais e limitações, vai construir a visão do que alcançar, avaliar as possibilidades de atingir os resultados e priorizar as alternativas de ação. No *coaching*, não se dão conselhos. Antes, é conduzido de forma que a pessoa possa ter uma visão ampliada de seu momento.

O *coaching* é uma abordagem inovadora que integra as pessoas e a organização na busca de saúde, competência e crescimento. Em geral, com poucas reuniões, o participante tem o fortalecimento pessoal para ele mesmo agir e transformar seu comportamento, com impacto imediato em seu trabalho e em sua vida pessoal. Em casos de dificuldades mais profundas, às vezes é necessário um trabalho mais extenso. O *coaching* ajuda a transformar aprendizagem em ação concreta.

Para o sucesso da organização, é necessário que os executivos e profissionais-chave estejam equilibrados e energizados, para poderem desempenhar com excelência seus papéis. O *coaching* é um caminho rápido e eficaz nesse sentido.

J) ESTRATÉGIAS E FERRAMENTAS DE TREINAMENTO E DESENVOLVIMENTO

Apresentaremos aqui uma visão mais detalhada das tendências do mundo do trabalho. Este texto analisa os impactos na área de treinamento e desenvolvimento.

> *Como seres humanos, fomos feitos para superar a nós mesmos, e seremos verdadeiramente nós mesmos quando nos transcendermos.*
> **HUSTON SMITH**

> *Se queres conhecer o mundo, olha primeiro em teu próprio coração. Se queres conhecer a ti mesmo, dirige teu olhar ao Universo.*
> **RUDOLF STEINER**

Pois onde o RH de uma empresa não funciona, não há plano estratégico, nem plano de carreira; não há também treinamento, desenvolvimento ou capacitação dos funcionários

Acho que a empresa se preocupa em dizer que quer desenvolver seus colaboradores, porém não vejo isso na prática

Infelizmente, as pessoas não são desenvolvidas aqui na empresa, nem há um bom aproveitamento dos potenciais de cada um. Não há um plano de carreira e, na maioria das vezes, uma pessoa de fora é contratada para ocupar uma nova vaga, em vez de "aproveitar" os já funcionários

As grandes mudanças

Vivemos numa época de intensas, rápidas e radicais mudanças, que demandam profunda revisão nas estratégias e ferramentas de treinamento e desenvolvimento. Entre elas, destacamos a globalização, a Tecnologia da Informação e a ecologia/sustentabilidade.

A globalização é um processo planetário que integra mercados em todos seus aspectos, acirrando a concorrência, impulsionada pelo barateamento dos meios de transporte e das comunicações. Na busca de competitividade, as empresas reduzem seus custos, atuando na região que tenha mais competência e menor custo para produzir seus bens e serviços. Isso cria oportunidades para uns e destrói os empreendimentos de outros. Com a globalização, as relações de interdependência são cada vez mais intensas e há cada vez menos mercados protegidos. A pressão por resultados de curto prazo passa a ser uma constante na atuação de todos os profissionais.

O enorme avanço tecnológico nas formas de comunicar-se e de ter acesso a informações gera importante impacto no comportamento das pessoas. A informação tornou-se gratuita e disponível a todos, e isso demanda atitudes mais abertas e participativas nas empresas, contrastando com um modelo centralizador nas organizações.

O aquecimento global, as variações drásticas do clima e a preocupação com o planeta Terra fizeram com que a ecologia e a sustentabilidade invadissem diariamente os meios de comunicação. Para que uma organização seja sustentável, deve atender ao critério de: ambientalmente correta, economicamente viável e socialmente justa. A preocupação com sustentabilidade e meio ambiente tornou-se uma exigência dos mercados consumidores. Esse novo foco modifica os critérios de avaliação no mundo corporativo. O sucesso consiste em atender simultaneamente ao *triple bottom line*.

Impacto no trabalho e nas estratégias de treinamento e desenvolvimento (T&D)

As mudanças globais criam impacto e modificam profundamente o trabalho nas organizações, exigindo novas estratégias de T&D. Entre elas:

Menor estabilidade dos vínculos de trabalho: a busca pela redução de custos enfraquece o conceito tradicional de emprego, e um bom desempenho profissional não é mais garantia de continuidade. A terceirização cresce, rompendo os contratos, inclusive os psicológicos. Convivem no mesmo ambiente os empregados e os "terceiros", altamente interdependentes, mas colocados em duas categorias, com exigências, benefícios e prestígios diferentes. T&D deve assegurar o treinamento de empregados e terceiros, pois uma eventual falha pode destruir a imagem da organização. Os gestores devem aprender novas formas de liderar pessoas que não sejam seus subordinados hierárquicos.

Tempo de produzir x tempo de aprender: os processos de *downsizing* causam devastação nas estruturas organizacionais, criando melhorias financeiras e de produtividade no curto prazo, mas sem sustentabilidade em muitos casos. Ocorrem racionalização de processos e eliminação de atividades que não geram valor, mas também uma sobrecarga aos "sobreviventes" desse processo. Surge o sentimento de que eu dou muito e recebo pouco. Assim, retirar profissionais de suas atividades usuais para participar de atividades de T&D torna-se um dilema para os gestores: se não houver um bom T&D, os profissionais tornam-se obsoletos em pouco tempo, e, por outro lado, se investirmos tempo no T&D as metas de produção ficarão comprometidas. O imediatismo na busca de resultados cria um ambiente adverso ao T&D.

Aumento do estresse: a existência do e-mail, dos notebooks e dos smartphones faz com que profissionais estejam 24 horas por dia à disposição de suas organizações, o que causa uma inconveniente invasão nos limites pessoais. Muitas atividades de T&D se baseiam no e-Learning, realizado fora dos horários de trabalho, o que pode ser percebido como mais um desrespeito aos limites pessoais. Outro conflito é que, com recursos escassos, os gestores tendem a ser mais autoritários, com um quadro de profissionais que cada vez mais rejeita esse estilo de atuação.

Aumento da interdependência: no mundo corporativo é raro encontrarmos departamentos que não tenham forte relação de interdependência e de complexidade em seus relacionamentos. A necessidade de trabalho em equipe é mandatória e, para isso, T&D pode contribuir fortemente com programas que desenvolvam competências de relacionamento interpessoal, de equipe e de "visão do todo". Isso se contrapõe a posturas individualistas. A atuação concreta dos líderes no trabalho em equipe fortalece esse profundo e necessário processo de mudança.

Entrada da Geração Y: os jovens, que em muitas organizações já representam mais de 50% do efetivo, têm um perfil e valores bastante diferentes dos antecessores, com impulsividade e energia para provocar renovação nos sistemas de gestão existentes. T&D pode contribuir nesse processo treinando as pessoas nos aspectos de convivência e respeito à diversidade das gerações, no ajuste do ritmo de carreira e na oferta de muitas oportunidades de educação e aprendizado, que são fortes demandas da Geração Y. Os gestores devem aprender a liderar profissionais polivalentes, exímios em TI, resistentes a aspectos hierárquicos e burocráticos e cobradores de coerência entre os discursos e as práticas.

> Os jovens em muitas organizações já são mais de 50% do efetivo.

Aumento da diversidade: nas empresas, a convivência de homens e mulheres em situações de igualdade é cada vez maior. As mulheres saem de funções secundárias e de apoio e passam a ocupar posições de poder. Minorias de diversas origens exigem igualdade de oportunidades. T&D contribui com esse processo promovendo programas de conhecimento e respeito à diversidade de culturas, raças e minorias.

Ética, responsabilidade social e ambiental: a demanda por ações éticas, de responsabilidade social e ambiental é um clamor dos tempos atuais, levando as organizações a inscreverem esses temas em suas altas prioridades de ação. T&D contribui incorporando esses temas em todos os conteúdos de seus programas.

Conclusões

Novos tempos demandam novas estratégias e ferramentas para que T&D contribua efetivamente para o sucesso das pessoas e organizações. Globalização, TI e ecologia/sustentabilidade produzem profundo impacto no mundo corporativo, redefinindo as relações de trabalho, o que, por sua vez, exige uma nova estratégia de T&D. A atuação de T&D deve ser avaliada de forma integrada em relação a quanto suas atividades contribuem para os resultados organizacionais, para o desenvolvimento das pessoas e para o meio ambiente.

Novas ferramentas, como a Pesquisa de Clima Organizacional, aprofundada com a medição do equilíbrio entre o dar e o receber, e a correlação entre os indicadores organizacionais são possibilidades que contribuem para a eficácia do T&D, alinhando suas ações com as estratégias organizacionais.

CAPÍTULO 13

O TRABALHO NO SÉCULO XXI

Este capítulo analisa, de forma ampla, o contexto e a evolução das relações de trabalho, e é praticamente um quase resumo de tudo que foi visto neste livro. Apresentamos as macrotendências da gestão sustentável, em aspectos como enfraquecimento do vínculo do trabalho pela terceirização, busca por qualidade de vida, entrada de novos profissionais no ambiente de trabalho, quebra de lealdades com o *downsizing*, exigências de flexibilidade e mudanças rápidas devido à competição globalizada, desafios da diversidade cultural, impactos da tecnologia, posicionamento ético no ambiente organizacional, demandas da ecologia e sentimento generalizado de sobrecarga de trabalho.

A) CONCEITOS DE TRABALHO

Sem trabalho, a vida apodrece; mas quando o trabalho não tem alma, a vida míngua e morre.
ALBERT CAMUS

Empresas saudáveis são não apenas possíveis, mas também cruciais para permanecerem vivas e competitivas no século XXI.
ROBERT H. ROSEN

A organização é um excelente lugar para se trabalhar. Poderia ser melhor se a "cultura" não fosse uma barreira tão grande à implantação de melhores práticas gerenciais

A falta de comunicação entre as áreas e principalmente a burocracia de certas questões com entraves de interesses têm prejudicado o andamento de muitos trabalhos

Ninguém trabalha isoladamente; somos parte de um todo

Em Gênesis 3:19, na versão católica da Bíblia, encontramos que Deus disse a Adão: "Comerás o teu pão com o suor do teu rosto..." Por esse versículo bíblico, vê-se que o sustento para a vida deriva do trabalho, que ocorre num ambiente de sacrifícios e esforços.

> **O trabalho é o preço a pagar para atender às necessidades humanas.**

O trabalho está em oposição ao descanso, ao prazer, às coisas boas da vida. É a partir do trabalho árduo que se consegue o sustento para a vida. Pode-se entender que esse conceito encontra-se altamente disseminado na forma de pensar e de agir das pessoas no mundo judaico-cristão.

O trabalho é o preço a pagar para atender às necessidades humanas. Neste livro, o termo "trabalho" está focado no campo organizacional, no relacionamento entre a pessoa e a organização, caracterizado por uma troca: a pessoa dá seu tempo, competências, experiências e aprendizados, recebendo em troca:

- Aspectos mais tangíveis: salário, benefícios, bônus, participações.
- Aspectos menos tangíveis: reconhecimento, possibilidades de carreira e desenvolvimento, algum sentimento de segurança e sentimento de inclusão.

B) EVOLUÇÃO DO TRABALHO NO BRASIL

> *O Brasil já é a maior das nações neolatinas (...) precisa agora sê-lo no domínio da tecnologia da futura civilização, para se fazer uma potência econômica, de progresso autossustentado. Estamos nos construindo na luta para florescer amanhã como uma nova civilização, mestiça e tropical, orgulhosa de si mesma.*
>
> DARCY RIBEIRO

Há grande dificuldade no andamento dos trabalhos, parecendo que somos concorrentes dentro da mesma empresa. Isso gera grande carga de retrabalho e perda de negócios

Muita gente boa de trabalho, mas muita gente trabalhando só pelo dinheiro. Há muita coisa fácil de resolver, mas a burocracia e a centralização na matriz preocupam

A atual gestão não valoriza o profissional como antes, haja vista as tendências de terceirização de algumas áreas especializadas

Apresentamos uma análise compacta da conjuntura brasileira das últimas décadas, considerando aspectos governamentais, econômicos, organizacionais, dos gestores e da área de Recursos Humanos ("RH").

Década de 1970: o Brasil vive num regime militar. É a época do milagre econômico, com o país apresentando altas taxas de crescimento econômico e o início da abertura política. As organizações apresentam um crescimento rápido e um mercado com consumidores pouco exigentes e pouco protegidos. Os gestores tinham estilos que tendiam a ser centralizadores, focados em suas competências técnicas. Para os profissionais, há muitas possibilidades de crescimento rápido na carreira. O "RH" é mais voltado para dentro das organizações, com pouca ênfase no contexto externo, com foco no preenchimento das vagas geradas pelo crescimento, com as atividades de treinamento centradas em aspectos técnicos e com a remuneração regulada por dissídios coletivos. Anteriormente a essa década, o "RH" era denominado Setor de Pessoal, muitas vezes subordinado a uma área de contabilidade ou administrativa, cuidando principalmente dos aspectos burocráticos, em atendimento à Consolidação das Leis do Trabalho. Na década de 1970, o "RH" passa a ter um nível hierárquico de departamento e é denominado "Relações Industriais".

Década de 1980: o Brasil vive a redemocratização do país, com inflação alta e baixo crescimento econômico. Um importante marco é a Constituição de 1988. Nas organizações, há muitos casos de estagnação e encolhimento, com bolsões localizados de prosperidade. Uma preocupação que tem início nessa época e que perdura até os dias de hoje é a redução de custos e o "enxugamento" das estruturas, processos denominados *downsizing* e reengenharia. Os gestores buscam a sobrevivência das organizações, bem como a sua própria, como profissionais. Há intensa redução dos níveis hierárquicos, uma grande atração pelo modelo gerencial japonês, visto como um referencial a ser utilizado. Nesse contexto, o "RH" também busca sobreviver, numa época repleta de conflitos trabalhistas e com muitos questionamentos sobre o efetivo valor agregado pelo "RH" ao sucesso das organizações. Passa a ser crescente a denominação "Recursos Humanos", muitas vezes com status de gerência ou diretoria.

Décadas 1990 e atual: o Brasil vive um regime democrático pleno, marcado por grandes oscilações políticas, como a abertura econômica do governo Collor, o Plano Real, os governos FHC, Lula e Dilma. A globalização impacta fortemente a economia do país e há uma competição acirrada. As dimensões de qualidade e atendimento tornam-se um diferencial competitivo na busca de clientes, faturamento e lucratividade. Os gestores colocam seu foco em resultados de curto prazo, o que caracteriza um imediatismo, ao mesmo tempo que ampliam suas competências, tendo de reconhecer, na dimensão humana, um fator essencial ao sucesso de sua atuação. Nas empresas, as mulheres galgam posições de destaque. A Tecnologia da Informação evolui de forma intensa e radical: as distâncias geográficas deixam de existir, na medida em que as pessoas podem conectar-se instantaneamente, a realidade se torna informação guardada em espaços minúsculos, o tempo fica comprimido, as pessoas assumem variadas identidades e muitos treinamentos passam a ser realizados com a tecnologia do e-Learning. O "RH" passa por grande redução em seu porte e busca alinhar-se com as estratégias organizacionais. Um dos focos do "RH" é a descentralização de suas atividades, buscando passar de um foco controlador a um apoiador, demandando que todo gestor seja também um gestor de pessoas. O nome "Recursos Humanos" é questionado, por seu foco utilitarista, e as organizações procuram e praticam novos nomes, tais como Gestão de Pessoas, Dimensão Humana, Desenvolvimento Humano e Organizacional, Talentos Humanos, Diretoria de Pessoas etc., com nível de Vice-Presidência ou Diretoria em grandes organizações.

> O "RH" passa por grandes reduções em seu porte e busca alinhar-se com as estratégias organizacionais.

Os líderes operam e precisam equilibrar duas demandas, usualmente divergentes, que são:

- as necessidades das organizações
- as necessidades dos indivíduos

Esse é um dos desafios da atuação dos líderes sustentáveis, ou seja, buscar integração entre essas demandas, colocando-se a serviço de uma visão mais elevada, integrando as necessidades organizacionais e as individuais. Nessa busca, os líderes devem contar com o apoio da área denominada genericamente de Recursos Humanos – "RH".

C) O CONTEXTO DAS RELAÇÕES DE TRABALHO NO INÍCIO DO SÉCULO XXI

O salutar só é quando no espelho da alma humana se forma a comunidade inteira, e na comunidade vive a força da alma individual.
Eis o princípio da ética social.
RUDOLF STEINER

Ser bom é um bom negócio.
ANITA RODDICK

Imaginação é mais importante do que conhecimento.
ALBERT EINSTEIN

> Não há estímulo para os funcionários trabalharem mais felizes e satisfeitos: cursos, salário e condições adequadas em seus setores

> Meu trabalho não me proporciona uma qualidade de vida profissional, pois nossa demanda é infinitamente superior à nossa capacidade de absorção

> A falta de integração dos sistemas e comunicação entre as áreas gera retrabalho e desperdício de tempo, o que diminui bastante a eficiência e a produtividade

Os principais fatores podem ser visualizados no esquema a seguir:

- Globalização
- Tecnologia da Informação
- Ecologia/sustentabilidade

{

- Enfraquecimento dos vínculos de trabalho (terceirização)/ menor segurança e estabilidade
- Redução de custos/ *downsizing*/ sobrecarga de trabalho
- Gestores pressionados pelo curto prazo
- Tarefas com elevado grau de interdependência (maior complexidade), levando à maior necessidade de trabalho em equipe (maior integração e menor fragmentação)
- Entrada de novos profissionais com valores diferentes dos tradicionais
- Ascensão da mulher no mundo de trabalho
- Grande diversidade de pessoas: culturas, raças, minorias
- Maior necessidade de ética, responsabilidade social e ambiental
- Busca de maior qualidade de vida
- Mudanças rápidas e radicais exigindo flexibilidade, capacidade de aprender e atender a metas difíceis

} Impacto na atuação das lideranças

Cabe observar que são relações de interdependência, e não relações causa e efeito unilaterais.

Contexto

Vivemos numa época de intensas, rápidas e radicais mudanças. Como estamos vivenciando essa transição, com certeza não se tem uma visão distanciada e imparcial que permita a necessária objetividade para se analisarem todas as implicações do que está ocorrendo. Mas mesmo com essa limitação, alguns aspectos podem e devem ser mencionados:

Globalização: processo de integração de abrangência planetária, que integra mercados nos aspectos econômicos, sociais, culturais e políticos. Busca interligar o mundo, expandindo mercados e acirrando a concorrência, impulsionada pelo barateamento dos meios de transporte e das comunicações. Como processo mundial, a globalização começou na era dos descobrimentos, mas é considerada um fenômeno mais atual, pós-Segunda Guerra Mundial, quando, de fato, seus efeitos mostraram-se de forma muito mais intensa, por exemplo, com as marcas mundiais. Há críticas severas quanto aos benefícios da globalização, com o sentimento de muitas promessas não cumpridas, na medida em que as desigualdades e a pobreza ainda estão presentes em muitas partes da Terra. A globalização, visando a redução de custos, busca o país ou a região que tenha mais competência e menor custo para produzir determinado bem ou serviço, o que cria oportunidades para uns e destrói os empreendimentos de outros. As relações de interdependência entre as partes são cada vez mais intensas, e há cada vez menos mercados cativos ou invulneráveis à concorrência, a qual pode vir de qualquer lugar.

Tecnologia da Informação: o notável avanço tecnológico nas formas de se comunicar e de ter acesso a informações é, na realidade, um dos aspectos da globalização, mas, pela sua importância no comportamento das pessoas, foi aqui destacado. Tem como elementos centrais a Internet, a TV a cabo ou satélite, e os celulares, cada vez mais acessíveis a todos, pelo barateamento de preços e aumentos de cobertura. Hoje, no Brasil, temos mais de um celular por habitante. Esse acesso tem forte impacto em posturas democráticas, na medida em que disponibiliza informações que possibilitam, por exemplo, comparações de regimes políticos sem qualquer barreira geográfica, o que representa uma ameaça a regimes ditatoriais. Na área da medicina, por exemplo, o papel hegemônico dos médicos exige deles explicações aos pacientes,

> **Nas relações organizacionais, a disponibilidade de informações ameaça posturas autocráticas dos gestores.**

que têm acesso a descrições de doenças, sintomas e tratamentos. Nas relações organizacionais, a disponibilidade de informações ameaça as posturas autocráticas dos gestores.

Ecologia/sustentabilidade: o aquecimento global, as variações drásticas do clima, a preocupação com o planeta Terra, tudo isso fez com que esses temas invadissem diariamente os meios de comunicação. Como vimos, para que uma organização e os atos de seus profissionais sejam considerados sustentáveis, devem atender ao critério de *tripple bottom line*: ambientalmente correto, economicamente viável e socialmente justo.

D) IMPACTOS NO TRABALHO E NA ATUAÇÃO DOS LÍDERES SUSTENTÁVEIS

> *Ai daquele que se inquieta com o futuro.*
> LUCIUS ANNAEUS SENECA

> *O futuro não é mais o que costumava ser.*
> ARTHUR C. CLARKE

> O gestor deixa bem claro que quem sabe tudo é apenas ele. Há o favoritismo e o beneficiamento de pessoas dentro do departamento. Essas atitudes não nos permitem contribuir com o nosso conhecimento, e nos sentimos congelados, à mercê de tirania ou ditadura. A evolução profissional fica estagnada

> Estou aqui há quase quatro anos, amo esta empresa e sei que ela pode melhorar. Gosto de trabalhar, mas confesso que ando sem motivação alguma, pois nunca recebi um elogio, um incentivo, um curso de motivação, uma palestra sequer para contribuir no meu dia a dia, e sei que a empresa oferece isso somente a quem interessa

Os diversos elementos do contexto criam impacto nas formas de trabalho no mundo organizacional. O contexto gera impacto no trabalho, mas a recíproca também é verdadeira. A seguir, são descritos em detalhes:

Enfraquecimento dos vínculos de trabalho (terceirização)/ menor segurança e estabilidade: antes da globalização, um profissional com bom desempenho teria alta probabilidade de esperar pela aposentadoria em sua organização, principalmente se fosse membro do grupo dos gestores ou dos profissionais especializados. Carreiras longas, bastante segurança e estabilidade faziam parte das expectativas na relação de emprego. Com o avanço da globalização, de um momento para outro, acionistas podem mudar, estratégias são modificadas, novos mercados se abrem ou se fecham, o que causa rompimento ou alteração nas relações de trabalho. Foi e é usual o fato de pessoas que trabalharam por 20 ou 30 anos em uma organização, com bom desempenho, que, por motivos de "redução de custos", foram dispensadas.

> **Tudo que não é *core business* tende a ser terceirizado.**

Tudo que não é *core business* tende a ser terceirizado, no pressuposto de que a organização deve centrar sua atenção no essencial. Existe aqui um paradoxo: ao mesmo tempo que as empresas podem demitir a qualquer momento para fazer ajustes no nível temporário de competitividade que consideram apropriado, precisam de maior envolvimento e comprometimento de todos. Aqui, há uma assimetria nas relações de poder, um desequilíbrio na relação pessoa–organização: as pessoas devem dar muito, e a organização não quer assumir compromissos na mesma intensidade.

O que se percebe é que, muitas vezes, a terceirização é uma estratégia focada exclusivamente na redução de custos, na medida em que, em geral, o terceirizado tem menos benefícios, segurança e salário que tinha em sua empresa de origem. A terceirização frequentemente afeta a qualidade dos serviços, e são comuns reclamações de atendimento, de assistência técnica, de instalação de equipamentos: o cliente paga o prestígio de uma marca e recebe serviços de baixa qualidade.

Coexistem nas organizações duas categorias de pessoas no mesmo ambiente de trabalho: os empregados e os terceirizados. Comparações de remunerações, benefícios e oportunidades de carreira criam posturas do tipo "eu valho mais que você", influenciando a autoestima e o comportamento. Adicionalmente, ao buscar atingir seus resultados com duas categorias distintas de profissionais, a complexidade da atuação do "RH" aumenta.

A pessoa que tinha um vínculo com a "empresa-mãe" e passa a ser terceirizada sente-se diminuída em seu status profissional. O rompimento do contrato psicológico pode diminuir a lealdade nesse vínculo.

O enfraquecimento do vínculo tem efeito dúbio na motivação, pois tanto pode levar a uma desmotivação, decorrente da perda de status e benefícios, como pode despertar um espírito empreendedor no terceirizado, que se abre a novas possibilidades. Pessoas motivadas pela segurança se sentirão desmotivadas.

A "empresa-mãe" muitas vezes oferece oportunidades de treinamento e desenvolvimento na carreira, que tendem a cessar com a terceirização. O terceirizado passa a ser o principal responsável por sua atualização e desenvolvimento profissional. Na medida em que esse desenvolvimento tenha condições ou não de ocorrer concretamente, isso pode ter impacto em sua motivação.

O gerenciamento de profissionais terceirizados tem características distintas de pessoas subordinadas hierarquicamente. As diferenças de status hierárquico, a obediência e o seguimento às regras organizacionais, bem como o poder, ficam abalados, pois, com terceirizados, os líderes devem atuar mais por influência do que por poder hierárquico.

Redução de custos/downsizing/sobrecarga de trabalho: o brutal aumento da competição, ampliada e aplicada a todas as regiões, faz com que a busca de insumos ao processo produtivo se baseie em custos cada vez mais reduzidos. Assim, em vez de contratar, por exemplo, um analista de Tecnologia da Informação (TI) para desenvolver determinado projeto nos Estados Unidos ou na Alemanha, é possível encontrar esse mesmo tipo de profissional em países do BRIC com uma remuneração substancialmente mais baixa. Isso vale para autopeças, para centrais de atendimento a clientes e praticamente para toda e qualquer área da atividade humana. Os processos de *downsizing*, notadamente com as ferramentas da reengenharia, causaram verdadeira devastação nas estruturas organizacionais, criando melhoria financeira e de produtividade em curto prazo, mas que não foi sustentável em um grande número de casos. Onde, uma década atrás, havia 10 pessoas para realizar determinado tipo de trabalho, hoje encontraremos apenas duas ou três. Com certeza, houve racionalização de processos, eliminação de atividades que não geravam valor, mas também uma sobrecarga aos "sobreviventes" desse processo. Principalmente em empresas que operam em base mundial, a existência de e-mail, notebooks e smartphones faz com que os profissionais estejam 24 horas por dia à disposição de suas organizações, podendo ser chamados a trabalhar nos fins de semana ou em altas horas da noite, o que leva a uma invasão dos limites pessoais e diminuição na qualidade de vida.

Essa busca pela redução de custos leva aos seguintes impactos na atuação das lideranças:

- A sobrecarga de trabalho pode causar doenças profissionais, o que gera ausências, licenças médicas frequentes e motivação e desempenho baixos.
- O menor número de pessoas para a realização de atividades gera sobrecarga e surge um sentimento como "eu dou muito e recebo pouco" ou ainda "o que faço hoje era feito por duas ou três pessoas há pouco tempo". Isso pode ser percebido como um rompimento ao contrato psicológico, na medida em que contraria expectativas estabelecidas e a pessoa carrega um sentimento de injustiça.
- A sobrecarga de trabalho por um tempo prolongado tende a gerar um quadro de desmotivação, que demanda estilos de liderança autoritários para assegurar o atingimento das metas. As pessoas sentem-se meros números, sem conexão e identidade com as metas organizacionais, apenas um recurso (humano). O trabalho passa a ser visto de forma alienada,

como mero contrato formal, que gera recursos para a sobrevivência. Isso ocorre num círculo vicioso. Quando o mercado de trabalho se encontra aquecido, o *turnover* tende a ser alto, principalmente nas pessoas de potencial mais elevado, na medida em que as pessoas não suportam, por um tempo prolongado, a situação de sobrecarga e estilos diretivos. Esse fenômeno pode ser chamado de "revoada de talentos", gerando um "apagão de talentos", como está ocorrendo neste momento em diversos setores da economia brasileira.

Gestores pressionados pelo curto prazo: a conjunção desses elementos, alta competitividade, sobrecarga de trabalho, prazos apertados, metas "impossíveis", tudo isso faz com que os gestores estejam focados em ações que gerem resultados imediatos. Numa situação em que o urgente prepondera sempre, o importante deixa de ser realizado. As demandas por flexibilidade, experimentação, aprendizagem são colocadas em segundo plano de prioridades, pois a concretização das metas é prioridade absoluta. Assim, o tempo de aprendizado fica prejudicado, pois o tempo de produção é sempre mais importante.

Essa pressão pelo curto prazo causa os seguintes impactos:

- As ações de treinamento e desenvolvimento, o tempo de aprender, essencial ao sucesso sustentável da organização, fica sempre em segundo plano. A organização entra num ciclo não sustentável em que a crescente defasagem de novos conhecimentos é compensada parcialmente com estilos autoritários, até um ponto em que o sistema entra em falência.
- Os profissionais mais jovens, que trazem em si o desejo de aprender e de se desenvolver, ficam bastante prejudicados com a ausência de tempo para aprender, para discutir, para receber *feedback*, o que leva a desmotivação e expectativas frustradas de crescimento.
- O que tem prioridade é apenas o que gera resultados imediatos. Cria-se um conflito entre os processos que tem seu ritmo de desenvolvimento não ajustável às demandas. Desenvolver um técnico para que assuma posições estratégicas de liderança tem um ritmo que deve ser respeitado. Pode-se usar a metáfora da semente que deve transformar-se em árvore, num processo de muitos anos: é inútil e prejudicial querer acelerar o processo com excesso de adubos e regas, que podem, inclusive, vir a eliminar a planta.
- A pressão por resultados de curto prazo leva a uma tendência a estilos autoritários, que podem resultar em ações de assédio moral.

O *elevado grau de interdependência leva à maior necessidade de trabalho em equipe*: dificilmente, no ambiente organizacional encontram-se funções autossuficientes que independam de outras para ser bem desempenhadas. Há forte relação de interdependência, que leva a uma maior complexidade nos relacionamentos.

Novas tarefas exigem novas qualificações técnicas, assim como a necessidade de trabalhar em equipe vai demandar novas habilidades comunicativas e comportamentais.

Para que um resultado aconteça, é preciso que uma múltipla e complexa rede de fornecedores e clientes realize suas tarefas. O sentido de trabalhar em equipe torna-se uma necessidade premente, em que é imperioso ampliar a visão individual para que as ações resultem em benefícios para o todo. Não basta mais um departamento ou pessoa fazer a sua parte; o desafio é assegurar que o resultado final tenha sido efetivamente alcançado. Aqui há um conflito latente: o individualismo com a necessidade de conectar-se ao que é melhor para o todo, entre seguir as responsabilidades do cargo ou realizar o que for necessário para que os resultados finais aconteçam. A globalização cria uma nova figura, a das equipes virtuais, composta por profissionais que se conectam apenas pela TI, com hábitos, culturas, fusos horários e línguas diferentes, o leva a um novo desafio de relacionamentos para se atingirem os resultados.

Essa elevada interdependência causa os seguintes impactos:

- No mundo ocidental, geralmente, os sistemas de reconhecimento e recompensa tendem a privilegiar desempenhos individuais, e não a buscar um balanço entre o individual e o coletivo. Apesar de os discursos dos altos executivos sempre enfatizarem o sentido de equipe, na prática isso não acontece, o que gera uma dissonância cognitiva nas pessoas, que não sabem se devem seguir os discursos ou as práticas.
- Os contratos tendem a ser omissos quanto à atuação individual e à atuação coletiva, criando uma zona de ambiguidade que afeta o desempenho e a motivação.
- As pessoas estão treinadas e condicionadas a buscar bons desempenhos individuais. A exigência de ser um membro ajustado à equipe, ou mesmo conduzir bem uma equipe, costuma ser mal atendida. Programas de desenvolvimento de gestores que efetivamente preparem profissionais no domínio de conceitos e técnicas de trabalho em equipe são altamente recomendados. Pela observação das práticas de gestão num grande número de empresas, percebe-se um grande preparo técnico dos gestores, mas a área comportamental tende a ser uma carência bastante generalizada.

Entrada de novos profissionais com valores diferentes dos tradicionais: os jovens que estão ingressando no ambiente organizacional, a Geração Y, têm perfil e valores bastante diferentes dos antecessores, com impulsividade e energia para provocar

> **Dificilmente, no ambiente organizacional encontram-se funções autossuficientes que independam de outras para ser bem desempenhadas.**

mudanças nos sistemas de gestão existentes. Como vimos, em muitas organizações esse contingente de jovens profissionais totaliza mais de 50% do efetivo, um número suficientemente grande para provocar reflexões e ações.

Esses novos profissionais causam os seguintes impactos:

- Demandas por coerência entre os discursos e as práticas, por flexibilidade de horários, por trajes informais, por qualidade de vida, por oportunidades de desenvolvimento em suas carreiras, por promoções rápidas, por um ainda maior uso da TI, são alguns dos desafios que os gestores e a área de "RH" deverão enfrentar nos próximos anos.
- Os contratos tendem a ser de prazo mais curto. Os jovens têm a expectativa de carreiras com progresso rápido e de experiências em diversas organizações, o que gera alta rotatividade, principalmente no segmento de jovens urbanos, com escolaridade superior e um nível econômico mais elevado.
- A motivação tende a ser elevada, dependendo de a organização oferecer oportunidades de desenvolvimento na carreira e de aprendizado.
- Esses jovens profissionais têm forte domínio da Tecnologia da Informação, mas carecem de competências e até de experiência de vida para lidar adequadamente com situações difíceis que envolvem o comportamento das pessoas no ambiente de trabalho.
- Os novos profissionais preferem estilos de liderança mais abertos e participativos. Para os líderes mais tradicionais, que tendem a utilizar estilos mais diretivos, há necessidade de revisão/ampliação de seus estilos de liderança.

Ascensão da mulher no mundo do trabalho: as mulheres sempre estiveram presentes no mundo do trabalho, mas, tradicionalmente, em funções secundárias e de apoio. O que se verifica é que, como decorrência dos movimentos feministas, da reivindicação de igualdade de direitos e da necessidade de o casal trabalhar para o sustento da família, as mulheres passam a ocupar posições de poder no mundo organizacional. Igual fenômeno se verifica no mundo governamental e político, onde hoje encontramos diversos povos dirigidos por mulheres, incluindo o Brasil. Ocupações tradicionalmente masculinas, como indústrias mecânicas, construção civil e aviação, passam a ter homens e mulheres em posições de mando.

A ascensão da mulher causa os seguintes impactos:

- A área de "RH" deve assegurar critérios que não sejam discriminatórios entre homens e mulheres.
- Dentro de uma educação tradicional, certos homens têm bastante dificuldade de aceitar que mulheres os liderem. Esse fato sugere a necessidade de haver programas de sensibilização para esse tema.

Grande diversidade de pessoas: culturas, raças, minorias: a globalização implica alto grau de intercâmbio entre países, raças e culturas. As diferentes minorias reivindicam seus direitos, e nós as vemos ocuparem igualmente posições de destaque. Num país de dimensões continentais como o Brasil, vamos encontrar diversas culturas regionais com características distintas. Assim, a consciência de que existe uma grande diversidade e de que os profissionais deverão atingir resultados nesse contexto passa a ser mandatória. A sensibilidade para os usos e costumes de cada região é importantíssima, na medida em que pode ser elemento determinante ao desempenho e ao bom relacionamento. Por exemplo, a forma calorosa de cumprimentos no Brasil pode ser considerada ofensiva em outras culturas; *feedback* direto e franco pode ser adequado numa cultura e inaceitável em outra.

Essa diversidade causa os seguintes impactos:

- Necessidade de maior conhecimento dos aspectos culturais das diversas regiões em que a organização atua, bem como domínio da legislação que rege as relações de trabalho em cada local. Existe também a necessidade de preparação e treinamento cultural para os profissionais, principalmente para aqueles que ocupam cargos de liderança.
- O contrato psicológico pode ser rompido com um eventual deslize que agrida a cultura local, com impactos na motivação.

Maior necessidade de ética, responsabilidade social e ambiental: a demanda por ações éticas e a rejeição a práticas desleais, corrupção, propinas etc. é um clamor dos tempos atuais, levando as organizações a definirem e, principalmente, colocarem em ação seus códigos de ética. Há crescente interesse na ideia de integridade, como qualidade crucial da liderança. A preocupação com meio ambiente, comunidade, sustentabilidade, poluição etc. cresce de forma notável, levando a organização a exercer com maior rigor sua "cidadania organizacional" e a aderir mandatoriamente à chamada "onda verde". Esses fatores tornam-se um diferencial competitivo das organizações, e os clientes já consideram esses aspectos em suas decisões de compra. O mesmo fenômeno ocorre com jovens ingressando no mundo organizacional, em que as dimensões éticas da organização são levadas em conta pelos candidatos.

Os aspectos éticos, de responsabilidade social e ambiental causam os seguintes impactos:

- A coerência entre discursos e práticas passa a ser mandatória, e os exemplos, principalmente da administração superior das organizações, passam a ser observados e acompanhados de perto por todos os membros da organização, assim como pelos acionistas, clientes e fornecedores.
- Quando se observa alinhamento entre os valores pessoais e organizacionais, há um forte reforço no contrato psicológico, na medida em que não se tem um emprego, mas uma causa a ser defendida.

- Os valores devem ser manifestos na forma de falar e agir de todos os membros da organização, o que demanda mapeamento e desenvolvimento de uma cultura baseada em valores.
- A coerência nas ações da liderança, seus aspectos éticos e a forma de decidir dentro dos valores organizacionais passam a ser mandatórios.

Busca por maior qualidade de vida: os fortes sentimentos de sobrecarga no trabalho, a aceleração decorrente da enorme velocidade nas comunicações, os chamados atrativos que o marketing das empresas fazem aliam-se e criam forte demanda por qualidade de vida. O conflito entre as demandas organizacionais e as pessoais e familiares é enorme, gerando ansiedade nas pessoas, que se cobram, por exemplo, por estarem mais presentes em suas famílias, e não conseguem. As pessoas querem e buscam felicidade, qualidade de vida, incluindo o local em que trabalham, onde passam uma parte significativa da vida. Essa busca não se restringe a ações cosméticas, como, por exemplo, uma academia de ginástica ou uma sala de repouso/meditação no ambiente da empresa, mas sim a verdadeiras ações emancipatórias.

A busca da qualidade de vida causa os seguintes impactos:

- Questionamentos principalmente quanto à flexibilidade de horários, de local de trabalho, de trajes, de adesão às regras organizacionais.
- A lealdade deixa de ser irrestrita à organização, mas as pessoas crescentemente são leais à sua vida, à sua carreira, aos seus princípios e à sua qualidade de vida.
- Ações unilaterais das organizações, entendidas como inadequadas e afetando a qualidade de vida tendem a gerar desmotivação e a ser rejeitadas ou sabotadas.
- Os líderes têm o desafio de equilibrar as demandas organizacionais com as demandas de qualidade de vida do pessoal, incluindo as suas próprias.

Mudanças rápidas e radicais que exigem flexibilidade, capacidade de aprender e atender a metas difíceis: a única certeza é que tudo muda, e muda de forma rápida e radical. Assim, nessa brutal aceleração, há um conflito não resolvido entre os ritmos naturais do ser humano e as demandas organizacionais: certos processos têm seu tempo de maturação e desenvolvimento, e não podem ser acelerados, pelo menos com as informações e tecnologias de que dispomos nesta época. Há outro conflito entre a estruturação, que gera produtividade e eficiência, e a flexibilidade, que se antecipa e se adapta às exigências de clientes e suas expectativas. O ser humano é um ser rítmico, que precisa alternar períodos de atividade com períodos de descanso, períodos de produção com períodos de aprendizagem – e isso parece inaceitável para as demandas organizacionais. Como se pode perceber, os líderes têm papel fundamental nesse processo de lidar com essas demandas conflitantes.

Essas mudanças causam os seguintes impactos:

- Como equilibrar tantas demandas conflitantes? Pesquisas apontam que executivos jovens e inexperientes, na casa dos 20 anos, pressionados pelo excesso de competitividade, apresentam quadros de hipertensão, estafa e fadiga crônica.
- Exigências exageradas tendem a levar as pessoas à exaustão.
- Os líderes precisam aprender a lidar com demandas múltiplas, flexibilidade, inovação e atendimento a metas difíceis.

E) AS MACROTENDÊNCIAS

O medo de um futuro que tememos só pode ser superado com imagens de um futuro que queremos.

WILHELM BARKHOFF

O futuro é preparado à medida que o presente, conservando-se no solo do passado, vai sendo transformado.

RUDOLF STEINER

Não se evita o futuro.

OSCAR WILDE

> Há burocracia e pessoas que chegam a cargos de chefia totalmente despreparadas, ou que não possuem perfil para tal desempenho, ou mesmo têm medo de perder seus postos

> Não só eu, mas todos os meu colegas de trabalho, estamos insatisfeitos com a empresa. A começar pela liderança totalmente apática, sem perfil de liderança

> A empresa deveria ouvir mais seus colaboradores, pois há muitos com ótimas ideias, mas com medo de expô-las

Não há nada mais arriscado do que prever o que acontecerá no futuro, principalmente numa época dominada por tantas e tão intensas mudanças. Há um conflito de paradigmas: de um lado, as demandas por humanização e sustentabilidade no trabalho e, por outro, a busca desenfreada por competitividade, custe o que custar.

Há um distanciamento entre os discursos e as práticas, entre as teorias e as aplicações.

Todo gestor deve ser também um gestor de pessoas

Para tanto, alguns aspectos mais críticos são:

- **Como desenvolver essas habilidades?** Como conciliar o tempo de produzir com o tempo de aprender? Como inserir esse tema como uma alta prioridade para os gestores? Como assegurar reconhecimento e remuneração aos gestores alinhados com a gestão de pessoas? Como ampliar as competências dos gestores, além das técnicas?
- **As universidades e os centros de pesquisa têm estudos e soluções que podem ser disseminados aos líderes sustentáveis das organizações:** Como assegurar o interesse e o acesso?
- **Quanto a dimensão humana agrega de valor às organizações e às pessoas?** E como mensurar isso?
- **Desenvolvimento e aprendizagem:** Entendemos que esse é um dos focos centrais da liderança, definindo ações positivas para as pessoas, que devem deixar de ser objetos para se tornar sujeitos.
- **"RH" com políticas e práticas de apoio aos gestores e às pessoas:** Que tipo de estratégias e de estrutura essa área deve ter nas organizações? Como ampliar sua atuação, saindo do tradicional controle para práticas efetivas de apoio? Como transcender a visão "recursos humanos" para "pessoas integrais"?

A liderança desempenha papel relevante num ambiente de riscos, inovação e mudanças

Para tanto, alguns aspectos mais críticos são:

- **Tudo muda e se transforma com muita rapidez:** Como conciliar a busca de estabilidade e segurança com a abertura ao novo? Como conciliar a pressão imediatista por resultados com processos que têm o próprio ritmo?
- **Flexibilidade, decisões de risco e criatividade são demandas fortes nas organizações:** Como estimular, reconhecer e recompensar profissionais? Como solucionar o conflito entre estabilidade e flexibilidade?
- **As fronteiras da empresa são cada vez mais fluidas, incluindo aspectos como ecologia, responsabilidade social e desenvolvimento sustentável:** Como estimular os líderes e os profissionais a incluírem esses temas em suas prioridades?

O impacto da TI na relação de trabalho é um dos novos focos da liderança

Para tanto, alguns aspectos mais críticos são:

- **Substituição de relacionamentos humanos por relacionamentos virtuais:** Como incorporar os avanços tecnológicos na dimensão humana? Como lidar com o enfraquecimento dos vínculos? Como lidar com culturas diferentes nas equipes virtuais?
- **Excesso de informações:** Como lidar com a abundância e a enorme disponibilidade de informações que as pessoas têm? Como definir prioridades?
- **E-Learning:** Como ampliar o uso desse recurso? Como medir sua eficácia? Como utilizá-lo de forma mais eficaz em programas vivenciais e comportamentais?
- **Teletrabalho (Home Office):** Como reforçar o sentido de inclusão de pessoas que utilizam o teletrabalho?
- **Bancos de dados:** Quais são os impactos na relação de trabalho com a contínua atualização de informações sobre pessoas? Como isso impacta os gestores e a área de Gestão de Pessoas? Como os gestores podem ser mais preparados para atuar com mais autonomia e responsabilidade nas decisões que envolvem pessoas? Como conciliar a disponibilização de informações com estilos de liderança?

> Como lidar com a abundância e a enorme disponibilidade de informações que as pessoas têm? Como definir prioridades?

Demandas por ações emancipatórias num ambiente de legislação trabalhista defasada e obsoleta

Para tanto, alguns aspectos mais críticos são:

- **Terceirizações:** Quais os limites da terceirização? Como conciliar exigências de qualidade com reduções de custo? Como emancipar pessoas que têm uma conexão frágil com a organização? Como fazê-las se sentirem incluídas?
- **Remuneração é crescentemente variável:** Como conciliar desejos de estabilidade e segurança com a partilha dos ônus e bônus do negócio?
- **Legislação trabalhista:** Como conciliar práticas modernas de gestão de pessoas com uma legislação trabalhista obsoleta?

O foco da liderança dá prioridade à dimensão humana nas organizações

Para tanto, alguns aspectos mais críticos são:
- **Resgate da dimensão humana:** Como induzir as lideranças a tratarem as pessoas como sujeitos? Quais estratégias e ações podem ser desenvolvidas nesse sentido? Como inserir com prioridade o sentido perdido de transcendência no ambiente de trabalho?

- **Valores e cultura:** Como explicitar e tornar concretos no ambiente de trabalho valores que definem a cultura e o clima nas organizações? Como conciliar políticas e procedimentos centralizados com as acentuadas e diferentes culturas regionais existentes no Brasil?
- **Trabalho em equipe:** Como equilibrar o individualismo com a demanda por trabalho em equipe? Como ampliar a visão das pessoas? Como construir equipes com profissionais distribuídos em diversas regiões e países? Como lidar com culturas diferentes que devem conviver na busca de um mesmo objetivo?
- **Qualidade de vida:** Como atender às demandas de qualidade de vida das pessoas? Como conciliar o atingimento de metas e a demanda por competitividade com a dimensão humana?

As pessoas correm o risco de perder sua condição de sujeitos, ou seja, a condição de julgar e escolher. As organizações tornam-se pragmáticas e utilitárias, levando à perda do sentido de transcendência. Entendemos que essas preocupações e indagações podem constituir-se numa agenda que defina prioridades da liderança, dentro da referência que foi adotada neste livro, de que é possível, desejável e mandatório que as demandas organizacionais sejam harmonizadas e integradas com as demandas pessoais, assegurando a sustentabilidade.

F) ROTEIRO 17: COMO LIDAR COM AS MACROTENDÊNCIAS

A partir da leitura deste capítulo, em especial das macrotendências, avalie a realidade de sua organização e de sua área de trabalho. Assinale as macrotendências que considera mais críticas. Em seguida, procure as respostas que definirão ações imediatas, aqueles pequenos mas decisivos passos que você pode dar para apoiar a concretização dessas tendências.

Macrotendência	Ação imediata

CAPÍTULO 14

E PARA TERMINAR...

> *Não basta saber, é preciso também aplicar; não basta querer,
> é preciso também agir.*
> **GOETHE**

> *Se eu não fizer algo, nada irá ficar melhor.*
> **NATHANIEL BRANDEN**

> *A melhor maneira de chegar ao topo de uma montanha é dando
> o primeiro passo. Não importa a altura, nem a distância.
> Sem o primeiro passo, por menor que seja, não se chega a lugar algum.*
> **AUTOR DESCONHECIDO**

> *O importante não é o caminho, mas o caminhar.*
> **THIAGO DE MELO**

Lá no fundinho, muitos ainda acreditam que haja uma vaga esperança na sustentabilidade da empresa

Mas eu ainda tenho esperanças de que melhore essa situação, que muitas vezes é desagradável

As incertezas sobre o futuro da empresa levam a vários boatos e medo do que pode acontecer

Há muitos boatos e fofocas que dão esperança de melhora

Neste caminho que você fez, seguindo cada passo na sequência ou indo direto aos pontos de maior interesse, talvez lendo tudo, ou lendo apenas o que julgou essencial, preenchendo os roteiros que foram apresentados, nós, como guias dessa caminhada, pudemos compartilhar com você nossas vivências, experiências e recomendações. Os "roteiros" apresentados ao longo do caminho servem como um ponto de reflexão sobre o que se fala e o que se pratica efetivamente. Tomando consciência dessa polaridade, dos discursos e das práticas, esperamos que você se mobilize para transformar aquilo que julgue importante em sua vida, tanto

> **Quanto melhor você cuidar de si, mais rápido verá a sustentabilidade ocorrendo.**

profissional como pessoal. Aliás, a divisão entre o que é profissional e pessoal é apenas didática, pois, na prática, somos todos seres unos.

É difícil, com tantos temas essenciais ligados ao ambiente de trabalho, fazer um resumo conclusivo. Uma tentativa de reflexão é:

> **Preste atenção, mas muita atenção mesmo, nas pessoas. Lembre-se de que, por dentro e por trás de um profissional, de um papel organizacional, existe uma pessoa, única, com sonhos, qualidades e defeitos.**
>
> **Aliás, essa pessoa é você também!**
>
> **Estamos todos a serviço de uma causa maior: a da sustentabilidade.**

Para ajudá-lo a transformar seus sonhos e intenções em realidade, a seguir está um roteiro para registrar seus objetivos e metas, visando ser cada vez mais um líder sustentável.

O que você precisa fazer para manter as características que você já tem e desenvolver outras?

Para que fatores você deve direcionar sua atenção para o pleno desenvolvimento de seus potenciais? Quais ações você pode iniciar já? Que ações virão em seguida? Qual será seu primeiro passo?

Ação	Prazo	Observações

Talvez você queira detalhar suas ações. Use o roteiro a seguir.

Projeto de Mudança

COMPORTAMENTO DESEJADO
Que comportamento ou resultado final você gostaria de ver? Seja específico e lembre-se de que as condições devem ser mensuráveis de alguma forma.

- *Ação (verbo):*
- *O que vou mudar (indicador):*
- *Situação atual:*
- *Compromisso:*
- *Datas intermediárias/data de término:*

MEDIÇÃO DO PROGRESSO

Por quais meios e com que frequência você medirá o progresso? Quais são os indicadores de progresso?

OBSERVAÇÕES *(Benefícios para você e para os outros/ obstáculos/pessoas que podem ajudar/etc.)*

Projeto de Mudança

COMPORTAMENTO DESEJADO
Que comportamento ou resultado final você gostaria de ver? Seja específico e lembre-se de que as condições devem ser mensuráveis de alguma forma.

- *Ação (verbo):*
- *O que vou mudar (indicador):*
- *Situação atual:*
- *Compromisso:*
- *Datas intermediárias/data de término:*

MEDIÇÃO DO PROGRESSO
Por quais meios e com que frequência você medirá o progresso? Quais são os indicadores de progresso?

- **OBSERVAÇÕES** *(Benefícios para você e para os outros/obstáculos/pessoas que podem ajudar/etc.)*

Projeto de Mudança

COMPORTAMENTO DESEJADO
Que comportamento ou resultado final você gostaria de ver? Seja específico e lembre-se de que as condições devem ser mensuráveis de alguma forma.

- *Ação (verbo):*
- *O que vou mudar (indicador):*
- *Situação atual:*
- *Compromisso:*
- *Datas intermediárias/data de término:*

MEDIÇÃO DO PROGRESSO

Por quais meios e com que frequência você medirá o progresso? Quais são os indicadores de progresso?

- **OBSERVAÇÕES** *(Benefícios para você e para os outros/ obstáculos/pessoas que podem ajudar/etc.)*

APÊNDICE

A seguir estão apresentados os resultados médios da pesquisa do REFERENCIAL BOOG, conforme conceituado no Capítulo 3, organizados em ordem decrescente dos Índices de Satisfação.

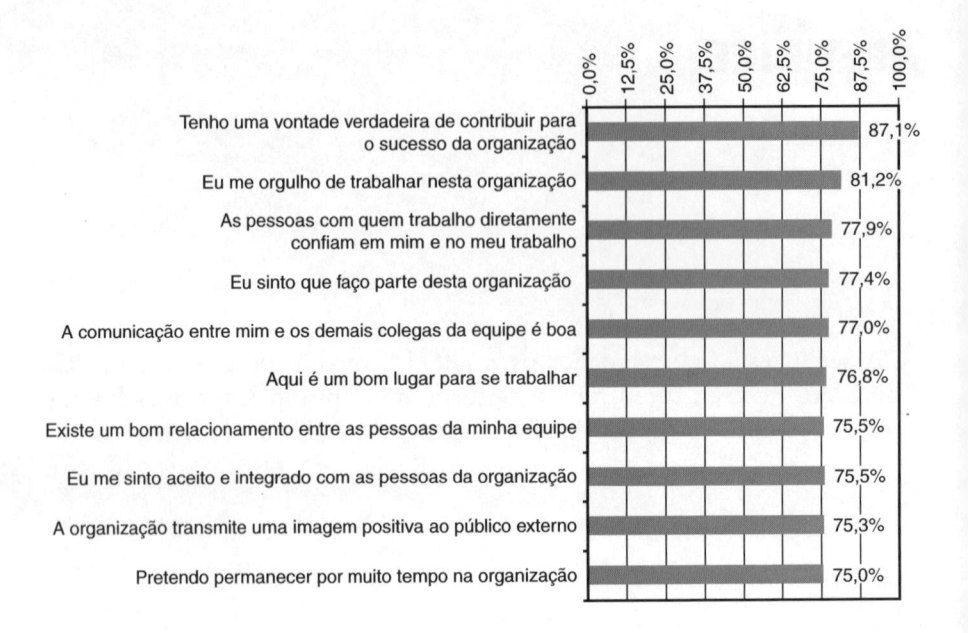

Item	%
Tenho uma vontade verdadeira de contribuir para o sucesso da organização	87,1%
Eu me orgulho de trabalhar nesta organização	81,2%
As pessoas com quem trabalho diretamente confiam em mim e no meu trabalho	77,9%
Eu sinto que faço parte desta organização	77,4%
A comunicação entre mim e os demais colegas da equipe é boa	77,0%
Aqui é um bom lugar para se trabalhar	76,8%
Existe um bom relacionamento entre as pessoas da minha equipe	75,5%
Eu me sinto aceito e integrado com as pessoas da organização	75,5%
A organização transmite uma imagem positiva ao público externo	75,3%
Pretendo permanecer por muito tempo na organização	75,0%

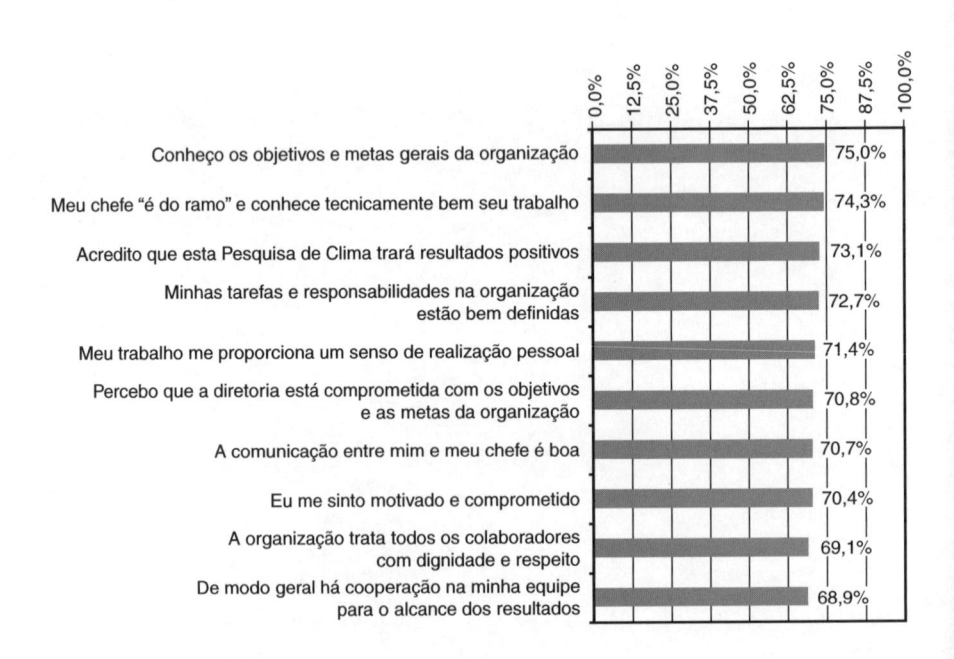

Item	%
Conheço os objetivos e metas gerais da organização	75,0%
Meu chefe "é do ramo" e conhece tecnicamente bem seu trabalho	74,3%
Acredito que esta Pesquisa de Clima trará resultados positivos	73,1%
Minhas tarefas e responsabilidades na organização estão bem definidas	72,7%
Meu trabalho me proporciona um senso de realização pessoal	71,4%
Percebo que a diretoria está comprometida com os objetivos e as metas da organização	70,8%
A comunicação entre mim e meu chefe é boa	70,7%
Eu me sinto motivado e comprometido	70,4%
A organização trata todos os colaboradores com dignidade e respeito	69,1%
De modo geral há cooperação na minha equipe para o alcance dos resultados	68,9%

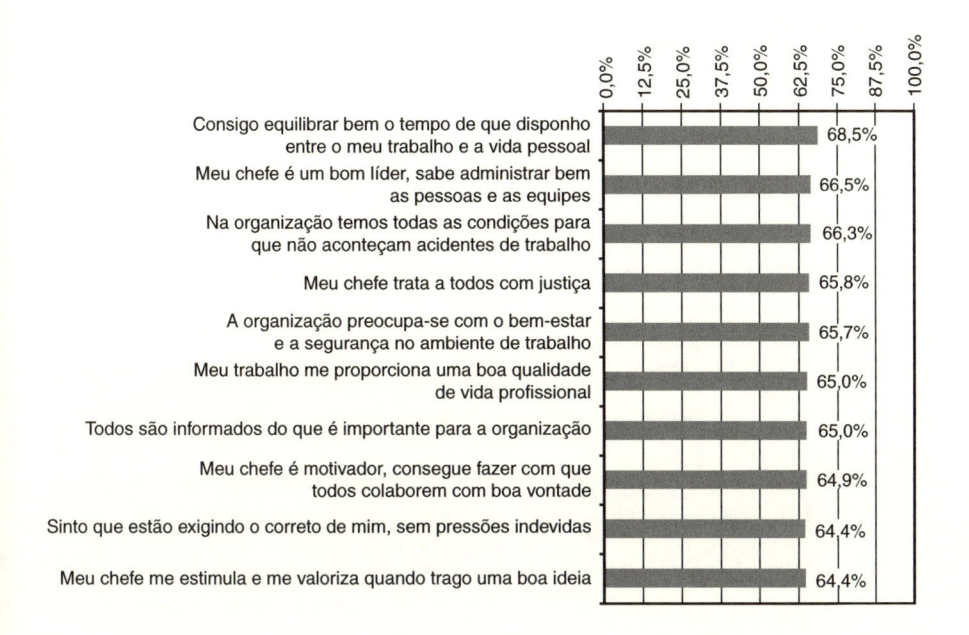

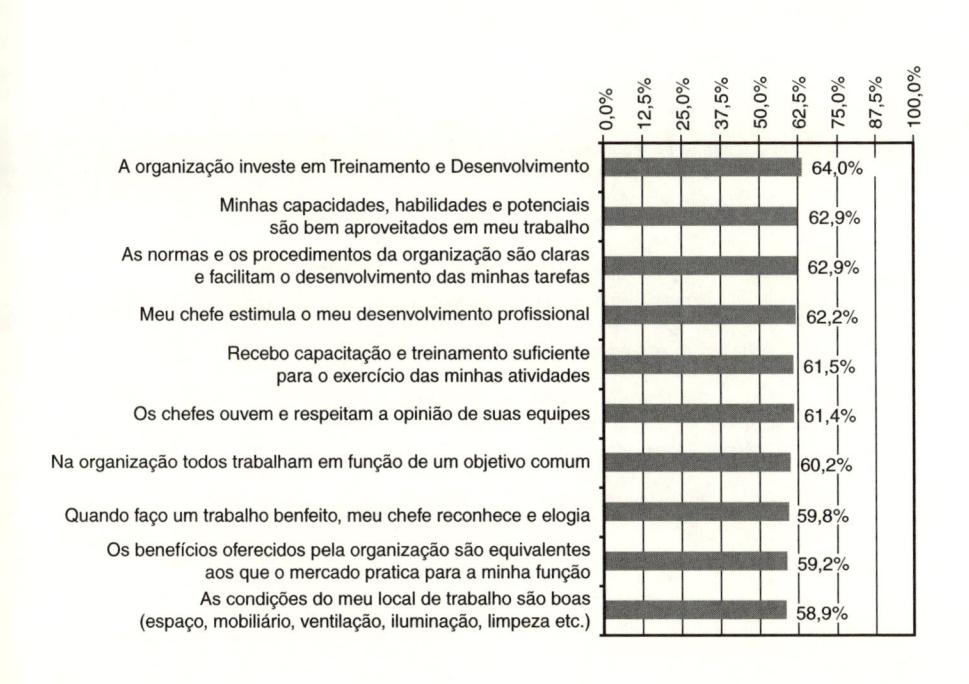

Item	%
Consigo equilibrar bem o tempo de que disponho entre o meu trabalho e a vida pessoal	68,5%
Meu chefe é um bom líder, sabe administrar bem as pessoas e as equipes	66,5%
Na organização temos todas as condições para que não aconteçam acidentes de trabalho	66,3%
Meu chefe trata a todos com justiça	65,8%
A organização preocupa-se com o bem-estar e a segurança no ambiente de trabalho	65,7%
Meu trabalho me proporciona uma boa qualidade de vida profissional	65,0%
Todos são informados do que é importante para a organização	65,0%
Meu chefe é motivador, consegue fazer com que todos colaborem com boa vontade	64,9%
Sinto que estão exigindo o correto de mim, sem pressões indevidas	64,4%
Meu chefe me estimula e me valoriza quando trago uma boa ideia	64,4%
A organização investe em Treinamento e Desenvolvimento	64,0%
Minhas capacidades, habilidades e potenciais são bem aproveitados em meu trabalho	62,9%
As normas e os procedimentos da organização são claras e facilitam o desenvolvimento das minhas tarefas	62,9%
Meu chefe estimula o meu desenvolvimento profissional	62,2%
Recebo capacitação e treinamento suficiente para o exercício das minhas atividades	61,5%
Os chefes ouvem e respeitam a opinião de suas equipes	61,4%
Na organização todos trabalham em função de um objetivo comum	60,2%
Quando faço um trabalho benfeito, meu chefe reconhece e elogia	59,8%
Os benefícios oferecidos pela organização são equivalentes aos que o mercado pratica para a minha função	59,2%
As condições do meu local de trabalho são boas (espaço, mobiliário, ventilação, iluminação, limpeza etc.)	58,9%

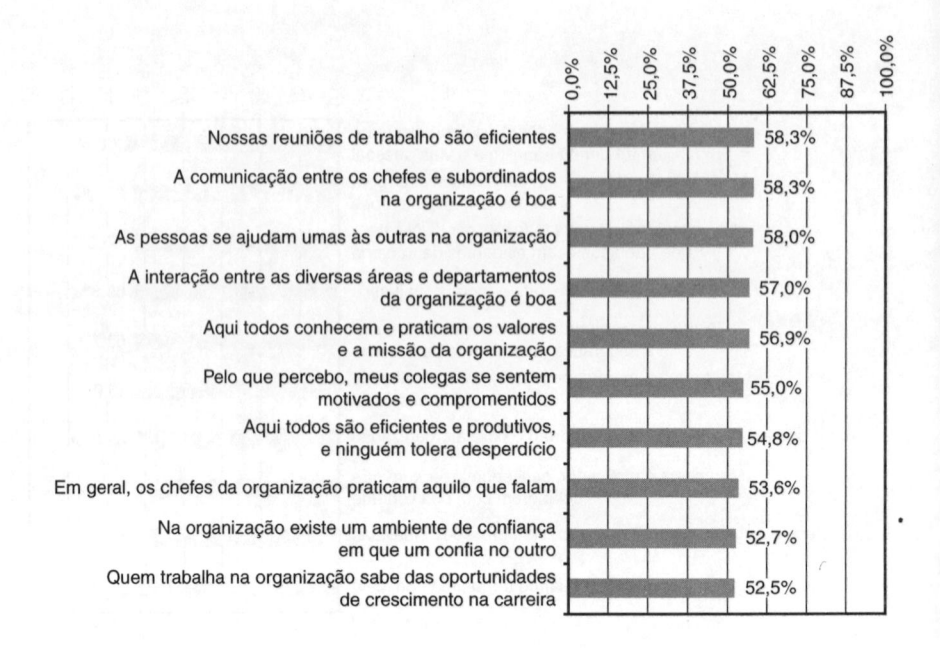

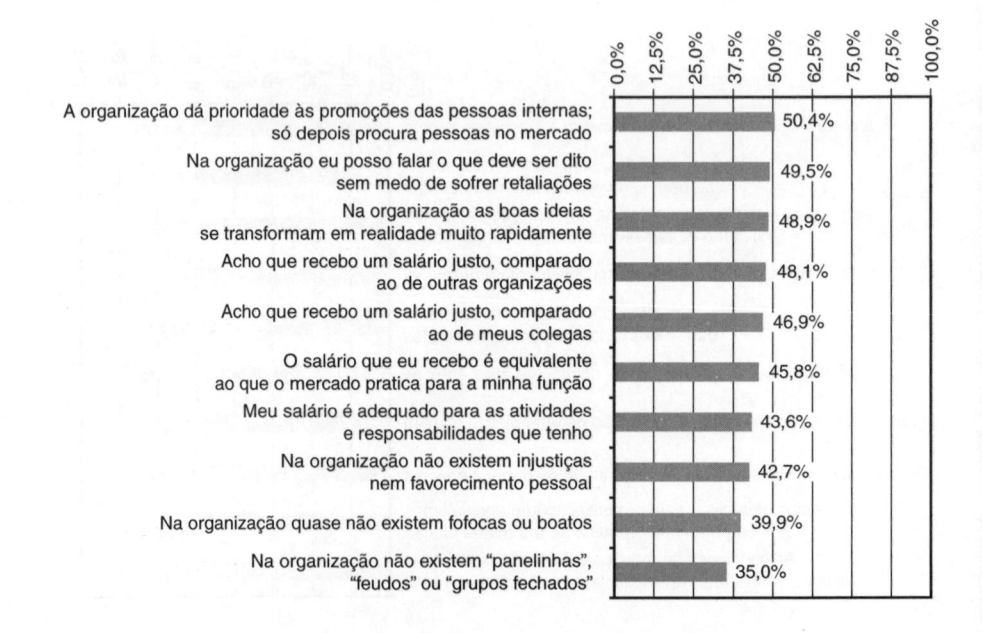

Afirmação	%
Nossas reuniões de trabalho são eficientes	58,3%
A comunicação entre os chefes e subordinados na organização é boa	58,3%
As pessoas se ajudam umas às outras na organização	58,0%
A interação entre as diversas áreas e departamentos da organização é boa	57,0%
Aqui todos conhecem e praticam os valores e a missão da organização	56,9%
Pelo que percebo, meus colegas se sentem motivados e compromentidos	55,0%
Aqui todos são eficientes e produtivos, e ninguém tolera desperdício	54,8%
Em geral, os chefes da organização praticam aquilo que falam	53,6%
Na organização existe um ambiente de confiança em que um confia no outro	52,7%
Quem trabalha na organização sabe das oportunidades de crescimento na carreira	52,5%
A organização dá prioridade às promoções das pessoas internas; só depois procura pessoas no mercado	50,4%
Na organização eu posso falar o que deve ser dito sem medo de sofrer retaliações	49,5%
Na organização as boas ideias se transformam em realidade muito rapidamente	48,9%
Acho que recebo um salário justo, comparado ao de outras organizações	48,1%
Acho que recebo um salário justo, comparado ao de meus colegas	46,9%
O salário que eu recebo é equivalente ao que o mercado pratica para a minha função	45,8%
Meu salário é adequado para as atividades e responsabilidades que tenho	43,6%
Na organização não existem injustiças nem favorecimento pessoal	42,7%
Na organização quase não existem fofocas ou boatos	39,9%
Na organização não existem "panelinhas", "feudos" ou "grupos fechados"	35,0%

LIVROS RECOMENDADOS

BARRETT, Richard. *Criando uma organização dirigida por valores*. São Paulo: Antakarana e ProLibera, 2009.
BARRETT, Richard. *Libertando a alma da empresa*. São Paulo: Cultrix Amana-Key, 1998.
BARRETT, Richard. *Um guia para libertar a sua alma*. São Paulo: Cultrix, 1997.
BOOG, Gustado. *Ganhos e perdas*. São Paulo: Boog Books (EBook).
BOOG, Gustavo e BOOG, Magadalena (orgs.). *Manual de Gestão de Pessoas e Equipes*. São Paulo: Editora Gente, 2002, vv. 1 e 2.
BOOG, Gustavo e BOOG, Magdalena (orgs.). *Manual de Treinamento e Desenvolvimento*. São Paulo: Pearson Education, 2006.
BOOG, Gustavo e BOOG, Magdalena. *Con-viver em equipe: construindo relacionamentos sustentáveis*. São Paulo: M. Books, 2008.
BOOG, Gustavo e BOOG, Magdalena. *Relacionamentos: como desenvolver relações saudáveis e equilibradas que farão a diferença em sua vida pessoal e profissional*. São Paulo: M. Books, 2004.
BOOG, Gustavo. *Alta energia*. Boog Books (EBook);
BOOG, Gustavo. *Energize-se*. São Paulo: Editora Gente, 1997.
BOOG, Gustavo. *Faça a Diferença!* São Paulo: Editora Gente, 2000.
CABRERA, L. C. Q. e PRESTES ROSA, L. E. *Se eu fosse você, o que eu faria como gestor de pessoas*. Rio de Janeiro: Campus/Elsevier, 2009.
COOPER, R. e SAWAF, A. *Inteligência emocional na empresa*. Rio de Janeiro: Campus/Elsevier, 1997.
GOLEMAN, Daniel. *Inteligência emocional*. Rio de Janeiro: Objetiva, 1995.
HUNTER, James. *O monge e o executivo*. Rio de Janeiro: Editora Sextante, 2004.
KARPINSKI, Gloria. *As sete etapas de uma transformação consciente*. São Paulo: Cultrix.
LEVEY, J. e LEVEY, M. *Living in Balance*. Berkeley, CA: Conari Press, 1998.
MAGALHÃES, Isa. *Sustentabilidade nos negócios*. Rio de Janeiro: Qualitymark, 2009.
MOORE, Thomas. *Care of the Soul*. USA: Harper Perennial, 1992.
O'DONNELL, K. *Valores Humanos no Trabalho: da parede para a prática*. São Paulo: Editora Gente, 2006.
PARIKH, Jagdish. *Managing Yourself*. USA e UK: Basil Blackwell, 1991.
SCHEIN, E. H. *Career dynamics: matching individual and organizational needs*. USA: Addison-Wesley Pub. Co., 1978.
ZOHAR, Danah e MARSHALL, Ian. *QS - Inteligência Espiritual*. Rio de Janeiro: Record, 2000.

Cartão Resposta

0501 20048-7/2003-DR/RJ
Elsevier Editora Ltda

···CORREIOS···

ELSEVIER

SAC | 0800 026 53 40
ELSEVIER | sac@elsevier.com.br

CARTÃO RESPOSTA

Não é necessário selar

O SELO SERÁ PAGO POR

Elsevier Editora Ltda

20299-999 - Rio de Janeiro - RJ

---

nosso trabalho para atende-lo(la) melhor e aos outros leitores.
Por favor, preencha o formulário abaixo e envie pelos correios ou acesse www.elsevier.com.br/cartaoresposta. Agradecemos sua colaboração.

Seu nome: _____

Sexo: ☐ Feminino ☐ Masculino   CPF: _____

Endereço: _____

E-mail: _____

Curso ou Profissão: _____

Ano/Período em que estuda: _____

Livro adquirido e autor: _____

Como conheceu o livro?

☐ Mala direta   ☐ E-mail da Campus/Elsevier
☐ Recomendação de amigo   ☐ Anúncio (onde?) _____
☐ Recomendação de professor   ☐ Resenha em jornal, revista ou blog
☐ Site (qual?) _____   ☐ Outros (quais?) _____
☐ Evento (qual?) _____

Onde costuma comprar livros?

☐ Internet. Quais sites? _____
☐ Livrarias   ☐ Feiras e eventos   ☐ Mala direta

☐ Quero receber informações e ofertas especiais sobre livros da Campus/Elsevier e Parceiros.

Siga-nos no twitter @CampusElsevier

Qual(is) o(s) conteúdo(s) de seu interesse?

Concursos
- [ ] Administração Pública e Orçamento
- [ ] Arquivologia
- [ ] Atualidades
- [ ] Ciências Exatas
- [ ] Contabilidade
- [ ] Direito e Legislação
- [ ] Economia
- [ ] Educação Física
- [ ] Engenharia
- [ ] Física
- [ ] Gestão de Pessoas
- [ ] Informática
- [ ] Língua Portuguesa
- [ ] Línguas Estrangeiras
- [ ] Saúde
- [ ] Sistema Financeiro e Bancário
- [ ] Técnicas de Estudo e Motivação
- [ ] Todas as Áreas
- [ ] Outros (quais?): _____

Educação & Referência
- [ ] Comportamento
- [ ] Desenvolvimento Sustentável
- [ ] Dicionários e Enciclopédias
- [ ] Divulgação Científica
- [ ] Educação Familiar
- [ ] Finanças Pessoais
- [ ] Idiomas
- [ ] Interesse Geral
- [ ] Motivação
- [ ] Qualidade de Vida
- [ ] Sociedade e Política

Jurídicos
- [ ] Direito e Processo do Trabalho/Previdenciário
- [ ] Direito Processual Civil
- [ ] Direito e Processo Penal
- [ ] Direito Administrativo
- [ ] Direito Constitucional
- [ ] Direito Civil
- [ ] Direito Empresarial
- [ ] Direito Econômico e Concorrencial
- [ ] Direito do Consumidor
- [ ] Linguagem Jurídica/Argumentação/Monografia
- [ ] Direito Ambiental
- [ ] Filosofia e Teoria do Direito/Ética
- [ ] Direito Internacional
- [ ] História e Introdução ao Direito
- [ ] Sociologia Jurídica
- [ ] Todas as Áreas

Media Technology
- [ ] Animação e Computação Gráfica
- [ ] Áudio
- [ ] Filme e Vídeo
- [ ] Fotografia
- [ ] Jogos
- [ ] Multimídia e Web

Negócios
- [ ] Administração/Gestão Empresarial
- [ ] Biografias
- [ ] Carreira e Liderança Empresariais
- [ ] E-business
- [ ] Estratégia
- [ ] Light Business
- [ ] Marketing/Vendas
- [ ] RH/Gestão de Pessoas
- [ ] Tecnologia

Universitários
- [ ] Administração
- [ ] Ciências Políticas
- [ ] Computação
- [ ] Comunicação
- [ ] Economia
- [ ] Engenharia
- [ ] Estatística
- [ ] Finanças
- [ ] Física
- [ ] História
- [ ] Psicologia
- [ ] Relações Internacionais
- [ ] Turismo

Áreas da Saúde [ ]

Outras áreas (quais?): _____

Tem algum comentário sobre este livro que deseja compartilhar conosco?